中国民用机场服务质量与品牌建设丛书

中国民用机场服务优秀案例集
（2022）

中国民用机场协会 编

中国民航出版社 有限公司

图书在版编目（CIP）数据

中国民用机场服务优秀案例集 . 2022/ 中国民用机场
协会编. —北京：中国民航出版社有限公司，2023.4
（中国民用机场服务质量与品牌建设丛书）
ISBN 978-7-5128-1211-6

Ⅰ . ①中… Ⅱ . ①中… Ⅲ . ①民用机场 - 商业服务 -
案例 - 中国 -2022 Ⅳ . ① F562.6

中国国家版本馆 CIP 数据核字（2023）第 055518 号

中国民用机场服务优秀案例集（2022）

中国民用机场协会 编

责任编辑	韩景峰	
出　　版	中国民航出版社有限公司（010）64279457	
地　　址	北京市朝阳区光熙门北里甲 31 号楼（100028）	
排　　版	中国民航出版社有限公司录排室	
印　　刷	北京博海升彩色印刷有限公司	
发　　行	中国民航出版社有限公司（010）64297307　64290477	
开　　本	787×960　1/16	
印　　张	23.25	
字　　数	374 千字	
版　　本	2023 年 6 月第 1 版　2023 年 7 月第 1 次印刷	

书　　号	ISBN 978-7-5128-1211-6
定　　价	128.00 元

官方微博	http://weibo.com/phcaac
淘宝网店	https://shop142257812.taobao.com
电子邮箱	phcaac@sina.com

《中国民用机场服务优秀案例集（2022）》
编委会

主　　编：王瑞萍　中国民用机场协会理事长

副主编：李小梅　中国民用机场协会秘书长

编　　委：刘玉梅　中国民用机场协会顾问

蔡华利　民航局消费者事务中心副主任

代少勇　北京四型航港科技有限公司总经理

陈淑君　中国民航管理干部学院教授

王景霞　中国民航管理干部学院副教授

韩慧琴　开锐管理咨询（厦门）股份有限公司华北地区
负责人

黄　　敏　中国民用机场协会安全管理服务中心副主任

袁俊兰　中国民用机场协会标准管理部副部长

序

　　2020 年，中国民用机场协会首次出版《运输机场服务优秀案例》，向业内推荐 50 个优秀案例。2022 年 6 月，本协会再次征集中国运输机场服务优秀案例，64 个机场管理机构推荐了 136 个案例，经专家评审推荐，64 个案例入选 2022 年度中国运输机场服务优秀案例。其中，北京首都国际机场《九层之台，起于垒土》、广州白云国际机场《基于全生命周期的航班运行品质提升》、广东省机场集团物流有限公司《"多式联运"跨境电商出口服务案例实践》等 3 个案例入选 2022 年中国服务贸易交易会《中国服务优秀案例库》。

　　本次结集出版的 64 个优秀案例，包括大型运输机场 48 个、中小机场 16 个。从内容上分，侧重服务文化的有 11 个，智慧技术应用的有 11 个，服务创新的有 30 个，特殊旅客服务的有 12 个。它们既是全国运输机场服务质量的缩影，也代表业内服务质量的较高水平。与 2020 年 50 个优秀案例比较，其进步性主要表现在 6 个方面。

　　■ 基本需求关注更突出

　　满足基本需求是选择消费的主要动因。基础指标先进与落后决定着优势的强化或弱化。快捷是航空运输主要特征之一，也是运输机场服务基础指标。不少案例从主导体验的基础指标入手，锁定关键短板分类归因系统改进，弥补一个短板消除一类系统缺陷是入选案例的特点。一些机场管理机构从航班准点率、缩短滑行时间、缩短延误时长等基础指标入手，把传统运行指标纳入服务质量范畴。成都双流国际机场把优化旅客出行体验集中于缩短飞机地面运行时间，按照推出和滑行 2 个过程分别挖掘减时潜力，通过一系列数据分析调整运行细节取得明显成效：长通道推出减时 1.59 分，U 形滑行通道等待减时 1.73 分；西跑道滑行减时 1.9 分，东跑道滑行减时 4.8 分；双跑道起飞减时更加明显。正是在这些以分秒计算的基础指标的点滴改进中，旅客快捷体验得以实现。

■ 化解服务痛点更精准

痛点是服务与需求之间的差异，它是未被满足、又被广泛渴望的需求。只有明确消费者需求，才能精准设计和精准推广产品。一款产品从研发到面市，必然不能越过市场调研这一环节。绝大多数入选案例显示：需求调研、症结分析、产品设计、需求验证、持续改进已成为化解痛点的基本路径。一些案例把精准服务建立在客群需求精准调查基础之上，把痛点转化为服务标准，把标准转化为产品。服务质量标准分册落地、常态监控、闭环改进；把改进变成习惯，把痛点变为爽点。长沙黄花国际机场 6 类 42 项服务承诺，其中 10 项无障碍服务承诺把无障碍需求客群分为老、弱、病、残、孕、首乘 6 类，分别推出精准服务。杭州萧山国际机场通过需求调查发现，深夜到港旅客超过 95% 期望安全的夜间地面运输服务，据此设置城际线路 28 条，基本覆盖浙北、浙西、浙东等主要城市，年服务近 50 000 人次。石家庄正定国际机场为了解决年百万以上、占客流总量 10% 的空铁联运旅客换乘便捷，与高铁站通过服务场景、服务设施、旅客信息、业务流程 4 个融合共享，减少换乘时间 50%，换乘服务满意率 99.8%。每一个痛点精准化解都为出行体验加分。

■ 提升质量路径更多样

路径是从起点到终点的全程路由。同样是旅客遗失物品服务，不同的机场有不同的实现路径。武汉天河国际机场依据旅客遗失物品服务现场提示、操作标准、黄金时间、信息发布、联动机制等缺陷打通 3 个查询平台，使旅客物品遗失率降到平均万分之 6.78，最低万分之 4.72，压降率 35.14%；遗失物品返还率提到平均 40.11%，最高 45.74%，提升率 122.77%。呼和浩特白塔国际机场通过流程再造把旅客遗失物品找寻响应时间由 30 分钟缩短至

5分钟，旅客遗失物品找回率提至90%左右，同时提供多家快递公司供旅客选择，邮费同城同质同价，确保100%当日发出。昆明长水国际机场通过识别服务触点，连点成线、织线成网构建服务管理系统。三亚凤凰国际机场则以不同颜色、图案、文字的手环作为辨别旅客特殊需求标识，让老弱病残孕等旅客及时获得帮助。大到一个系统，小到一个手环，简易不同，殊途同归。

■ 提升质量视野更开阔

视野是一般条件下思维所能触及的考察对象空间范围。提升服务质量视野宽窄决定体验水平。一些案例显示：过去不被重视的一些潜在需求得到深度开发。三亚凤凰国际机场停车场功能性反光引导标志带来更明确直观的视觉体验；减少标志标识单独设置，提高停车场整体协调性；智慧停车系统把停车场分为夜车、网约、共享、员工、大巴车、残障、军人等专用区域，带来流量提速。哈尔滨太平国际机场基于物联网云平台技术的空调智慧控制系统不仅给旅客带来最佳室温感受，也在节能减排、降低成本和投资收益等方面获益。广东省机场集团从京东全球售跨境用户消费白皮书和海关总署数据发现境外跨境电商出口退货周转时长缺陷，故构建了畅通逆向物流多式联运模式，为跨境电商出口企业提供了快捷服务。丽江三义国际机场自主研发行李系统导包防翻滚装置，攻克行李损坏、丢失和不能同机抵达等缺陷，获得国家知识产权局实用新型专利证书和专利授权。吉安井冈山机场以提高安检检查效率、减轻劳动强度为目标，自主改进安检自动回传系统，平均过检时长减少30%。重庆江北国际机场用思维导图解码服务理论和标准规范，通过"绘图、识图、用图"方式增强培训质效。大视野下提升服务质量课题呈现出前所未有的多维度。

■ 新技术应用更有实效

满足需求最终效果是评价新技术应用的基本标准。一些案例显示：业内对改进服务质量的优势与劣势辨别力发生变化，本体优势与新技术融合更充分。梅州梅县机场以地面交通路程极短为优势，辅以自助值机、扩容Wi-Fi、人脸识别、一证通关、无纸化登机、健康智能通行系统等智慧技术实现从"家门口"到"登机口"便捷服务。上海虹桥国际机场以人脸为主要信息标识的自助值机、自助托运、自助安检、自助登机等全程无接触、高度自助化的自乘机服务，则代表了现代服务人文理念与新技术的融合趋势。

■ 服务质量标准逐点突破

旅客出行体验是一种综合性主观感受。不少案例显示：业内关于服务质量标准的解释更加强调指南性、多样性和实效性，珍爱生命、保障权益、追求幸福、关注情感等人文内涵得到广泛关注，提高服务质量实践更贴近服务质量个体感受规律。郑州新郑国际机场"桥对桥"急转机保障模式，将MCT缩短至45分钟，成功创造出8分钟保障27名旅客和17件托运行李顺利成行的服务案例，刷新了国内中转最短保障时间，助力本场建立了40多个城市4小时中转圈。为了提高行李服务效率，大连周水子国际机场操作标准严苛到以分钟计算，通过600余个航班实地数据测算，以甘特图表示行李保障各环节时间节点，确定了行李卸机及运输流速标准：廊桥机位6分钟内或卸机30件行李后首斗行李运至分拣大厅，远机位6分钟内或卸机50件行李后首斗发车，极大提高了行李卸机及流速，实现了首件行李旅客平均等候4分钟、末件行李旅客平均等候8分钟，远超首件10分钟、末件40分钟的行业标准。先进标准产生于实践，即便是今天难以推广的个例或许也暗示着未来可能。

2021年10月，国务院办公厅转发国家发展改革委《关于推动生活性服务业补短板上水平提高人民生活品质的若干意见》，要求"加强服务标准品牌质量建设"和"推动服务数字化赋能"。在国家市场监管总局质量发展局连续9年全国生活性服务业重点领域服务质量监测中，航空运输业服务满意度逐年提升，2022年位居首位。公共性是运输机场作为公共基础设施本质属性，如何提高服务质量任重道远。中国运输机场服务优秀案例评选仅仅是长途跋涉的一个节点。

感谢全国机场管理机构对中国运输机场服务质量优秀案例评选的大力支持，感谢专家组为本书出版付出的辛勤劳动。

王瑞萍

2023年2月15日

目　录

序

人文机场

智慧机场

服务设计及创新

特殊旅客服务

人文机场

九层之台，起于垒土

——首都机场服务标准建设经验案例

北京首都国际机场股份有限公司

一、案例背景

（一）机遇：行业标准废止，服务标准"提质建设期"

多年以来，国内民用机场一直以《民用运输机场服务质量》（MH/T 5104）和《中国民用机场服务质量评价指标体系》（MH/T 5114）两部行业标准作为旅客服务工作的指导性文件。然而，随着近年来国内服务行业的整体质量提升，社会普遍关注的老年无障碍服务、无纸化自助设施、智能技术应用等标准已不符合行业发展要求和旅客期待。2020 年 3 月，依照民航局行业标准改革方案，MH/T 5104 和 MH/T 5114 两部行标正式废止。自此，民用机场服务领域正式进入服务标准的"提质建设期"，亟需更高质量的服务标准替代推广。

（二）挑战：团体标准承接，项目团队面临"三大挑战"

2020 年 3 月，在中国民用机场协会的组织下，北京首都国际机场（以下简称首都机场）承担了牵头并协同上海虹桥机场、广州白云机场编写《民用机场旅客服务质量》团体标准的任务，本标准将承接废止的行业标准，在国内各量级民用机场中推广应用。这对于项目团队来说，无疑是一次首都机场服务管理经验向行业输出的难得机遇，但随之而来也对项目团队提出了三大挑战：

（1）服务标准如何定位？不同于安全标准的"分毫不差"，服务标准不应仅仅体现"服务底线""服务红线"。不同于管理规定的"规章条款"，服务标准也不只是应用于机场当局的"检查标尺"。

（2）服务标准怎么编才能站在使用方的视角，满足机场、旅客、员工的核心关切与诉求，体现应用价值？

（3）服务标准怎么用才能避免标准被"束之高阁"，一线员工"听过、没读过"，管理人员"读过、不落地"，助力服务质量提升？如图1所示。

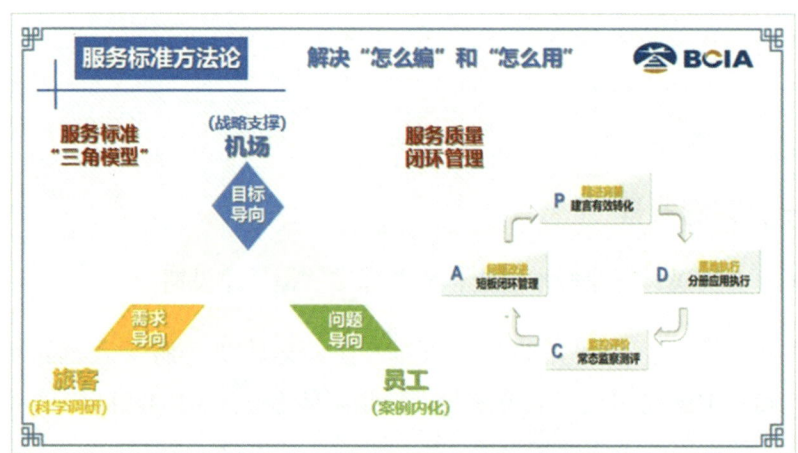

图1　服务标准方法论

二、案例的策划与执行

项目团队通过牵头编写行业团体标准，凝练服务标准"三角模型"，以旅客需求、机场目标、员工问题三个导向，运用旅客构成调查等方法明晰服务标准"怎么编"；通过服务质量管理体系内建言精进完善、分册落地执行、常态监控评价、问题闭环改进四个维度，解决服务标准"怎么用"的核心问题。

（一）服务标准的编写（三角模型）

1. "搭架子"——机场目标导向，战略支撑，标准引领

秉承"继承引领"的原则，从通用配套出发，设置了员工服务规范、旅客服务设施等六大章节；从核心流程出发，设置办理乘机手续、航班正常保障、特殊旅客服务等十一大章节；以《四型纲要》"建设人文机场"为引领，设置服务质量管理体系等四大章节。

2. "抓需求"——旅客需求导向，科学调研，需求转化

应用旅客构成及行为习惯调查的方法，运用统计学理论，通过问卷设计、抽样访谈以及数据挖掘，精准掌握不同客群的核心需求，有效转化服务标准。

3. "解困惑"——员工问题导向，案例内化，经验推广

将日常管理人员积累的典型案例内化为标准，如"一线员工手机使用管理"问题，向行业推广成功经验，"抛砖引玉"，解决现场服务管理"困惑"，为服务标准的操作执行者提供支持。

（二）服务标准的应用（服务质量管理体系）

（1）P是针对服务标准的意见采纳和精进完善，通过公开征求意见、座谈会等形式，周期性修订完善标准条款并进行发布，"常更常新、与时俱进"；

（2）D是确保一线员工服务标准的有效执行，采用编制服务标准操作分册的方法，配套云盘共享，"人手一册、随手可读"，打通服务提供的最后"一公里"；

（3）C是精准检验服务标准提供的达标符合度，采用常态化服务监察、测量和旅客满意度自评价的方法，及时暴露和解决现场问题，确保服务流程顺畅高效；

（4）A是有效督办解决服务"不达标"痛点问题，采用服务短板闭环管理的方法，借助公司服务短板库的定期督办机制，确保服务短板高质量整改，解决服务痛点问题，切实提升旅客服务质量。

三、案例成果

中国民航四型机场建设发展大会正式发布了由首都机场牵头编制的民用机场业第一部行业标准承接转化工作成果《民用机场旅客服务质量》团体标准（T/CCAATB 0007—2020）。这为国内不同体量、不同特点的民用机场提供了旅客服务质量的工作指南。如图2所示。

图 2　团体标准在中国民航四型机场建设发展大会暨成果展上正式发布

中国民用机场协会举办的首期"人文机场建设与旅客服务标准系列培训"中，首都机场受邀在行业内分享服务标准建设实践经验。民航局也将此部团体标准作为"中国民用机场服务质量评审"的核心检查标尺，实现了首都机场服务质量标准建设的管理输出。如图3所示。

图 3　"人文机场建设与旅客服务标准系列培训"分享经验

首都机场通过服务质量管理体系的方法有效落地团体标准，精准打造老年旅客"孝心服务"等服务产品，研发线上 App 小程序预约、线下服务提供，全年服务超 3 300 余人次，赢得旅客广泛认可点赞。

四、案例后续计划

（1）打造标准查阅支持体系：完善服务标准库，整合国际、国家、行业、公司、岗位五级服务标准，开发业务分类检索功能，实现员工"随用随查、精准定位"；

（2）深化标准更新协作机制：借助旅促会等平台，建立服务标准评审专家组，定期研讨新要求、新需求、新问题，"常更常新"，形成各驻场单位间服务标准建设的协同支持；

（3）落地服务产品专项标准：以服务产品打造为导向，细化航空快线、特殊旅客等服务产品专项标准，以标准支撑规范服务产品质量、为旅客提供"标准化"优质服务产品体验。

强化全链条服务治理
激发共生型组织活力
——大兴机场真情服务管理体系实践

首都机场集团有限公司北京大兴国际机场

一、背景分析

2011年，国家启动"质量强国"战略，要求更多质量领域的变革创新。但与生产制造业质量管理方法普遍推广相比，服务业的管理体系亟待升级，以促进第三产业发展、增进人民生活品质。

同时，随着科学技术对行业边界的突破，企业与企业之间因为系统互联、数据共享等原因深度绑定、高度依存。企业更需与合作方打造共生型组织，以高效回应用户需求，适应时代的不确定性，而这一切呼吁服务管理体系创新支持。

北京大兴国际机场（以下简称大兴机场）从2019年投入运营至今已逾三年，建立并完善了真情服务管理体系，以机场管理机构联动全部驻场单位，协同打造"乘兴而来、尽兴而归"服务体验，以有效实现全链条服务品质管理，满足人民美好生活需求。大兴机场荣获民航在线满意度全国第一等旅客口碑，荣获世界"最佳机场奖"等多项国际荣誉，其服务管理实践作为《实现优质服务的应用案例》（国际标准）获选中国民航案例，已进入最终投票环节。大兴机场真情服务管理体系与实践将为行业内外提供共生型服务组织管理的新思路。

二、实施路径

大兴机场深入学习安全管理体系（SMS）和 ISO 卓越服务原则，全面对标民航局《公共航空运输旅客服务质量管理体系建设指南》要求，将它们融入大兴机场成长基因，全面升级真情服务管理体系。

（一）创新真情服务管理体系模型

大兴机场真情服务管理体系模型以打造"乘兴而来、尽兴而归"服务核心体验为目标，健全服务全链条全流程管理机制。体系模型外环全面指导和渗透内环运作，内环以 PDCA 正向循环推动体系实质运作，确保全链条、全流程、全维度品质管控。如图 1 所示。

图 1　大兴机场真情服务管理体系模型

（二）深化真情服务管理体系实践

1. 外环部分

中国服务的战略目标是发展导向。明确了打造安全顺畅、便捷高效、贴心愉悦中国服务新体验，让每一位旅客"乘兴而来、尽兴而归"的服务战略目标，按照奠基、提质、引领三阶段制定实施方案。

以人为本是理念支柱。深化了"珍爱人的生命、保障人的权益、追求人的幸福、关注人的情感、支持人的发展、珍视人的创造"六个方向人文内涵。

持续创新是思维方法。以渐进式创新为主，通过精益化管理打磨产品，让改善成为习惯；以突破型创新为辅，通过提出革命性的解决方案，彻底将痛点变为愉悦点。

共生型组织平台是组织形态。在供给侧改革大背景下，打造共生型组织，推动上下游企业关系从分工向协同、从管控向赋能、从零和博弈向正和博弈发展，构建全流程中国服务价值共同体。

2. 内环部分

需求趋势方面，坚持与旅客在一起。每日全网搜索回应旅客声音，开放服务共创社区、发展神秘旅客智囊团队，打造大兴机场与旅客的亲密联盟，实现双向交互、协同创新；运用多种调查方法，验证旅客真实需求，为服务规划和产品设计提供支持。

服务设计方面，坚持第一次把事情做对。自主编制《大兴机场服务产品设计指南》，总结提炼"画流程、找触点、塑感知、造峰终、定蓝图"的服务产品设计方法论，覆盖了从产品立项需求分析到产品迭代创新设计的全生命周期管理，打造全流程、无断点、强感知、全周期的解决方案，持续保证高品质。

在质量改进方面，坚持向现场要答案。标准互嵌、前置控制。系统制定标准体系，并结合国家行业规章、新产品上线等变化持续对标准体系提档升级，对合约方、协作单位实施分级管理；多级监察、协同联动。实施合约商、部门级、公司级、旅促会的四级服务监察体系，全流程、全区域、全时段覆盖，同时对关键流程效率指标智慧化监测，多维度讲评各单位服务表现并定期晒出成绩单和排行榜，用声誉杠杆撬动改进；系统改进、握指成拳。锁定关键问题进行分类和归因分析，进行系统整改，力争实现整改一个短板消除一类系统问题。

服务生态方面，坚持"爱人如己、爱己达人"。与35家主要驻场单位协同打造真情传导、相互赋能、一路有爱、共生共荣的真情服务生态系统。

培养好服务旅客的人，"春风化雨，固本培基"。自主订制服务培训标准化课程并落实多层次培训，开展知识层、反应层、行为层考核，养成真情服务、主动帮扶的习惯；管理好服务旅客的人，"修枝剪叶、防微杜渐"。坚持目标导向，抓旅客高频接触的关键岗位、抓旅客意见集中的核心问题，不让"破窗效应"影响生态良好环境和氛围；成就好服务旅客的人，"持续输氧，绿树成荫"。从旅客点赞中逐条寻找主人公，表彰到人，直通高管，用旅客点赞激发员工内生服务动力；员工复现优秀服务实践进一步增进旅客信任，实现员工真情付出和旅客正面反馈的强大情感关联。服务好服务旅客的人，"关爱赋能，真情传导"。除生活保障支持、工作设施辅助、员工关爱升级外，更重要的是我们赋能指廊管家等一线员工更高的资源协调权限、更高的服务自主能力，以响应旅客需求，提升员工岗位成就感。

三、建设成果

（一）国内外影响力持续扩展

2022 年大兴机场以第一名的成绩获得 1 000 万客流量以上机场服务质量优秀奖；真情服务管理体系建设成为中国民航代表，已申请纳入《优质服务实现优质服务的应用案例》国际标准，目前已进入最终投票环节；受民航局委托编制《民用机场公共信息标识系统设置规范》（已于 2022 年 3 月 15 日正式实行）、《民用机场母婴室规划建设指南》等多个行业标准，参与《优质服务 原则与模型》国家服务标准编制（已通过审查报批）。

（二）服务品牌建设成果显著

依托真情服务管理体系，大兴机场建立了真情服务产品体系，并以服务承诺形式向社会郑重发布。2021 年民航在线满意度综合得分在全国千万级以上机场中排名第一；大兴机场 ACI 测评满意度持续满分（五分），世界排名第一，获评 ACI "最佳机场奖" "亚太地区最佳卫生措施奖" "客户之声"，CAPSE 全国千万级以上最佳机场；获评"全国爱国主义教育示范基地"。如图 2 和图 3 所示。

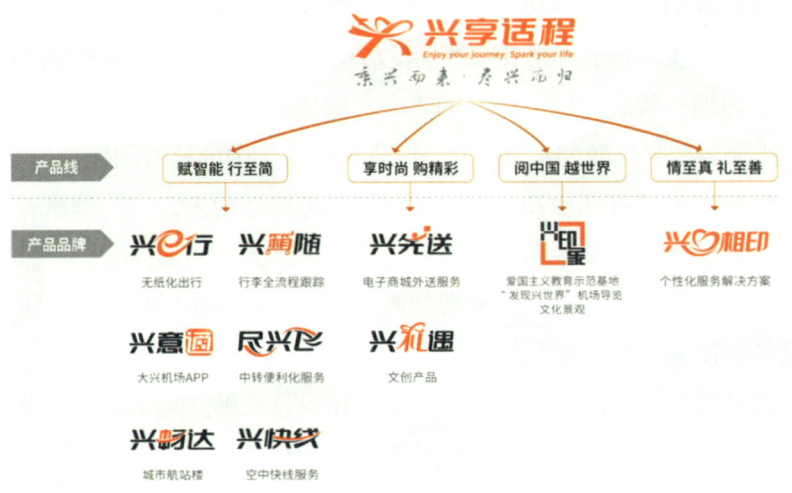

图 2　大兴机场服务品牌架构

图 3　大兴机场服务承诺 2.0

四、洞察启示

推动和实现民航高质量发展必然要探索兼具全球发展趋势和中国发展特色的解决方案。在新发展理念和新发展格局的引领下，机场服务发展也要不断涌现新思路、打造新方式和寻求新途径。大兴机场将坚定不移地走高质量发展之路，继续以人民对美好生活的向往作为奋斗目标，打造践行真情服务、弘扬人文精神、彰显文化自信的世界一流新国门，全面展示"中国服务"时代风采和品牌力量。

星程有爱，真情"湘"伴

——长沙机场"乐星程"打造旅客最友好机场服务实践案例

湖南机场股份有限公司长沙黄花国际机场分公司

据统计，我国尚有约 10 亿人从未坐过飞机出行，截至 2019 年，人均乘机次数仅为 0.47 次，约为发达国家的五分之一，民航市场需求和潜力需进一步激发。

一、服务品牌及理念

长沙黄花国际机场（以下简称长沙机场）"乐星程"服务品牌于 2020 年 9 月 22 日正式发布。"乐星程"品牌是有着湖湘文化底蕴的、有温度的、富有情感和生命张力的服务品牌，也契合"乐"的城市标签。2021 年 10 月 26 日，长沙机场又正式对外发布六大主题 42 项服务承诺，并重点推出了 10 项无障碍服务承诺。

2022 年，为贯彻落实民航局"做好首乘旅客服务，保障人民群众美好出行"的工作要求，长沙机场推出"'湘'约友好机场，'湘'伴首乘旅途"特色服务项目，进一步细分旅客人群，重点对特殊旅客、首次乘机旅客的服务进行再升级，旨在为首乘旅客提供从踏入机场到登机舱门的"一站式"专业贴心的服务，全面打造"友好机场"形象，也让南来北往的旅客记住了这个"湘"味儿十足的机场服务品牌。

二、服务设计

（一）友好"湘"首

订制首乘旅客服务流程，加强与航司协同配合，在值机、安检、登机、中转环节打磨服务细节，优化服务流程，打造"全流程"一站式乘机服务保障。

（二）友好"湘"伴

着眼首次乘机的特殊旅客的生理特点及服务需求，提供多层次、差异化的"专区候机、专柜值机、快速安检、专车摆渡、优先登机"等"一站式"优享陪伴服务。

三、服务项目落地实施

（一）服务创新亮点

（1）绘制服务蓝图，打造专属服务品牌。

针对老、弱、病、残、孕、首乘6类旅客，分别推出独具特色的"友好到家""友好牵手""友好呵护""友好无碍""友好孕味""友好湘首"精品服务产品。分服务类型制作简易明了的友好出行流程图以及爱心旅客服务H5实景图，让"图文并茂"的航站楼实景成为云"导游"。

（2）智慧多元功能，畅享首乘出行预约。

以湖南机场"航享e+"微信号为平台，升级首乘服务模块，方便旅客多途径线上预约，顺畅享受首乘服务。

（3）打造"一站式"爱心服务，大幅缩短旅客手续办理时间。

订制首乘旅客服务流程，实现优化"流程"升级，乘机流程从8步缩减为4步。

（4）着眼首乘特殊旅客需求，细化服务类别。

识别首乘旅客的乘机心理，根据需求推出"友约""友智""友引""友声""友伴"系列服务产品，给予首乘旅客"适度""多菜单"的选择。设立"首乘柜台",安排"首乘红马甲"志愿者,设置爱心服务专区,推出"一站式"陪伴服务。

(二)服务订制流程

订制首乘旅客服务流程,实现优化"流程"升级。

一是在候机楼设置首乘问讯柜台,放置首乘旅客手册及二维码。从乘机交通指引、航班信息告知、安检常识提醒、到达流程和注意事项等内容进行详细介绍和温馨提示。

二是在值机环节,开设专属值机柜台,方便"首乘旅客"快速识别,安排首乘"志愿者"积极协助优选座位,并为首乘旅客提供首乘爱心贴、手环,方便后续工作人员识别。

三是在安检环节,设置爱心安检通道和私密检查室,为孕妇旅客提供人工检测服务。

四是在登机环节可享受专人引领、爱心电瓶车、优先登机服务。加强与航司协同配合,在值机、安检、登机、中转环节打磨服务细节,优化服务流程,打造"全流程"一站式乘机服务保障。

(三)服务措施

(1)着眼首乘特殊旅客需求,细化服务类别。

通过开展理论与实践相结合的岗前培训、操作标准与应急处置的上岗考核、优胜劣汰与奖罚分明的绩效考评,组建专业强、服务优、高品质的爱心服务队伍。

(2)重视每次"首乘"服务。

从服务中探索需求、将需求转化为服务。重视员工服务能力和服务意识提升,实现爱心服务从看到用、从知到熟、从学到教的演变。以"服务一次、总结一次、提升一次"为服务宗旨,力争行业爱心服务标杆。

(3)搭建服务"对象"体系。

将爱心服务对象进行细分,从旅客类型、心理及需求逐项分析。订制老弱病产孕等各类爱心旅客服务标准和程序,同步对爱心服务专员开展有针对性的培训,搭建起长沙机场爱心旅客服务标准体系。

（4）实现"智慧"预约。

建立出行需求数据库，实现足不出户预约首乘服务。针对首乘旅客经验缺乏的特点，在湖南机场"航享 e+"微信公众平台内增加首乘服务模块，以首乘预约为旅客开启温馨旅程。通过加大宣传引导力度，联合已开通首乘服务的航空公司，与同程、飞猪等 OTA 平台合作，多种途径获取首乘旅客数据。

四、服务项目目标实现与社会评价

（一）目标实现

（1）2021 年全年共服务爱心旅客 30 690 人次，较上年增长 45%。如图 1 所示。

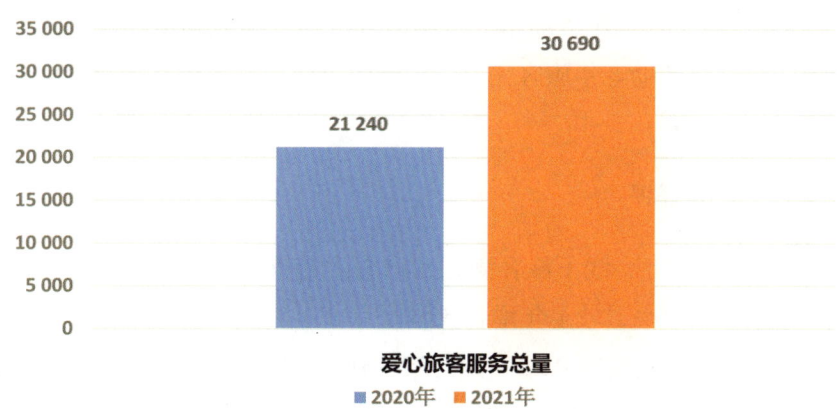

图 1　2020 年和 2021 年爱心旅客服务总量对比

（2）通过流程优化，爱心旅客乘机流程从 8 步缩减为 4 步，大幅缩短旅客手续办理时间，乘机速度提高 57%。如图 2 所示。

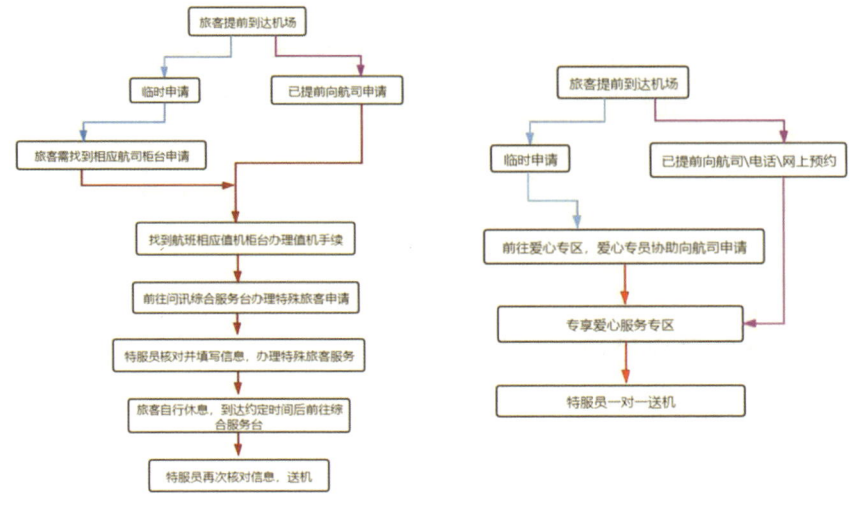

图 2　项目启动前后服务流程对比图

（3）针对个性化服务需求，订制服务流程。新冠肺炎疫情期间，在候机楼内一对一地帮助老年旅客完成电子健康码申报，航班旅客健康申报率由 35% 提升至 100%。

（二）社会好评

（1）通过线上、线下旅客满意度调查问卷收集，爱心旅客服务满意度由 65% 提升为 100%，较上年增长 53%。

（2）2021 年共获得 2231 封旅客表扬信、1065 通旅客表扬电话、锦旗 291 面、航空公司表扬信件 41 封。较 2020 年增长高达 246%。如图 3 所示。

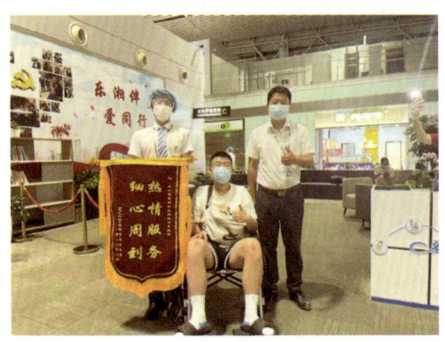

图 3 特殊旅客赠予的锦旗

（3）2021 年，在行业权威评价机构 SKYTRAX 发布的"2021 年全球最佳机场百强榜"中，长沙机场列 81 名，在中国内地 9 家入选机场中排名第 7，再度跻身全球百大最佳机场。

（4）2021 年"乐湘伴"爱心服务荣获第二届湖南品牌故事大赛省一等奖、国家"专业级"奖项，持续扩大品牌影响力和社会效益。如图 4 所示。

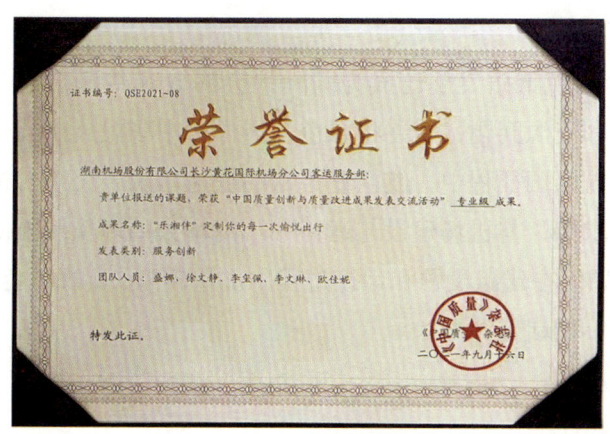

图 4 国家"专业级"荣誉证书

旅客愉悦快乐是真情服务追求的最高目标，在关爱特殊旅客的道路上，长沙机场瞄准短板，精准发力，以客户需求为导向，创新打造"全流程"爱心服务链、"流动式"爱心接力服务，做到"一对一服务，手把手交接"，使"智能"和"传统"服务有机融合，让爱心服务走进更多的旅客心中。

青岛胶东国际机场 "绿色机场" 建设案例

青岛国际机场集团有限公司

一、背景介绍

21世纪，绿色低碳发展已成为国际社会的普遍共识，党中央和国务院高度重视环境和资源问题，始终将绿色发展作为中华民族永续发展的根本大计。在推进民航强国征程中，航空业务量的快速增长、公众对机场服务质量提升的迫切需求等，与机场建设与运行中不断增大的环境和能源压力间的矛盾愈发突出，如何在建课设题和运行过程中加快转型，实现绿色高质量发展，成为各机场面临的崭新课题。

二、解决方案

青岛胶东国际机场（以下简称青岛机场）作为"面向日韩地区的门户机场"和"区域性枢纽机场"，在建设之初就将"绿色机场"建设列为机场五大特色之一，并开展了专题性的规划建设研究，全面而系统地推动机场绿色高质量发展。成立了绿色建设领导小组与工作组，以当时民航局提出的"节约、环保、科技和人性化"的绿色机场理念为基础，深化确立了青岛机场的绿色建设目标，发布绿色建设纲要、框架体系、指标体系、绿色设计专项任务书、绿色施工指南等指导性文件，并构建了一套与工程建设基本程序相融合的绿色建设实施程序。将"资源节约、环境友好、运行高效、人性化服务"的绿色深化理念贯彻落实到机场的规划、设计、施工、运行的全寿命期中，以"绿色机场"建设为助力推动低碳环保出行。

三、实践成果

（一）节地与室外环境

土地开发实现统一规划、统一管理、统一建设，共优化用地面积66.76公顷（约1 000亩）；配套建设噪声监测系统，实现了对周边环境噪声实时监控，为运行后开展降噪措施提供了数据支撑；实施集中除冰，并配套建设了除冰液收集回收设施，避免了对水环境的污染。

（二）节能与能源利用

合理设计建筑配置、外形、朝向，充分利用自然通风和自然采光等被动式节能技术；选用主动式节能的设备并采取智能化的调控措施；应用分布式光伏发电系统"分区发电、集中并网"，年平均发电量约为340万度；在新购特种车辆中提升电动车占比，实现电动车比例达30%。如图1所示。

图1　综合交通中心屋顶光伏系统促进可再生能源的应用

（三）节水与水资源利用

充分考虑区域水资源条件，充分利用雨水、中水等非传统水资源；统筹规划供水系统、排水系统，实现雨水收集、水资源的循环综合利用；全面推广节水器具和设备，节约用水。依托现有景观和场地条件，打造了机场"一轴、两区、四点"的海绵城市示范区，形成了蓄排平衡体系、综合人工湿地、雨水再生水联用、道路综合措施等海绵建设示范技术。如图2所示。

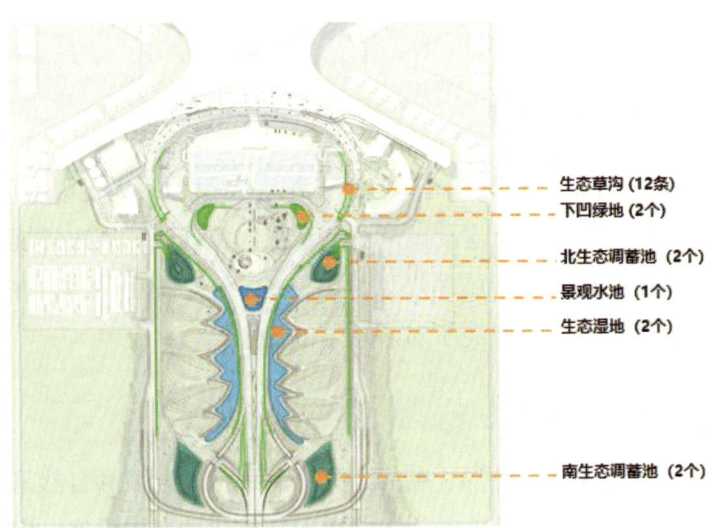

生态草沟（12条）
下凹绿地（2个）
北生态调蓄池（2个）
景观水池（1个）
生态湿地（2个）
南生态调蓄池（2个）

图2　海绵机场示意图（综合了蓄排平衡体系、综合人工湿地、雨水再生水联用、道路综合措施等技术，体现了在节水与水资源利用方面的示范作用）

（四）节材与材料资源利用

实施楼盖布置方式和钢结构屋面网架形式的优化，实现对航站楼结构体系的优化；设置预应力筋，实施屋面网尺寸、厚度及支撑柱端节点形式优化等内容，实现对航站楼结构构件的优化。航站楼使用钢结构、轻钢龙骨隔断等可循环材料和可再生利用材料。

（五）室内环境

在航站楼采用了以辐射地板为主要显热处理末端的温湿度独立控制空调系统，夏季可维持人员活动区域合适的空气温度、湿度水平；冬季中辐射地板供暖方式可避免全空气系统中"热风难以下送"的问题，有效提升了室内舒适度，并安装了室内环境监测系统，实时监测航站楼室内温湿度、CO_2浓度等空气品质参数。

（六）运营管理

打造了集水、暖、电、气为一体的大型地下综合管廊，入廊管线全、单舱规模大，并配套智慧化管理控制平台，便于后期维护维修。通过优化航站楼构型，加大近机位比例，实现近机位比例达43%；实现值机、托运、安检的全流程自助乘机；综合交通中心实现综合交通零换乘，打造"一票通、一站通、一点通"全通型交通体验模式。如图3和图4所示。

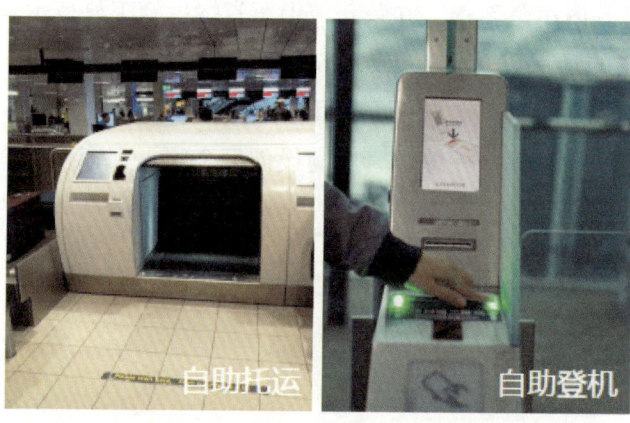

图3 "无纸化"自助出行服务设施

图4 大型地下综合管廊

四、取得成效

青岛机场建设响应了国家绿色发展理念，落实了民航四型机场中的绿色机场建设要求，为国家及行业推动绿色建设提供了实践经验。在建设阶段通过节地、节材节约直接经济效益 2.5 亿元，节约 1 482 吨标准煤，减排二氧化碳排放 3 660 吨。运行阶段，通过可再生能源的利用、海绵机场、绿化、综合管廊等，每年可间接节省经济效益超过 1.9 亿元，节能量达 5.2 万吨标准煤，减排二氧化碳 26.8 万吨。

青岛机场绿色机场建设成果得到了各方认可，2021 年被国家住建部正式批准为绿色园区示范工程，并荣获"山东省绿色施工科技示范工程"荣誉称号；航站楼的环保设计在 Active House Awards 2018 国际设计大赛中荣获"AH 采光卓越奖"，填补了机场项目在该行业设计获奖上的空白，并获得绿色建筑三星级设计标识。综合管廊建设创下全国入廊管线最全、单舱规模最大的综合管廊新纪录，为青岛市参评全国综合管廊试点城市的重点样板工程作出了突出贡献。

五、发展思路与前景

绿色机场是在全生命周期内实现资源集约节约、低碳运行、环境友好的机场，青岛机场在建设时期已有基础，在运行周期将继续秉承绿色理念，在《"十四五"民航绿色发展专项规划》指导下，通过提高管理水平、改进运行模式、优化保障流程等切实提高运行保障效率。推进设备、车辆、人员等地面保障资源共享、统一调配，利用新技术实现服务各环节、各工种无缝衔接、高效协作。持续推进机场保障车辆和设施设备油改电，提升机场运行电动化、清洁化水平，积极推行无纸化出行，创造条件引导旅客利用公共交通抵离机场，持续走绿色发展之路，打造机场的美丽自然生态和优质的乘机环境，助力民航强国的高质量发展。

三亚凤凰国际机场热带海洋文化主题改造案例

三亚凤凰国际机场有限责任公司

一、案例背景

随着自贸港建设的有序推进，三亚凤凰国际机场（以下简称三亚凤凰机场）作为海南岛主要的对外窗口，始终坚持贯彻落实民航局"真情服务"理念，坚持以人为本，重视人文关怀，在机场功能优先的前提下，不断塑造品牌形象，致力于创造高质量的乘机环境。为此，三亚凤凰机场依据海南三亚独有的热带海洋特色文化和人文背景，在现有基础上开展热带海洋文化主题系列改造，为广大旅客带来了切实的阳光、沙滩、海洋的沉浸式体验，提升了旅客对民航真情服务的获得感与幸福感。

三亚凤凰机场不断探索，攻克时难，利用两年的时间除了打造"海洋之眼"中央鱼缸外，又新增"空港文化长廊""海洋主题到达厅"和"时光隧道"3个富有海南地域文化特色的温馨空港，积极提升三亚热带滨海旅游城市形象。

二、案例详情

（一）美轮美奂的海洋主题到达厅

三亚凤凰机场通过协调施工单位，组织多次现场勘察，召开项目设计沟通会议，深化完善设计方案，从提升服务品质的角度出发，围绕热带海洋主题进行改造，设计多处主题景观，海豚、鲨鱼、大海交相呼应。步入T1到达厅，就像走进海洋童话般的海底世界，将原有地板全部更换为塑胶地板，采用渐变过渡形式铺设，搭配形成水面波纹效果，代表三亚碧蓝的大海；墙体表面采用白色波浪造型，点缀鲨鱼、海豚和海星等海洋生物，画面更加立体动感；将大厅现有灯具嵌入铝质天花板，保证吊顶视觉感的整体统一；此次改造增加多处海洋主题造景，配合 LED 灯带，以使旅客置身于三亚迷人的海洋风情中流连忘返。目前 T1 航站楼到达厅是国内首家也是唯一一家热带海洋主题到达厅。2021 年，为贯彻落实习近平总书记工人队伍建设、服务企业创新发展的要求，全国总工会举办首届全国大国工匠创新交流大会，海洋主题到达厅项目入选 100 个环境改造创新项目，在此次大会的民航工会展区面向全国各行业进行展示。如图 1 所示。

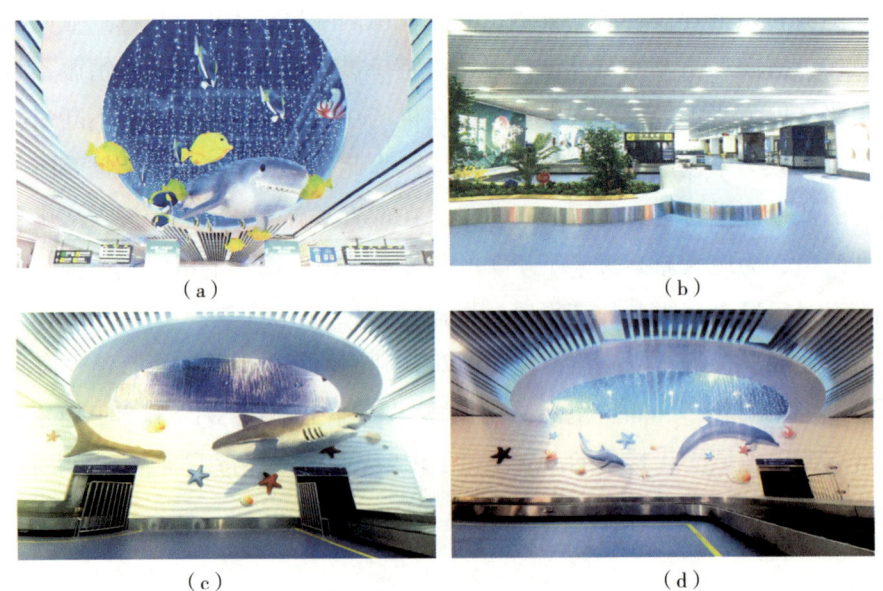

（a） （b）
（c） （d）

图 1　海洋主题到达厅

（二）绚丽多彩的时光隧道

为提升机场整体形象，三亚凤凰机场将 T1 航站楼与西扩连廊的连接通道改造为创意通廊，该廊道主要打造海洋主题元素、LED 屏幕展示立体景画以及电子海洋鱼类百科全书等内容，通过电脑技术所制造的幻境，为广大旅客呈现出全新震撼的视觉效果及穿越式体验。旅客通过该通道自然产生遐想，即海洋的昨天、今天和未来，进一步提升了凤凰机场旅客服务体验。如图 2 所示。

（a）   （b）

图 2 时光隧道

（三）独具地域风情的空港文化长廊

为配合海南自贸港建设，全方位、多角度地宣传三亚地域、人文特色，助力提升海南岛的整体旅游知名度，三亚凤凰机场通过市场调研论证，协调省旅文厅，与专业设计公司合作，在全国机场中率先打造文化长廊项目。该文化长廊属于半封闭造型，自然光充足，全长约 200 米，内饰元素与阳光、海浪、沙滩相呼应，同时汇集浓缩景点微景观区 12 个。该项目在发挥文化长廊为旅客遮风挡雨的通道功能的同时，让旅客充分感受到了三亚独特的地域特色和民族文化风情。如图 3 所示。

（a）　　　　　　　　　　　　（b）

（c）

图3　空港文化长廊

三、案例效果

三亚凤凰机场热带海洋文化主题改造项目，开辟了民航服务领域的先河。因其内涵丰富、形象直观、艺术性强、旅客喜闻乐见，已成为三亚凤凰机场乃至三亚市的游客打卡圣地，成为三亚旅游一张亮丽的名片。机场在提高旅客的舒适度和满意度的同时，充分担当企业的社会责任和使命，助力自贸港的建设，受到了省市各级领导的好评。同时通过置换为公司节约2 000万元的改造费用，全方位提升了旅客服务质量，为广大旅客展示了一个如梦如幻的海底世界，向来自五湖四海的游客朋友展现了海南岛绚丽多姿的风采。

三亚凤凰国际机场停车场升级改造案例

三亚凤凰国际机场有限责任公司

一、案例背景

三亚凤凰国际机场（以下简称三亚凤凰机场）始终坚持建设中国机场品牌，持续推进民航机场高质量发展。停车场作为机场地面交通服务中的重要环节，与三亚凤凰机场总体建设目标相呼应，始终坚持以旅客为中心，致力于为旅客提供便捷、舒适、高效的出行体验。为满足旅客出行需求，机场停车场以"人文关怀"为建设主线，通过墙体喷涂、动线改造、分区管理等多项并举，积极推动机场服务高质量发展，建设平安、绿色、智慧、温馨的人文机场。

二、案例详情

（一）墙体喷涂，服务质量、服务理念双提升

三亚凤凰机场综合体不仅设置有室内停车场，更是集商业及酒店等多种功能于一体，外观设计中将自然环境元素引入建筑中，形成符合三亚热带海

洋性气候的半室外功能空间，改善传统停车场室内墙体色调单一且辨识度较低的问题，提高停车引导规划合理性。如图1所示。

图1 综合体停车场外观

三亚凤凰机场停车场为丰富场内的多元性，以塑造色彩心理平衡感、符合空间布局流畅性为原则，多次会同施工单位进行现场实地踏勘，深化墙体喷涂设计方案，最终采用"海洋美学"全新的设计理念，将海豚、章鱼、海龟、海星等诸多海洋设计元素巧妙地融入墙体喷绘，打造独特的海洋生物美学，通过蓝、橙、绿、黄4种主色调的海洋生物对应分区，细化区域元素，增加辨识度，便于旅客清晰明确地掌握所在具体位置，有效降低了车辆及旅客的集中聚集。如图2和图3所示。

图2 海洋主题室内实况图

图 3　海洋主题坡道实况图

与此同时，结合停车场旅客主要动线，强化区域标识指引功能，在墙体增加航站楼、卫生间、电梯间、公交车站等色彩明亮、清晰的功能性反光引导指示标志，为旅客带来更明确直观的视觉体验，同时有效减少场区内标志标识的单独设置，在提升体验的同时提高停车场的整体协调性，提升旅客体验感。墙体涂料采用双重国际认可的环保原料，具有超强抗碱、防潮、防霉、耐水性能，并具有可擦洗特性，便于日常清洁。如图 4 所示。

图 4　海洋主题功能引导实况图

（二）车辆分区、动线改造，安全、快速相结合

三亚凤凰机场旅客进出港人数持续攀升，停车场车流量呈整体上升趋

势，高峰时段车辆进、出场数量高达 2 506 辆 / 小时，致使三亚凤凰机场停车场运行压力增大。

为提高停车场智能化、服务多样化，保障旅客顺利出行，停车场引入了先进的智慧停车管理系统，实现场中专区停放、后台数据分析、车辆预警限制等智能化管理，根据楼层与核心区商业价值等级最大化利用停车场车位。针对各类车辆停放需求设有过夜车辆停放区、网约车停放区、共享汽车停放区、员工停车区、大巴车停车区、残疾人专属车位、军人及军属专用车位等，达到有效分流的目的。如图 5 所示。

图 5　海洋主题楼层引导实况图

为有效缓解停车场运行压力，改善拥堵状况，三亚凤凰机场通过电脑动线推演及实地动线勘察，规划出了更满足实际需求的改造方案，将停车楼原单"入口"车道变为双向"出入口"车道，同时将停车楼二楼车辆行驶动线调整为由东向西环场行驶，有效缩短了车辆的进、出时间，同时缓解了停车楼三楼下坡道口车流压力，显著提升停车场运行效率，减少了安全事故的发生，切实做到停车场服务旅客、停车场方便旅客的基础服务理念。如图 6 所示。

图 6 海洋主题安全提示实况图

（三）便民举措，方便、舒适两兼顾

提供多样化的便利服务，配备免费汽车搭电、车胎补气、防尘车衣服务等，车主可拨打停车场服务电话进行相关服务预约，在停车场内就可以轻松化解汽车电瓶没电、车胎缺气的窘迫局面。为了提升无障碍通行环境，停车场面向特殊旅客规划了 18 个无障碍停车位，均设置在人行通道及电梯旁，保证了特殊旅客出行的便利性。如图 7 所示。

图 7 海洋主题无障碍车位实况图

三亚凤凰机场以提升旅客候车体验为中心，在停车楼三楼增设网约车候车休息区。不仅设置绿植提升环境舒适度，更是在候车休息区域显著位置粘贴各类应急电话及服务热线，方便乘车旅客及时联系相关人员、迅速解决问题，彰显三亚机场以人为本的服务理念和人性化管理要求，打造温馨的候车环境。

三、案例效果

三亚凤凰机场停车场喷涂改造项目，开辟了民航服务领域的先河，内涵丰富、形象直观、艺术性强，用色彩及海南旅游资源的巧妙结合发挥出美学设计的最大效果，也为三亚凤凰机场的温馨服务做出最完美的阐释。三亚凤凰机场停车场因整体设计感强烈、基础设施健全，荣获 2022 中国十大最美立体车库和 2022 中国最佳功能配套立体车库。在色彩设计上增加停车场内泊车趣味性，塑造色彩心理平衡感，打造独特的海洋生物美学。三亚凤凰机场停车场坚持以人为本，紧紧围绕满足旅客便捷出行需求，持续完善配套设施建设，强化服务能力水平，全力打造布局完善、功能健全、便捷高效的现代化综合交通枢纽，为三亚机场提供坚实的交通保障。在提高旅客的舒适度和满意度的同时，充分担当起企业的社会责任和使命，助力自贸港建设。

小小航站楼，温情镜头多

——伊宁机场真情打造"天缘"服务品牌

新疆机场（集团）有限责任公司（伊宁机场）

民航业是国民经济的基础产业，也是重要的战略产业。在党的领导下，我国民航事业经历了从无到有，由弱变强的过程。今天，我国已是世界航空运输大国，同时，我国民航业在快速发展的背景下，越来越认识到服务质量的重要性。

对此，民航局提出"真情服务"的理念，这也对机场的服务工作提出了更高的要求。新疆机场集团坚持以"真情服务"打造"天缘"服务品牌，那么，伊宁机场是如何将真情服务落实在实践处的呢？

在伊宁机场的小小航站楼内，每天都有着一幕幕温馨动人的镜头，或许在这些鲜活真实的镜头中就可以找到答案。

一、困难留给自己，方便让予他人

伊宁机场安全检查站高文辉分队长，是一名入党积极分子，他以党员的标准严格要求自己，始终秉持"把困难留给自己，把方便让予他人"的理念。

2022年6月8日，一名旅客将笔记本电脑遗落在安检通道内，值班分队长高文辉在岗位巡视时发现该笔记本电脑，经多番寻找后联系到了失主。

图 1　旅客赠送的锦旗

与失主协商后，分队长立即联系了快递公司，当日就利用自己的休息时间将该旅客的笔记本电脑寄出。

旅客在收到笔记本电脑后，特别订制了一副锦旗，锦旗上短短的两行字"树立社会榜样，雷锋精神传承"，表达了对安检人员真情服务的感激与赞扬之情（如图1所示）。对于旅客来说，寄回的不仅仅是笔记本电脑，也是安检人员的真诚热情的服务。

高文辉分队长以自己的实际行动践行"思旅客之所思，急旅客之所急，助旅客之所需"服务宗旨，彰显了一名入党积极分子的风采，给科室成员当了一个好标兵、好模范。

这个镜头告诉我们，真情服务是一种主动、一种践行。

二、疫情无情，服务有爱

2022年7月3日，伊宁机场收到了一封特别的感谢信，这封感谢信的主人是一名即将毕业的大学生，在信里他说他感受到了新疆人民的热情与好客，感受到了伊宁机场工作人员不推脱、不抱怨的工作作风。

这名旅客计划在7月3日早上由伊宁飞往南京，但核酸检测结果没有出来，导致无法办理乘机手续，想到行程可能会影响到自己毕业，这名旅客心急如焚，不知道该怎么办才好。

安检员李浩然和陈思维发现了这名旅客焦急万分的神态，就主动询问情况，这名旅客将前后因果告诉了这两名安检员。安检员李浩然用平和的语气安抚旅客的情绪，同时另一名安检员陈思维立即展开了行动，首先他联系了南京当地的有关部门，询问当地的防疫政策，同时与东方航空公司进行协调与对接，从候机楼一楼跑到二楼，再从二楼跑到一楼，一趟一趟奔跑办事。

看似平平无奇的工作，背后却是默默的付出，也正是这一份默默无闻，让旅客感受到了有温度的服务。

功夫不负有心人，最终在飞机起飞前的20分钟，这名旅客的核酸结果终于出来了，顺利登机。

疫情无情，服务有爱。这名大学生旅客说，他作为一个即将踏入社会的毕业生，在这纷繁复杂的社会上遇到如此尽职、尽责的工作人员真的很温暖，并表示找到工作后，他也要像这两名安检员一样，不忘初心，牢记使命，坚守在工作岗位上，向社会传递爱心与正能量。如图2所示。

这个镜头告诉我们，真情服务是一种默默无闻、一种无私奉献。

图2　旅客的感谢信

三、人民航空为人民，以真情换民心

民用机场对外是国家的窗口，对内是地方的枢纽，第一服务对象就是航空旅客。作为一名机场工作人员，要在初心之地实践人民航空为人民的理念。

2022年3月26日晚上8点15分，有两名旅客抱着一名小朋友火急火燎地跑到安检验证柜台，语无伦次地说现在就要去乌鲁木齐。安检领导见状后询问情况。

原来，在家玩耍过程中，小朋友将茶几推倒，左手的四根手指被砸断，为医治断指，现在急需去往乌鲁木齐医院治疗。

此刻，距离最后一个飞往乌鲁木齐的南航CZ6858号航班截止办理乘机手续只剩下20分钟，争分夺秒，于是旅客服务部、安全检查站、机场医疗部等多个部门协作沟通、通力配合的场景又一次拉开了序幕。

旅客服务部派专人协助旅客购票，安全检查站开启绿色专用通道，机场医疗部安抚旅客情绪。在机场各个部门工作人员的帮助下，将大人与小朋友快速送到了飞机上，同时与机组人员做好交接工作。

　　伊宁机场的旅客服务部、安全检查站等部门为保障特殊旅客的正常飞行，通过默契合作，尽心竭力为旅客的利益实现了最大化。如图3所示。

图3　真情服务暖人心

　　这一个个温暖人心、热心为民的镜头告诉我们，真情服务是为人民群众办实事、办好事。

　　真情服务不是恻隐之心，而是政治责任；不是权宜之策，而是价值取向；不是次要之棋，而是根本要求。正是伊宁机场工作人员的真情服务组成了这一幕幕温暖人心的镜头，而这些镜头的每一帧就是打造"天缘"服务品牌的最佳动力。

　　真情服务是"善"，真情服务是"爱"，作为民航人，就应该让善流动，让爱传递。

　　让自己的一言一行展现"人民航空为人民"的理念，在默默无闻中让人民群众留下对自己的赞扬与感激。

以梅州为名，打造最"客"味人文机场

广东省机场管理集团有限公司梅州机场公司

　　梅州梅县机场（以下简称梅州机场）位于粤东北山区梅州，2010 年提出打造"具有客家特色支线机场"的战略发展目标。12 年来，机场紧扣"人文关怀"和"文化彰显"两条主线，全力打造客家特色人文机场，从便捷性、舒适性、人文性出发，创建有客家风情的乘机环境、有客家乡情的真情服务、有客家乡音的文化窗口，推动机场实现"遇见梅州、遇见美好"的航空出行。先后多次被梅州市评为 2017—2018 年度、2019—2020 年度文明窗口单位，连续 4 年在第三方服务评测中获得同量级机场旅客满意度测评第一名。颇具客家文化特色的机场如图 1 所示。

图 1　梅州机场一角

一、引言

梅州机场文化资源禀赋优势与生俱来。从历史地理看，梅州是广东唯一全域属原中央苏区范围的地级市，是叶剑英元帅的故乡、海峡两岸交流基地、"世界客都"、国家历史文化名城、客家文化（梅州）生态保护实验区、中亚文化之都。从人文特色看，梅州是华侨之乡，2 000 多万梅州籍华人华侨分布在 80 多个国家和地区。机场以"侨"为"桥"，先后开通中国香港、中国台湾、泰国、印尼等"亲情线"，在世界客家文化艺术节、世界客商大会等大型活动中发挥重要桥梁纽带作用。从传承实践看，梅州是文化之乡。梅县机场前身为兴宁航站，1987 年 9 月建成通航，2019 年更名为梅州机场。从一线人员的客家服饰到客家话广播、客家山歌唱进机场，再到创建"客享飞"服务品牌，切合旅客情怀需求，同时展示良好城市形象。

二、案例建设情况

（一）案例建设基本工作思路

梅州机场作为支线机场，特点显著。① 面积小。停机坪面积 20 400 平方米，国内候机楼和航管楼建筑面积为 4 300 平方米，国际候机楼建筑面积

2 552平方米，商务楼面积1 375平方米。②体量小。年旅客吞吐量低谷时不足2万，2019年达历史新高67.3万人次，2021年受新冠肺炎疫情影响下降至44.1万人次。③基础薄。硬件设施基础较为薄弱、投资不足。为此，梅州机场立足客家"人、事、物、景、情"，软硬兼施，倾情打造小而精、小而全、小而美的人文机场，力争将冷机场做出温度、做出热度、做出知名度。

（二）案例近期进展情况

1. 构筑有客家风情的文化空间

外——传承客家建筑。围绕打造"留得住乡愁"的机场，以"白墙、灰瓦"打造客家特色候机楼，并被纳入政府"诗画梅江"及创文示范窗口重要站点之一，增加"相约世界客都、寻梦长寿梅州"及城市CI人文装饰，成为进出港旅客拍照打卡的"网红点"之一。内——展示客家民俗。2019年起，聘请专业设计团队进行客家文化装饰整体设计，分阶段分主题逐步实施打造客家方言、民俗、童谣、人物、精神、民居、美食等主题区域，客家货栈、客家文化驿站、客家围屋风厕所、客家民俗文化油画、客家童谣装饰让旅客进出机场成为微型文化之旅。如图2所示。

图2　客家风情空间一例

2. 构建有客家乡情的情感联接

创"客享飞"服务品牌。2018年推出"客享飞"服务品牌，确定"飞客都·享客道"品牌内涵，使广大旅客愿意并享受从梅州机场出发。品牌LOGO设计嵌入市花梅花、飞机发动机、客家围屋元素，打开山门迎客来，同时代表梅花的坚韧不拔、梅州的热情好客及机场人的开拓进取；红色心形是指用心、用情、用功的服务精神。如图 3 所示。在省机场集团统一规划部署下，品牌升级为"春风服务·客享飞"，以"客家风情的温馨机场"为定位，以"客家风情、山水田园、精致便捷"为画像，以"山歌悠扬"为标签，品牌建设更加系统完善。

图3　品牌 LOGO

打造"家门口的机场"。机场离市中心仅 4 公里，车程不过 10 分钟，以此为"卖点"，辅以自助值机、扩容 WI-FI、人脸识别、一证通关、无纸化登机、健康智能通行系统等智慧化手段及"优先过检"、限制运输物品快递等服务，助力旅客轻松实现从"家门口"到"登机口"。

微型围龙屋"变身"客家货栈。2020 年升级候机楼商业，引进餐饮行业进驻，并以最具客家风情的围龙屋为外形，青砖瓦片的窗花、蓝襟衫、石磨、斗笠等客家元素扑面而来。如图 4 所示。

图4　客家元素展示

特色服务提升出行体验。推出"残障旅客全程专人服务"、特殊旅客人群"让爱同行 客享飞直播间"、不正常行李免费送上门、免费提供化妆品分装器等特色服务；针对孕妇、老人、小孩等人群，推出爱心电话、老人优先柜台、儿童阅读区、便民柜等专项举措。如图 5 所示。

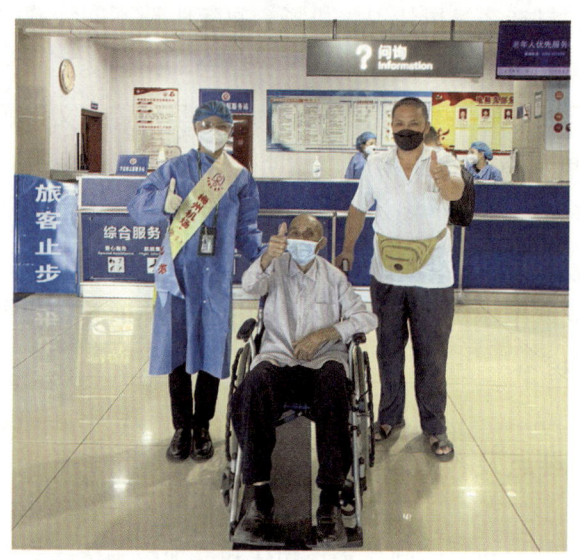

图 5　特色服务

3. 打造有客家乡音的文化窗口

乡音起处是故乡。机场以客家话广播、月光糕、碱水粽及客家山歌、南国牡丹——"广东汉剧"走进机场等形式打造"客家山歌唱起来""客家美食尝起来""客家乡音响起来"文化展示窗口。

（三）工作亮点

（1）"三新"行动全面提升"客味"服务品质。新标准：修订完善服务质量管理手册、从业人员通用服务规范、窗口岗位形象标准手册、客户服务意见管理办法实施细则等 15 个制度，制定服务品牌管理标准。新服务：开展服务品牌宣贯培训、窗口服务形象专项提升及用户体验提升三年行动、"金点子"征集活动，推进建设"干支通，全网联"服务模式。新形象：实施首问责任制，创建"精品岗位"、服务"三人小组"，开展"服务之星"、党员先锋岗、"客享飞"使者等活动，塑造和展现民航人的精气神。客户满意度测评从 2018 年 92.25 分至 2021 年 97.62 分逐年提高，航班正常率从 2018 年 85.05% 至 2022 年上半年 97.41% 显著提升，连续 4 年获得普通旅客满意度综合得分同量级机场排名第一的喜人成绩。

（2）"双融"模式打造区域人文窗口标杆。融入梅州人文特点、融合民航行业特色，打造客家风情温馨机场。每年聘请不同领域的社会热心人士担任社会监督员，坚持"开放办机场"；结合梅州创文工作，对停车场进行改造和扩建。同时开展系列民俗活动，为旅客呈现传统文化盛宴。先后获得 2017—2018 年度和 2019—2020 年度文明窗口单位荣誉称号。

（3）热情好客当好"客家东道主"。在服务旅客的同时积极服务好航司及驻场单位，获赠"年度航线维修优秀代理""年度金牌机务航站"奖牌，以及"爱岗敬业讲奉献，尽职尽责保平安""保障通航飞行作业，助力民航两翼齐飞"锦旗。

三、建设难点及存在问题

存在问题：一是机场空间狭小，构建和展现较为体系和完善的客家文化空间有限；二是经费投入受限，特别是受新冠肺炎疫情影响以来，人文机场建设规划未能完全按期推进。三是支线机场航班时刻不具优势，一定程度上影响旅客满意度。

采取策略：对人文机场建设做"加法"和"减法"，确保服务品质不因疫情而下降：一是激活员工队伍活力。加强员工关怀，并优化整合人力资源，进一步激发干事创业热情。二是积极争取政府支持。成功争取到市委市政府资金和政策支持，新增客家民居式吸烟亭、新能源汽车充电桩、智能测温仪和智能查码利器，助力便民出行。三是以"红梅赞"党建品牌促服务提升。将打造客家特色人文机场纳入公司党建品牌创建重点内容之一，同步推出"服务先锋、品质先锋"等支部品牌；党员挂点班组 100%，深化"三基"建设创建"标杆班组"，着力打造特色班组文化，助力服务品质全面提升。

四、经验分享与下一步工作计划

经过几年打造，梅州机场客家特色人文机场雏形具备。主要有 3 个方面的经验：

（1）找准定位。立足"本土"和"民航"，提出打造客家特色支线机场的发展战略，符合机场发展实际，顺应区域发展需求，更契合山区人民及海外华侨乡贤的美好期望。

（2）做好文章。着眼"特"和"色"，将人文机场建设与"世界客都·文化之乡"的客家底色深入融合，在凸显客家人文景观、客家风情候机环境的同时，同步加强"客享飞"服务流程改造、人员素质提升，着力提高人文机场品位。

（3）讲好故事。在通航三十周年、机场更名等重要时间节点加强对外宣传，传播梅州民航故事，书写特色文章，"客都空港"日渐成为进出港旅客打卡之地、成为各大媒体热衷拍摄的交通要站，成为梅州市的一张靓丽名片。

下一步，梅州机场公司将持续深化"春风服务·客享飞"服务品牌建设，不断提升旅客满意度和获得感，真正打造成小而精、小而全、小而美的具有客家风情的温馨机场。

博鳌机场博鳌亚洲论坛保障

——海岛文化服务体验之旅

海南博鳌机场管理有限公司

博鳌亚洲论坛是我国主场外交的重头戏，也是海南的一张独特名片。专机 2 架次 58 人次、警卫 2 架次 10 人次、部级 VIP19 批 31 人次、普通参会嘉宾 446 人次，合计保障 545 人次。

一、提早部署、精密谋划

（一）制定论坛专用手册

琼海博鳌机场（以下简称博鳌机场）根据 5 年保障论坛经验，研制总结了一套《博鳌论坛年会保障手册》。以手册为指导标准，规定了部门与部门之间工作衔接，保障前期启动准备工作、实施保障过程、应急处置等具体流程。实现公司各部门和岗位有章可循、有据可查，使保障工作畅通和高效。形成了一套指导性强、实用性高、可复制的重大运输保障的标准体系。

（二）开发年会专项课程、开展年会专项练兵

博鳌机场积极落实海南省委"能力提升建设年"工作要求、同时结合论坛年会保障特点,开发论坛专项培训课程 10 项,课程分为论坛保密专项培训、

论坛专项防疫培训、年会反恐专项培训、论坛贵宾服务专项培训等。培训项目 133 项，累计 200 余课时、4 300 余人次。有效地提升了员工年会专项业务水平，全面提升了机场年会安全服务效能。

（三）开展 3 次全要素演练

为确保以最高规格、最全准备、最佳状态、最优效果迎接出席论坛年会的政要及嘉宾，博鳌机场联合各保障单位开展了 3 次重要航班及 VIP 航班保障全要素综合实战演练。内容涵盖接机、引导、警卫保障、地面服务、VIP 服务保障、防疫检查及采样等全部保障流程。通过演练补短板、优流程、提效率，有效检验了各单位保障期间的通信联络、快速处置和协同联动等方面的综合保障能力。

（四）营造订制化年会主题氛围

年会时间轴，贵宾通道设有以时间为轴的年会展板，展示历年年会主画面，极具历史纪念意义，仿佛置身年会纪念堂。党建氛围，以党建为引领营造以年会主题与机场服务理念相结合的订制化年会氛围。花花世界，在场内各区域摆放兰花、海棠及鲜花等绿植共计 2 763 处，给论坛嘉宾呈现一种一入博鳌便是蓝天白云、鸟语花香的美妙体验。

二、严把关口、精准防控

（一）"气泡式"的闭环管理

与琼海市疫情指挥部联动，使博鳌机场与论坛年会会址及各保障酒店形成气泡管理模式，全程封闭式管理，人员及车辆凭论坛年会通行证进入，跨区流动严格实行点对点闭环措施。"气泡式"闭环管理做到全流程、全封闭、点对点，最大限度降低与外界接触的机会，降低病毒传播的可能性。

（二）保障联动、关口前移

一是，与海南省外事办联动，将琼海市疫情防控政策提前告知参会嘉宾；二是，将疫情防控政策以短信等形式通知到旅客；三是，与北京机场地服建立沟通机制，始发站进行年会嘉宾及普通旅客分流，座位分隔、行李分舱。

（三）专用通道、分类引导、提升服务效率

为提升参会嘉宾服务体验，减少核酸等待时间，做到参会代表不排队、不等待，博鳌机场创新设立分类引导岗，设立参会嘉宾及媒体专用通道、普通旅客专用通道、贵宾通道，同时启用志愿者开展全程引导。180 名旅客放行时间由平时的 1 小时缩短为 20 分钟，高效有序的精准服务得到省领导及参会嘉宾的高度认可。

（四）订制化核酸采样服务

一方面增加贵宾移动核酸采样车以及贵宾厅室机动核酸采样组，有效地分散贵宾通道核酸采样压力，同时考虑客人对于采样的私密要求，缓解在开放空间采样的不适感；另一方面，是在贵宾通道核酸采样点增设休息区，便于要客在等待时有良好的休息环境。

三、海岛文化体验之旅服务

（一）成立党员专班及青年突击队

以党建为引领成立贵宾、值机、引导、货运、特车、安检、消防、监护、急救、护卫等 10 个党员专班，并在贵宾岗位成立论坛保障青年突击队，推动各项工作有条不紊地开展，全力以赴地保障各项工作能够按照时间节点完成。

（二）秘密武器——博鳌香

不可抗拒的融合，创造出如同风信子和白茉莉香醇般的持久印记，又有着如水般的柔顺和如同温润琥珀色的意境，给宾客带来绝佳的嗅觉体验。

（三）余音袅袅——红歌行

通过播放《久久不见久久见》《请到天涯海角来》《海南欢迎你》等音乐，

一方面展示海南民族风情及中国人民的爱国情怀，另一方面通过美妙的音乐为嘉宾提供更加舒适安逸的休息环境。

（四）视觉盛宴——发现美

蝴蝶兰：一盆盆美丽可爱的蝴蝶兰放在架子上，仿佛成群结队的蝴蝶栖息在细长的花枝上。如图 1 所示。

图 1　蝴蝶兰

年会展板：在贵宾通道内展示以时间为轴的年会展板，充分营造出与年会主题相呼应的视觉盛宴。

黎苗画展：每一幅画都有一个生动的故事展示着黎苗族的风俗和文化气息。

黎苗姑娘：着黎苗族最隆重服装的姑娘用最真挚热情的服务给嘉宾带来温暖。如图 2 所示。

丰富多彩-黎苗画展　　　　　美丽可爱-黎苗姑娘

图 2　黎苗文化展示

文化展示：通过展示海南当地特色的黎苗风情装饰、乐器、织锦、服饰等元素，突出海南的热带岛屿风情和海岛文化特色，给人以庄重华贵、古朴华丽、返璞归真之感。如图3所示。

图3 黎苗风情展示

（五）舌尖体验——色香味

通过提前收集嘉宾的喜好，准备现烤曲奇饼干、牛角包、蛋黄酥等，搭配茶水和海南本地母山特供咖啡；提供用火龙果、斑斓叶、南瓜、椰肉制作的具有海南特色的琼海杂粮、新鲜清甜的椰子以及色彩缤纷的热带水果盘，深受国内外嘉宾喜欢。在满足不同嘉宾口味需求的同时，展现了极具本土特色的饮食文化。如图4所示。

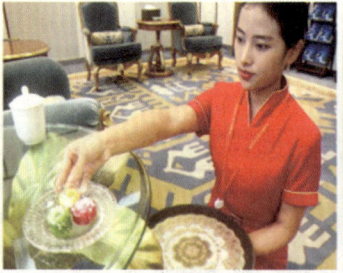

色彩缤纷-热带水果   多彩味美-琼海杂粮   新鲜清甜-海南椰子

图4 饮食文化展示

（六）文化国粹——娱乐多

贵宾室配置中国象棋、国际象棋、围棋等棋牌及世界名著、中国名著等书籍和其他杂志等，以增添客人候机趣味。

（七）全程无忧——尊享行

在体验海岛文化的同时，贵宾室为嘉宾提供一条龙管家式服务，专人办理值机手续，专门的贵宾休息室，专属安检通道，专人引导登机，专属贵宾车摆渡，全程实现 1 对 1 或者 2 对 1 服务。

"红色机场"助力
"白色经济"发展

——通化机场打响旅客服务质量提升攻坚战

吉林省民航机场集团有限公司通化机场分公司

通化三源浦机场（以下简称通化机场）自 2014 年 6 月 14 日开航以来，相继实现与北京、上海、广州等 11 个国内核心城市的航线连通，是集红色教育和冬季旅游于一身的特色型机场，旅客吞吐量从起初的每年 2.6 万人次增长到 14.57 万人次，重视首乘、老年、无障碍、工匠劳模等社会高关注度旅客的服务工作，坚持真情服务理念，旅客满意度逐年提升。如图 1 所示。

图 1 通化机场概览

目前，制约通化机场服务品质提升的最大障碍是资源短缺所导致的旅客服务瓶颈，尤其是 3 034 平方米面积的航站楼在高峰时段无法满足旅客需求的问题，是当前通化机场的首要解决任务。

一、引言

通化地区是红色旅游圣地之一，通化机场入选国内 32 家首批红色航空旅游示范机场。通化拥有杨靖宇烈士陵园等 130 处革命历史类纪念设施和遗址，53 个爱国主义教育基地，通化机场 2021 年 9 月底被红色机场联盟接收为成员单位。2021 年冬，伴随着通化万峰滑雪场的正式营业，通化地区的旅游群体进一步扩大，通化市将其视为"白色经济"。如图 2 所示。

图 2　万峰滑雪场

在此背景下，通化机场将服务红色文旅发展、服务旅客"好来快走"列为重要目标，切实做到"红色机场"助力"白色经济"发展。

二、案例建设情况

（一）案例建设基本工作思路

在通化万峰滑雪场营业之初，通化机场就提出需要重点关注冬季旅客的 3 个特殊需求：一是旅客协助运送滑雪具的需求，二是旅客有满足电子设备充电的需求，三是部分旅客可能会有提供医疗急救的需求。

面对 3 个特殊需求，通化咨询有保障滑雪旅客经验的机场，积极制定了解决方案：一是积极联络万峰滑雪场，开通滑雪场专线巴士；二是经营管理部门面向通化市品牌企业开展合作谈判，以广告置换的方式在航站楼内增加适用的充电台；三是应急救援部门联系地方医疗单位增加医疗急救力量，对医疗设备进行补充完善，提供必要的轮椅服务。如图 3 所示。

图 3　通化机场服务

（二）案例近期进展情况

方案确定后，通化机场相关部门开始了"破冰"行动。

1. 开通机场至滑雪场专线大巴

机场对于滑雪旅客滑雪具运输的通常做法是与第三方签订运输滑雪具协议，开展滑雪具门到门服务，主要包含如表 1 所示的两种模式。

表 1　滑雪具运输两种模式

滑雪旅客滑雪具 运输模式	优点	缺点
地服人员负责提供将滑雪具运送至目的地的专项服务	①省去旅客携带滑雪具从机场至滑雪场间地面运输的负担； ②较易实现	①滑雪具不能与旅客同时抵达雪场，旅客无法及时使用； ②运费较高，治标未治本

续表

滑雪旅客滑雪具 运输模式	优点	缺点
设立机场至滑雪场专线大巴	①节省运费； ②旅客与滑雪具同步抵达雪场	协调外部单位存在困难

经分析，第二种方案更优，通化机场就开通机场至滑雪场专线巴士事宜进行了多轮商谈。一周后滑雪场终于同意以租赁大巴的方式投入试运行，机场为其设立了专用停车位。次年1月中旬，滑雪场专线大巴由试运行调整为正式营运，旅客在机场和滑雪场之间的地面交通和滑雪具运输问题一并得到彻底解决，在方便旅客的同时，提升了万峰滑雪场、通化机场的知名度，取得了一定的社会效益。如图4所示。

图4　专线大巴

2. 合作共赢增设充电台

在经营管理部门的积极沟通下，通化机场以广告置换的方式零成本增加两个大型充电台，配置了Type-c、IOS以及Android多类型的接口，同时增设二三级插座，可提供交直流充电插座点位48个，最大限度地满足旅客电子设备的充电需求。这既实现了合作共赢，又提升了旅客体验。如图5所示。

图 5　充电服务

3. 民地融合提升医疗急救能力

应急救援部门联系属地医疗机构也取得了进展，医疗机构在春运前对常用的降压、止血等急救药品及器械进行了补充完善，新增了一台 AED 除颤仪，同时将专业医护人员由 1 名增加到 2 名。在滑雪季，医护人员共计为 6 名在通化机场出港的受伤滑雪旅客及时提供了诊治服务，同时，地面服务部门为受伤的滑雪旅客提供了 16 人次轮椅服务，全方位的专业服务得到了旅客的肯定。如图 6 所示。

图 6　医疗急救服务

（三）工作亮点

1.弘扬红色抗联精神

通化机场在航站楼内布置以抗联为主题的红色元素和文化墙，收集整理具有通化地域特色的抗联事迹材料，面向包括滑雪旅客在内的全体旅客持续开展以"赓续红色文化，弘扬抗联精神"为主题的红色文化传承活动，专人讲解，图文并茂，使旅客通过听和看全方位地感受通化地域特色的红色文化，凝聚奋进力量。如图 7 所示。

图 7　弘扬红色抗联精神

2.协同联动保旅客畅行

2022 年 3 月 5 日，通化机场在保障杭州至通化的航班时发现，进港旅客基本是同一个团队的滑雪旅客，同进同出，3 月 8 日返程。了解到这个信息后，地面服务部门立即开展了风险识别，汇总出 3 条风险：一是滑雪旅客携带行李较多，办理值机手续耗时较长，而通化机场只能同时开放 2 个值机柜台；二是返程航班为过站航班，前站哈尔滨如果货邮过多占用货舱载量，可能造成本站行李无法全部装机；三是大量的滑雪具和大件行李加大了装机的保障难度，如果不能按时结载，可能会造成行李装运保障时间不足。

对于识别出的风险，地面服务保障部门提前制定了解决方案：一是协调万峰滑雪场，安排专线巴士至少提前 2 个小时到达机场，留足办理乘机手续的时间；二是联系长龙航空，协调前站预留足量的载量，确保旅客与行李同机到达；三是增加装卸人员，调配足量的行李斗，当天的行李随满随走，提高行李装机效率，确保航班正常。由于提前的周密安排和部署，3 月 8 日完成了滑雪旅客"好来快走"的工作任务。如图 8 所示。

图 8 协同联动保旅客畅行

三、建设难点及存在问题

（一）建设难点

服务功能设施不完备。主要体现在两方面：一是航站楼保障面积不足，候机隔离区仅能摆放 260 个座椅，遇 2 架及以上航班同场时，存在部分旅客无座可坐的情况；二是受新冠肺炎疫情影响，航站楼内的餐饮店因经营不善撤场，无法满足旅客热餐方面的需求。

（二）存在问题

1.信息沟通机制不完善

主要体现在两个方面：一是机场、滑雪场、市客运公司（正常旅客班车运营单位）在开通滑雪场专线巴士时未通过三方会谈确定运营单位和运营方式，市客运公司认为存在抢占正常旅客班车客源的可能；二是地面服务部门与滑雪场专线大巴之间关于大巴到达机场时间的沟通用语不规范、态度不坚决，导致多次发生专线大巴晚到的情况。

2. 服务能力有待提升

地面服务人员服务能力不足主要体现在 3 个方面：一是对新业务、新情况的服务风险识别能力不足；二是规范化服务的水平不强；三是特殊情况的应急处置能力较弱。

四、经验分享及下一步工作计划

（一）经验分享

建设红色机场和保障滑雪旅客对于通化机场来说是全新的业务，通化机场按照"凡新必评估"的原则，对可能存在的难点问题进行评估识别，从实际保障效果看，风险识别得比较充分，采取的措施比较得力。在此基础上，通化机场结合工作实际，总结出了"凡新必识别，识别必评估，评估必行动，行动必总结"的经验做法，值得学习借鉴。

（二）下一步工作计划

随着通化万峰滑雪场的品牌宣传推广，其知名度不断扩大，可以预见在下一个滑雪季，将会有更多的滑雪爱好者齐聚通化。为提升服务保障水平，通化机场在以下 3 个方面进行了提升。

1. 滑雪场大巴专线升级为公交线路

通化机场将推动滑雪场、市客运公司开展深度合作，由滑雪场配合，客运公司主导开通滑雪场至通化机场公交线路，发车时刻根据航班时刻动态调整，使机场、滑雪场及客运公司之间的信息沟通更加畅通，旅客乘坐更加方便，运营管理更加专业。

2. 提升全员服务能力

在加强内部服务培训的同时，与杨靖宇干部学院和入场的航空公司开展服务交流，在仪容仪表、服务规范、文明用语等方面取长补短，形成具有通化机场属性的服务特色。

3. 完善服务功能设施

重点解决两大问题：一是创新招商思路，引进餐饮企业，完善航站楼内的餐饮服务功能；二是利用相邻东侧的职工文体活动中心闲置区域打造可容纳 200 人的临时候机楼，缓解航站楼空间资源紧张的状况。

五、案例启示

"零成本置换"的思考角度在服务领域外拓展。

目前，中小型机场的经营效益是重点难点问题，在保障旅客服务和飞行安全的同时，获得盈利是顺应当前民航中小型机场发展的目标之一。将与联通公司合作，通过广告置换的形式，零成本投入大型充电台，将满足旅客需求的经营与服务理念，延伸至其他领域加以利用。挖掘机场经营效益优化路径，是值得进一步探究的课题。

若羌楼兰机场馨旅服务品牌案例

——由"心"视角到"馨"服务，真情创建温馨旅途

新疆机场（集团）有限责任公司若羌楼兰机场

一、案例简介

若羌楼兰机场（以下简称若羌机场）地处"南疆环线"重要支点，是"丝绸之路经济带"上重要的交通枢纽和战略支点，带动了若羌公务、商务及旅游等经济社会建设。为了提升安检服务质量，若羌机场安全检查站结合服务过程中所见所感，切实从旅客角度出发，体察服务细节，探析旅客日益增长的航空出行美好需求，紧紧围绕"细微之处见真情，服务周到暖人心"的宗旨，推行差异化服务，打造安检服务精品岗，致力于为更多旅客提供安全、便捷、舒适的乘机体验。

二、服务需求发现

随着社会经济的不断发展，面对当下客流量急速回升的航空市场趋势，旅客对机场服务快捷高效、周到体贴、差异化指向的需求越来越强烈，若羌机场以旅客需求为导向，逐步健全机场安检服务流程设计，改善旅客出行体验，打造旅客喜爱的服务品牌。

三、服务方案设计与落地

（一）服务方案设计

若羌机场馨旅服务品牌坚持"人民航空为人民"的服务理念，体察旅客服务需求，关注旅客服务诉求，解决旅客出行难题，由内而外优化机场安检流程服务触点的细节设计，提升旅客体验，让旅途倍感亲切与关怀，主要推出以下服务项目：

（1）安检待检区设置爱心服务流动岗，主动发现与寻找需要帮助的旅客，为旅客提供引导咨询乃至全流程帮扶；

（2）旅检通道放置便民服务盒，盒内装有针线、手提袋、100毫升分装瓶、胶带、创可贴等便民服务用品，可满足旅客不时之需；

（3）多岗位预备图文结合的双语卡片，减少与少数民族旅客之间语言不通的交流困扰，增进感情；

（4）开展形式多样的特色节日文化活动，做好乘机知识宣传，丰富文化表达，为旅客创建愉悦的出行体验。

（二）目标群体

主要针对老年旅客、无陪旅客、轮椅旅客、携带婴幼儿的旅客等特殊群体，同时包括首乘、晚到、紧急运送的伤病旅客和其他旅客。

（三）操作方式和执行过程

1. "馨旅"服务——让服务"动"起来

"馨旅"服务将离候机楼入口最近的维序引导岗位设置为服务流动岗位，第一时间对进入候机楼人员进行识别和判断，根据旅客需求提供温馨服务。当老、幼、病、残、孕和怀抱婴儿的旅客踏入候机楼，爱心服务流动岗便可及时对旅客进行帮扶，引导孕妇、军人旅客前往值机柜台加盖专用章；引导首乘旅客办理乘机手续；引导晚到旅客开通快速安检服务；与地面服务部工作人员"交棒接力"，陪同老人、孩童、伤病残等特殊旅客体验乘机全流程"馨"服务。如图1所示。

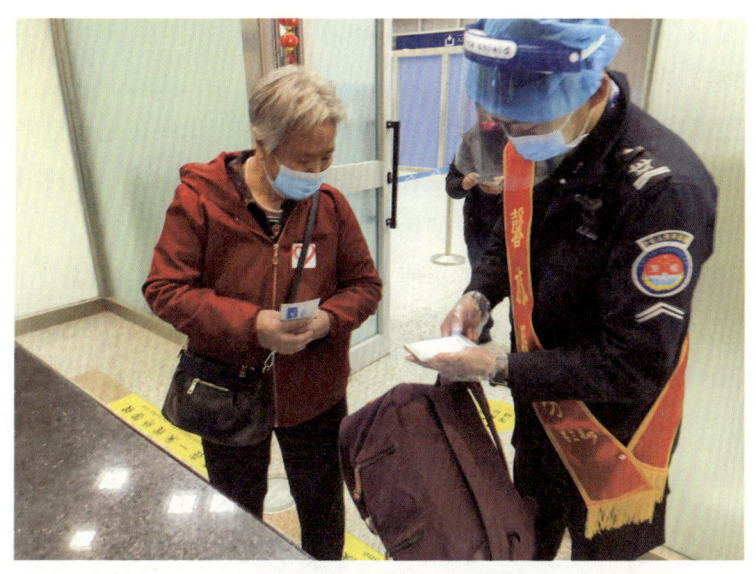

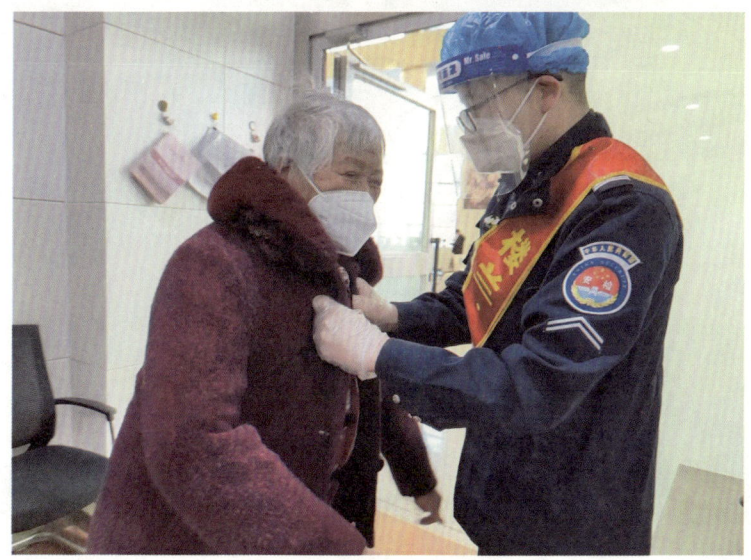

图1　让服务"动"起来

　　馨旅服务流动岗强化了安检待检区的事前服务,通过对非常规情况的甄别和协助,对特殊旅客的主动问询和引导,对乘机知识的多样宣传,提高了特殊旅客服务的关注度,提升了旅客服务的针对性,缓解旅客对陌生服务流程产生的焦虑和在陌生环境下的无助感,以服务空间上的拓展,彰显若羌机场人文关怀。

2. "馨旅"服务——让旅客需求有回应

"您好，请问有针线吗？虽然知道不太可能，但还是想问问。""您好，我的手提袋漏了，请问能给一个袋子么？""您好，我现在托运也来不及了，这些护肤品也没有 100 毫升，就让我带走吧。""您好，请问有胶带吗？我想给箱子封一下。""您好，方便给个口罩吗？"

这些都是安检人员在旅检通道听到最多的旅客诉求，"馨旅"服务从旅客最基本的诉求出发，在旅检通道放置了便民盒，通过开展旅客需求调研、满意度调查，不断丰富和完善便民服务盒内常用物品，满足旅客的不同需求，持续落实"我为群众办实事"的工作要求，给旅客提供更加放心、舒心、顺心的服务体验。如图 2 所示。

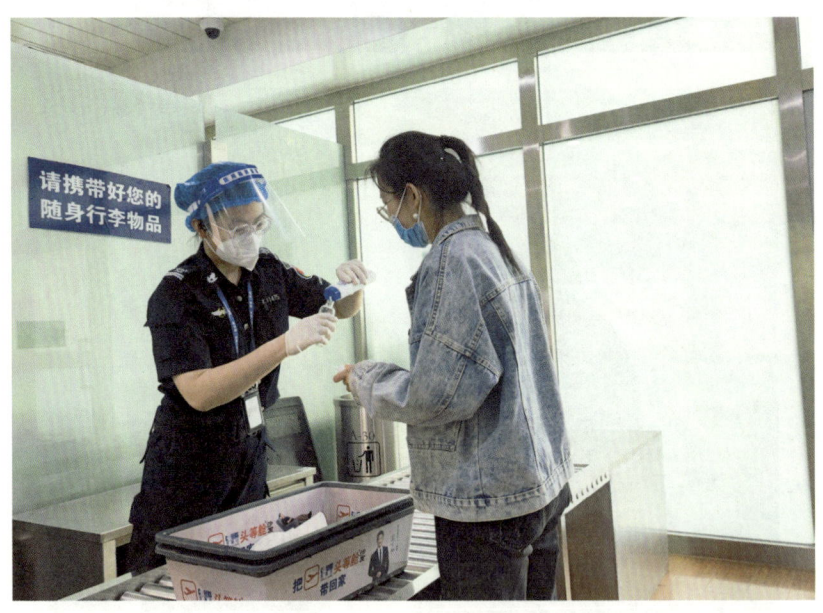

图 2　便民服务盒

馨旅服务便民盒中的服务用品来自安全检查员们对服务过程中旅客切实需求的观察和感知，每一件都蕴藏着安检人员的体贴和关心。他们注重"小事"服务，认真回应旅客需求，由"心"出发，打造"馨"服务。

3. "馨旅"服务——让服务语言畅通无碍

若羌的地域文化很有特色，经常会有少数民族旅客乘坐飞机，语言交流成为安检服务中的难题，语言不通成为少数民族旅客出行的担忧。为此，"馨旅"服务充分考虑"人文机场"建设中"人文关怀"及"文化彰显"这两个重要方面，特别制定了"汉维图卡"，将安检乘机的流程以简易卡通图像和汉维互译的方式呈现出来，工作人员只需出示相关流程的图示卡片，就能使大多数少数民族旅客第一时间理解内容，顺利配合工作人员完成相关检查。

"馨旅"双语图文互译卡在一定程度上解决了工作人员"说不出"的难，用真诚交流的服务态度化解语言沟通上的困扰，让少数民族旅客体验到高效、顺畅的安检服务，营造出"民族团结一家亲"的良好氛围。

4."馨旅"服务——让特色活动情系旅客

"馨旅"服务以节日活动为契机，弘扬传统文化，旨在让归途旅客感受到传统节日氛围，为旅客创造温馨而温暖的回家路。通过开展民俗知识小问答、制作主题贺卡、创办手抄报、赠予手工礼品等活动，为旅客出行环境增添了一抹节日赋予的文化意蕴，让旅客深入了解传统节日的文化内涵和风俗形式。同时在节日当天，"馨旅"服务青年志愿者佩戴绶带向来往旅客宣传乘机安检知识、协助办理临时乘机证明、帮助旅客识别民航运输禁限带物品，这一方面减少了旅客反复过检、反复托运的不快，另一方面分担了旅检通道压力，提升了过检速率。如图3所示。

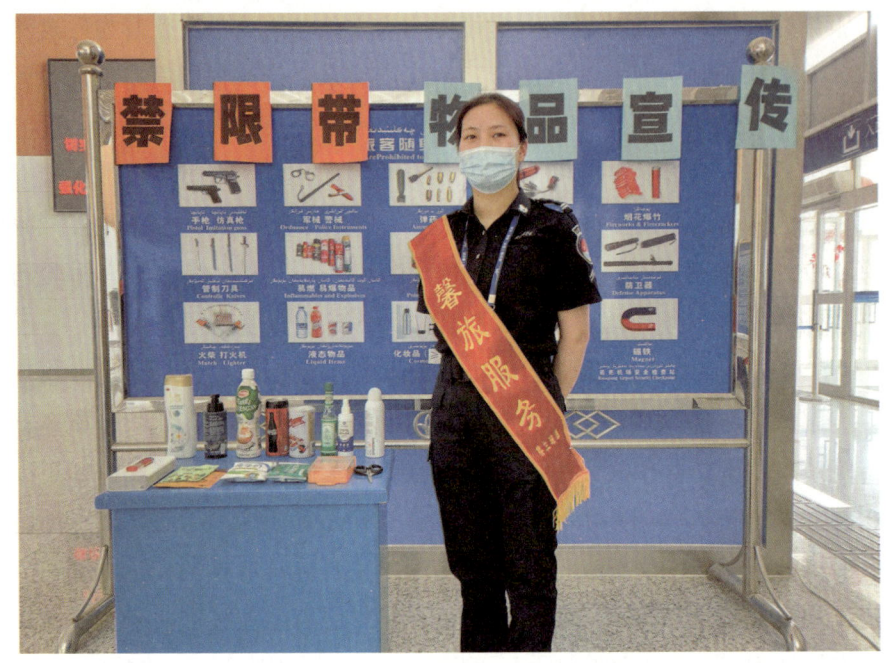

图 3　让特色活动情系旅客

　　"馨旅"服务节日"馨"特色将弘扬传统文化与民航真情服务相结合，营造热烈喜庆、文明和谐的节日氛围，在提升旅客节日出行幸福感的同时促进旅客对民航工作的认同和理解，形成良性互动。

四、服务效果

　　若羌机场安检全流程服务"馨"建设，在一定程度上满足了广大旅客不同的出行需要，切实解决了旅客出行困难、出行不畅、出行不快的问题。通过深入贯彻落实首问、首看责任制，主动换位思考，时时刻刻想旅客之所想，将旅客当成自己的家人来提供全流程、全方位、全身心的服务，获得了旅客一致好评，自 2021 年 3 月建设至今，若羌机场安全检查站未接到一起旅客服务投诉。如图 4 所示。

图 4　服务广受好评

五、案例总结

　　随着社会经济的不断发展，广大旅客对于高质量民航服务的期待越来越高，改善旅客出行体验是若羌机场"馨旅"服务品牌追求的方向。若羌机场以旅客需求为导向，将旅客期望快速转化为真实可行的服务举措，着眼于"心"，践行于"馨"，以温暖的目光体察服务需求，以温馨的服务举措改善服务细节，积极解决安检环节效率受阻的关键问题，给出高效的解决办法，更多地为旅客出行提供便利，使安检过程能够体现出热心、耐心、专心，从而使流程体验者获得舒心和安心。

I 全国共用旅客服务平台 / Airport Collaboration Services

为全国机场旅客服务的线上化提供平台化技术框架，数据基础和业务能力

- **业务协同**：为全国机场旅客服务的线上化提供平台化技术框架，数据基础和业务能力
- **数据整合**：基于整合的相关数据和业务，为机场产品提供差异化竞争优势
- **服务汇聚**：基于汇聚融合的服务资源，为机场的C端应用提供平台化支撑 支持与航空公司、GDS和OTA的连接以建立机场旅客服务内容的分销渠道
- **流程渠道**：以机场服务业务和旅客服务权为基础，梳理机场信息服务逻辑，建设机场信息生态

II 智慧机场中台 / Smart Airport Central Platform

中国航信智慧机场中台的核心建设思路，是实现共性业务服务和技术沉淀，港类相似功能重复建设和维护带来的资源浪费，平台为机场打造内部各系统之间通畅的信息交互渠道，使各类不同的业务系统以标准的方式进行数据交互和业务协同，支撑各种新的业务功能需求和流程。

- 港类烟囱式和单体式架构设计的重复建设，实现全一张网的发展要求
- 基于机场本场的信息集成和业务支撑，兼具算法赋能，并以服务的方式提供共享能力的平台
- 建设统筹感知体系，统一数据集成和信息网络，实现数据整合与共享，从技术上实现机场关键要素整合

III 离港系统 / Departure Control System

机场旅客服务一体化平台（ASCII）

ASCII是中国航信开放的系统服务平台，提供了比传统意义上更广泛的共用环境支持。机场不同航司间可通过ASCII共用：基础设施，终端环境，数据接口，旅客服务数据，标准业务服务，开发框架和业务方案。

离港前端应用（AngelNewAPP）

AngelNewAPP提供标准化的值机（CKI）、登机（LGATE）、航班控制（FDC）、统计查询（STAT）等功能。

机场应用软件监控管理系统（PAM）

系统通过部署应用探针对应用所在在服务器的便件，软件等信息进行监控，并把问题通过一线运维人员。总部邮信，邮件平台，及时通知机场一线运维人员。

开放配载控制系统（LDP）

LDP与上一代系统相比实现了图形化，智能化，自动化的重大突破。主机VS开放三易用性差，数据集成，VS业务图形化，智能化，全数据集成。

航班服务管理系统（FDC）

系统实现应用航班服务全流程的全自动化处理和监控，主要功能：数据采集清洗，航班信息自动化处理，RPA任务管理等

中国航信 TravelSky

智慧运营产品线
SMART OPERATION PRODUCT LINE

中国航信智慧机场数字孪生是以智慧机场数字孪生全要素管理平台为依托，通过整合飞行区、航站楼数据和资源，融合航班流、旅客流、行李流、实现流数据，实现机场"一块屏、一个网页、一个APP"的全域管理（TAM）模式。

Ⅰ 数字孪生全要素管理平台

中国航信智慧机场数字孪生全要素管理平台实现定制、陆侧一体化管理，强化机场飞行区、航站楼各功能区域，各业务部门，实现容量提升，高效运行，真情服务，逐步建立以旅客为中心的四型机场的协同发展的机场孪生体。

核心模块 MAIN MODULE

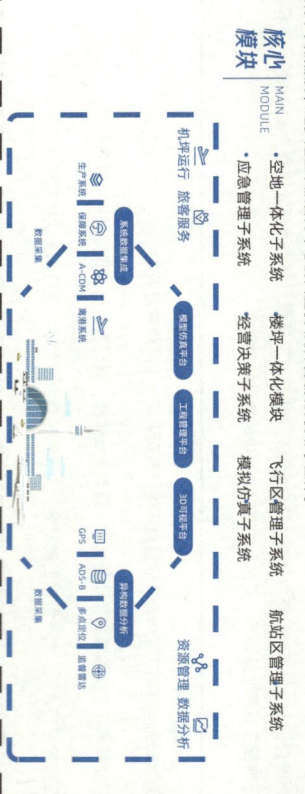

- 机场运行 旅客服务
- 空地一体化模块
- 应急管理子系统
- 楼坪一体化子系统
- 经营决策子系统
- 飞行区管理子系统
- 模拟仿真子系统
- 航站区管理子系统

图中标注：无线传感监控平台、A-CDM集团版、数据采集、生产系统、视频监控平台、工具管理平台、3D可视化平台、GPS、ADS-B、多点定位、融合监站、资源管理 数据分析

Ⅲ 飞行区管理平台

中国航信飞行区管理平台是一个面向机场飞行区管理、决策的综合管理平台。平台结合机场飞行区运行业务流程，实现对飞行区的管理转型、空防安全转型、机坪管制转型的需求，综合管理、区域监控、数据可视化等功能，支持从机场飞行区运行信息获取、信息化建设、运行态势平台提供飞行区运营保障服务。协助空管和机场各单位高效、协同管理飞行区的资源，最终为机场打造飞行区统一的数据整合及各个飞行区运行、调度平台、安全平台、运行平台。

Ⅴ 集中式A-CDM

由各机场主导，航空公司、空管、地服公司等共同参与。以信息共享为基础，以协同决策为方式，核心的运营机制。

- 采用航信集中部署，通过网页提供基于协同的模式，融合全国航班信息，运行航班业务需求。
- 精细管控，空地协同，满足中小机场全面的数据分析能力，助力中小机场数字化转型。
- 逐步提升中小机场全面的数据化建设，面向中小机场获取能力，助力中小机场数字化转型。

集团版集中式A-CDM

核心生产指标汇总统计大屏展示。

- 集团航班班、旅客、货邮和保障分类指标展示。
- 各成员机场生产指标获取，生产运营情况重要。

Ⅱ A-CDM 机场协同决策系统

中国航信机场协同决策系统（A-CDM）的目标是"构建以提升地面运行效率为核心的机场保障管理体系"，通过整合航空公司、空管、机场及地面保障，旅客服务等多方数据资源，对航班各个生产环节全局把握和精细控制，搭建不同部门的业务管理水平和地面保障效率。

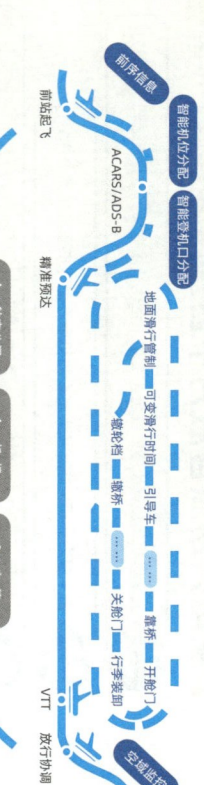

图中标注：前端信息、智能机位分配、智能登机门分配、ACARS/ADS-B、地面等待时间/应急滑行时间引导号等、概况档——链路、航空公司、机场、空管、精准预知、精准到达、概况查询、关舱门——开舱门、行李装载、运营需求、安全协调、VTT、飞行协调

Ⅳ TCDM 运行协调系统

航站楼运行协调系统（TCDM）通过对航站楼运行过程中的信息采集和整合，结合旅客服务部门的结合，将地纸化、信息化、智能化时代。

建面向航站楼日常运行状态监控与服务品质巡查等系统的系统。

Ⅵ 地服保障系统

通过平台终端与移动端的结合，信息采集和整合，结合旅客服务部门的需要，构建面向航站楼日常运行过程中的信息采集和整合，准确高效的代指向无纸化、信息化、智能化时代。

- 为机场的领导等等高级应用户，提供实时、准确的数据分析作为指向。
- 以机场精准调度部门为中心，从集成及系统获取服务品质计划控制数据，并实时展示其成员，对不同层次的用户，提供有效的监控。
- 为生产运行一线的员工等媒体应用户，提供便捷实用的操作平台及功能。

系统主要模块

- 考勤管理
- 运行情况巡查
- 流程管理
- 事件管理
- 航站楼监控
- 合约管理
- 设备资源管理
- 数据统计导出
- 在楼人员管理
- 遗失物品管理
- 移动端APP

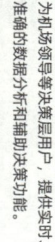

智慧机场

打造一体化运控平台
建设世界一流机场

广州白云国际机场股份有限公司

一、案例背景

当前，以集聚和辐射为特征、以交通和城市为载体的枢纽经济，已经成为产业结构升级和城市能级提升的重要抓手。民航业本身具有"规模效应、网络效应"特征，航空枢纽对区域的辐射带动作用明显。而大型的航空枢纽经济，通过高品质航空运输网络，已经成为融入全球产业体系的重要节点，也是城市转型升级、高质量发展的新动能。然而，发展航空枢纽经济时，机场自身的发展规模和运行品质是基础和关键。同时，机场作为一张独特的城市名片，对一个城市的品牌塑造具有不菲的意义和价值，已经成为城市打造品牌的顶级资源之一，是城市形象的代表和名片，是世界了解城市的重要窗口。正是在这样的背景下，我们提出广州白云国际机场（以下简称白云机场）要紧紧围绕增强航空核心功能，通过打造一体化运控平台，努力践行春风服务，持续提升机场的运行效率和服务品质，从而加快推进世界一流航空枢纽建设步伐。

二、案例具体内容

（一）建设思路

从客户需求角度，我们可以看到世界级的航空枢纽在"高效、顺畅、安全"等基本特质方面都具备世界一流水平，为此我们项目的出发点就是围绕这 3 个方面，进行运行品质升级，服务质量创新。

（二）建设对象

一体化运控平台主要是指在机场的日常运行管理上具备主动感知、分析判断、快速反应能力的综合指挥体系和机制。建设主要依托于白云机场运行控制中心，它成立于 2017 年 4 月，担负着白云机场日常运行的组织、指挥、协调、控制和应急救援指挥等重要职责。它是机场运行决策中心、危机管控中心、生产信息中心、资源管理中心、地面管制中心，是白云机场日常运行的"中枢"和"大脑"。

（三）案例创新点

一是应用全生命周期管理方法，建立航班运行的"事前、事中、事后"全过程管理模型和方法；二是搭建了"白云特色运管委"，建立航班运行空地协同机制，为航班高效运行提供组织保障；三是在航班保障指挥调度全过程管理中引入数字化手段，提高指挥调度能力水平。

（四）项目实施过程

主要从优化平台的运作模式、丰富航班的管控手段和完善应急管理体系 3 个角度对应更加"高效、顺畅、安全"去着手打造。

1. 打造更加"高效"的一体化运控平台

（1）完善 AOC 管理平台。以"全区域覆盖、全流程监控、全风险预控"为目标，实行 24 小时联席运作机制，建设完善以 AOC 为核心的运控组织体系，将白云机场一线保障的各运行单位 OC 功能汇集到 AOC（机场运行中心），建立集成各单位 OC 的综合运行管理平台。以机场生产运行为主线，对飞行区、航站区、公共区内的飞机流、旅客流、行李流、货物流、交通流进行全面监管，实现空中交通管制、气象协同研判、航班运行控制、地面服务保障的全要素覆盖、全流程管控功能。以"集中指挥、应急会商、协同决策"为原则全面打造机场"最强大脑"。

（2）优化 AOC 指挥模式。推行基于业务流程的跨组织矩阵式 AOC 指挥模式，以运行业务流程为中心，弱化各单位 OC 的行政组织边界，强化流程协作、资源调配、信息共享等联动，构建 AOC 的 4 个指挥矩阵（决策中心、航班运行管控矩阵、事件处置指挥矩阵、资源统筹管控矩阵），按照运行管控流程优化 AOC 席位布局。

（3）明确 AOC 协同指挥流程。一是建立航班运行指挥流程，建立空地协同决策流程、统一目标的航班保障调度流程以及现场作业执行与反馈流程；二是建立异常事件处置指挥流程，明确异常事件定义、分级分类原则、各 OC 单元与现场处置单位之间的协同指挥流程；三是建立施工和维护作业管控流程，加强对于施工维护作业月度计划评估、日计划审核、施工过程管控和结束后验收启用等重点环节的管控，确保平稳运行。

2. 打造更加"顺畅"的一体化运控平台

（1）提出航班运行"事前、事中、事后"全生命周期管理方法。

事前准备：建立组织架构，优化流程标准，丰富场景化保障方案。一是建立基于航班全流程和全要素的白云机场运管委，协同空管、航司和各保障主体，推进各单位从松散协同到紧密协同、从粗放管理到精细管理转变；二是建立端到端的航班运行全流程标准，涵盖了航班全流程、旅客全流程、货邮全流程、行李全流程；三是全面丰富航班运行场景化保障方案，建立了快速过站、航班计划动态调整、平衡跑道使用、推出预管理等场景化保障方案。

事中管控：做好航班运行控制，加强航班保障调度的全过程管理。一是制定并完善航班保障目标协同规则，强化统一目标管理，做好空地协同与地面协同的有效融合；二是优化航班保障调度组织机构，建立了航班保障调度模型和方法；三是通过加大航班保障节点数据自动化采集工作，在机场航班协同决策系统（A-CDM）上开发进程监控模块等强化航班进程管控；四是提升航班保障链条上异常处置协同效率，建立航班保障组群式管理流程；五是建立了航班保障即时评价机制，分析航班保障品质，评价作业人员工作绩效。

事后复盘：做好航班事后分析、评估改进，建立闭环管理机制。一是建立卓越品质评价体系，包含6个二级指标、45个三级指标；二是建立过程复盘、问题识别、改进提升的闭环管理机制，通过运管委平台建立了常态化复盘分析机制。当单日航班正常率低于70%时，将在次日组织各单位进行航班协同运行的复盘，识别问题，总经经验与不足。如图1所示。

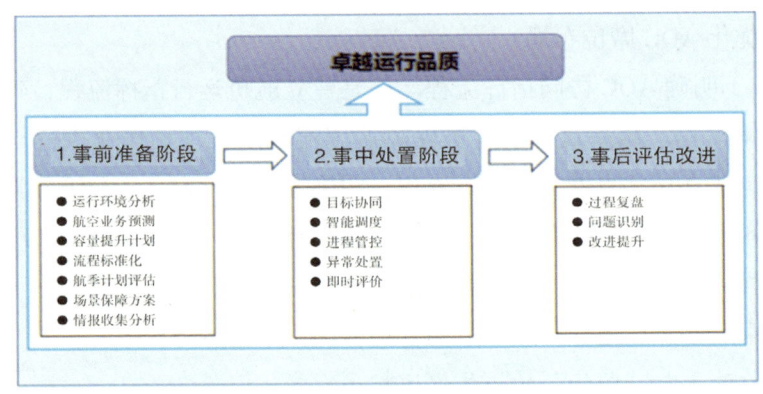

图1　航班全生命周期管理方法

（2）升级航班保障"白云标准"。真正从航班正常和旅客服务角度，统一工作程序、保障标准、信息流程、工作要求和协同机制，做好航班正常管理工作。在标准的覆盖面方面，将旅客流、行李流和货物流关键节点纳入其中。节点管控方面，从当前关注的28个保障关键节点扩展到航班运行全过程共计约138个节点，逐一建立节点编号，梳理作业岗位、前置条件、作业标准、时间标准、作业依据等。在管控精度方面，在对标世界一流保障能力的基础上，推进关键进程管控精度到秒，最大化挖掘增效潜能。如图2所示。

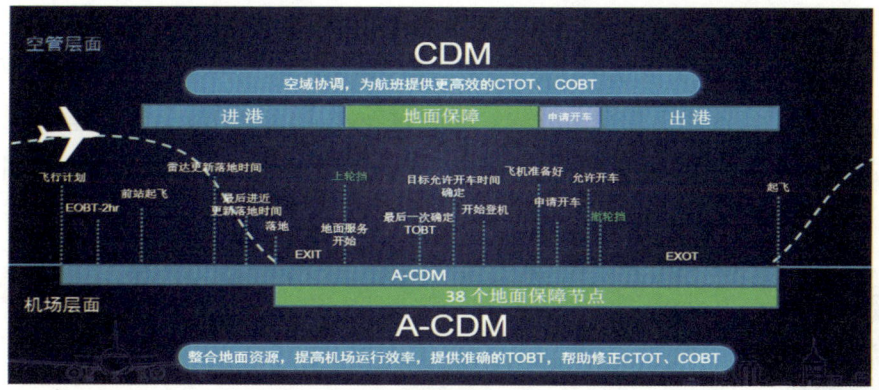

图 2　机场服务保障节点示意图

3. 打造更加"安全"的一体化运控平台

主要做法：打造"五位一体"的应急管理体系，包括应急制度体系、应急预案体系、应急演练体系、应急培训体系、新技术应用体系，为白云机场更好地应对各种突发公共事件奠定坚实基础。

（1）建设标准统一的应急制度。主要是结合白云机场应急处置工作情况，梳理应急队伍范围，建立应急队伍动态管理机制；明确应急设施设备类别与范围，建立应急设施设备动态管理机制，确保满足适用性要求；制定完善的应急响应与应急处置标准，提高各应急单位的应急处置能力。

（2）建设专业实用的应急预案。健全应急预案评估、管理机制，建立"全灾种、大应急"的应急预案体系。在信息通报、响应级别、指挥机制、预案范围、处置主体等方面形成统一的标准和规范，强化"机场级—部门级—岗位级"纵向到底的应急预案体系构建。

（3）建设规范完备的应急演练。持续对演练经验进行固化总结，搭建"重点演练与常态化演练相结合"的应急演练体系。重点演练主要是指针对各驻场单位重要风险、关键环节、重点科目开展的应急演练，持续强化各驻场单位处置关键应急事件的应急处置能力；常态化演练主要为各驻场单位针对本单位应急预案，有序组织开展的全方位的应急演练，使岗位人员熟悉掌握应急处置技能。

（4）建设分级分类的应急培训。围绕不同层级岗位人员、不同专业处置科目，构建综合有效的应急培训体系。建立立体的、不同层级的、针对性强的培训项目，提高培训效果。

（5）应用数字化技术体系。持续紧跟数字化转型浪潮，主动应用先进技术发展，深化应急信息化建设，将先进技术应用作为应急管理建设的主要抓手，实现前沿科技与应急工作现实需求高度融合。如图3、图4和图5所示。

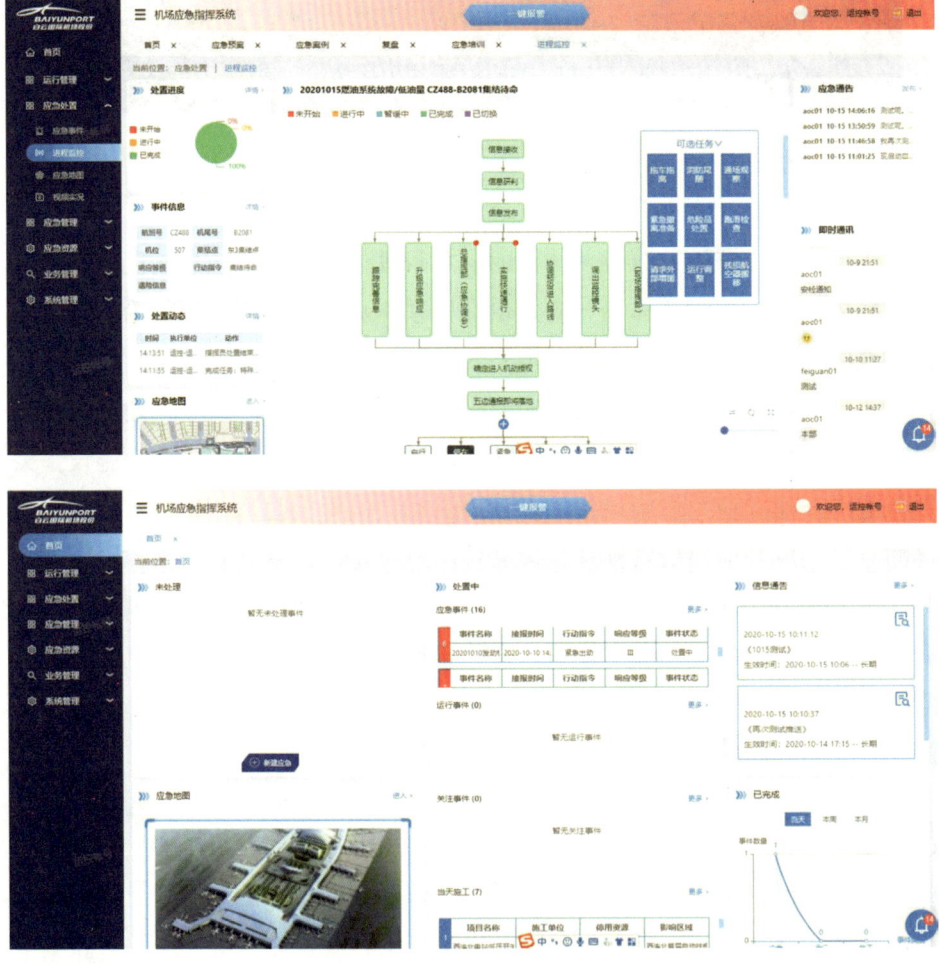

图3　平台应急处置主界面

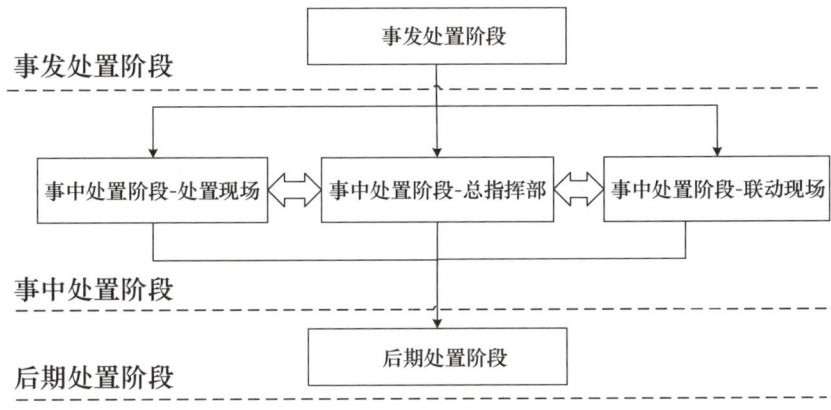

图 4　应急处置结构图

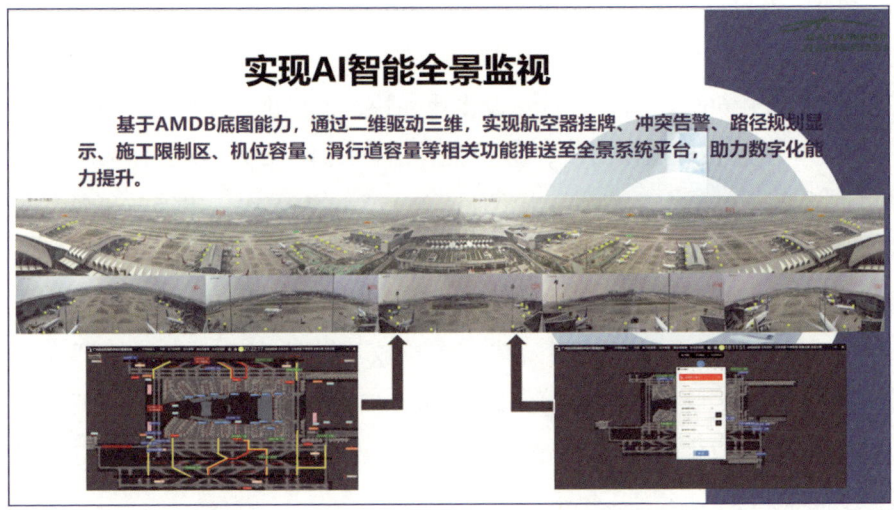

图 5　数字化技术应用

三、具体成效

（一）经济效益

（1）节约航延成本。按照国际航协（IATA）发布的航班延误成本核算标准，每个航班每延误一分钟按照 47 美元计算，美元与人民币汇率按照 6.5 计算。2020 年，白云机场全年离港航班 186 683 班次，起飞延误平均时长为 8.56 分钟，比 2019 年减少 2.10 分钟，为运营的航空公司节约航延成本共计

1.19 亿元。预计 2022 年航延成本也将大幅节约。

（2）节约燃油成本。根据白云机场当前运营的机型组合，参照航司提供的各类机型燃油消耗数据，每架飞机每分钟耗油按照 18 公斤计算，燃油成本按照 4 875 元 / 吨计算。2020 年，白云机场进港航班 186 738 班次，进港平均滑入时间为 7.04 分钟，较上年减少 0.89 分钟；离港航班 186 683 班次，平均滑出时间为 15.48 分钟，较上年减少 1.55 分钟；2020 年，白云机场为运营的航空公司节约燃油 8 200 吨，节约燃油成本 3 998 万元。预计 2022 年燃油成本也将大幅节约。

（二）社会效益

（1）航班准点率将稳步提升。从 2017 年以来，白云机场航班准点率快速提升，其中，2020 年机场全年放行正常率达到 91.79%，2021 年机场放行正常率达到 91.66%。随着平台建设步伐加快，航班准点率将进一步提升。

（2）缩短航班延误时长，减少旅客出行成本。2020 年，白云机场共保障进港旅客 2 204.36 万人次，出港旅客 2 172.44 万人次，出港航班延误时长减少 2.10 分钟，全年为旅客节约出行时间 76 万小时。预计 2022 年旅客出行成本也将大幅减少。

（3）缩短飞机滑行时间，减少碳排放量。每吨航空煤油折算成的碳排放量按照 3.15 吨标准煤估算，2020 年，白云机场共为航空公司节约燃油 8 200 吨，共减少碳排放量 25 830 吨标准煤。预计 2022 年碳排放量也将大幅减少。

（三）管理效益

（1）客流量连续居全国首位。2020 年，白云机场积极响应党中央"以国内大循环为主、国内国际双循环相互促进"的新发展格局要求，在政府及行业主管部门高度重视及支持下，扎实做好疫情防控工作、切实加快复工复产步伐、着力提升枢纽发展质量，全年实现旅客吞吐量问鼎全球第一。2021年客流量在全国位居首位。

（2）航班准点率快速提升。2019—2021 年连续 3 年放行正常率位于北上广三大枢纽机场之首，其中 2019 年在全球最准点机场中排名第二，在全国位列第一。

（3）获得各类奖项百余项。自 2017 年以来，白云机场累计获得国际级、国家级、省市级等各级奖项百余项。此案例项目荣获 2021 年度广东省质量标杆奖项。

为不会说话的旅客服务

——以数据管理驱动行李服务提升

首都机场集团有限公司北京大兴国际机场

一、案例背景

现阶段，智慧民航建设的推进极大提升了旅客出行的幸福感，数据化将作为推动民航高质量发展的新引擎。行李服务品质依托于行李各项关键数据指标质量，行李数据也会以各种服务手段或服务产品为载体去服务旅客，数据质量将直接影响旅客对行李服务水平的感知，行李数据治理将作为提升行李服务质量的一项重要工作进行推进。

二、面临挑战

（1）北京大兴国际机场（以下简称大兴机场）开航初期，面对新设备、新系统、新环境，运维经验不足，行李差错率数据指标在0.02%左右，没有达到KPI不大于0.015%的要求，影响行李服务水平，需要深入分析原因，制定方案，提升行李服务。

（2）根据民航在线满意度调查显示：大兴机场行李服务满意度2019年第四季度得分为4.29，低于行业均值0.12分，行李服务满意度亟需提高。

三、实践路径

本案例通过对日常生产数据进行分析研究，发现影响行李服务水平的关键问题，即行李差错率、行李全流程跟踪数据完整率、进港行李提取效率。通过数据治理提升数据质量，通过数据全生命周期管理确保数据质量稳定，从而提高系统运行关键指标及服务项目指标，最终驱动行李服务品质整体提升，项目实现方法如下。

（一）做调研 找问题

面对工作中的实际问题，我们坚持向现场要答案，向数据要真相。通过一对一访谈、会议研讨、深入现场实地调研及发放旅客调查问卷等方法，获取信息进行分析研究，同时对日常运维数据进行深入分析，再利用二八定律分析出影响结果的关键问题，具体方法即对影响结果的各类原因和数据进行统计分析，运用帕累托图，找出关键因素，即行李差错率、行李全流程跟踪数据完整率、进港行李提取效率。确定关键问题后针对关键问题进行重点解决。如图 1 所示。

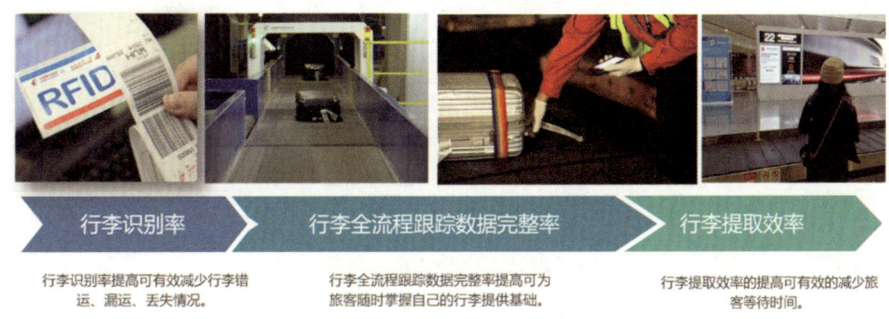

行李识别率	行李全流程跟踪数据完整率	行李提取效率
行李识别率提高可有效减少行李错运、漏运、丢失情况。	行李全流程跟踪数据完整率提高可为旅客随时掌握自己的行李提供基础。	行李提取效率的提高可有效的减少旅客等待时间。

图 1 影响行李服务三方面关键数据

（二）定目标 用方法

利用 SMART 目标管理方法，确定每一项数据质量的改进目标，在数据管理过程中利用看板管理，每日监测数据情况，分析数据质量偏低背后的原因，分析原因时用到了 4M1E 分析法，对问题进行分析，整改提升。

对于行李差错率管理，分析行李识别率与行李差错率之间的数据关系，通过提升行李识别率来降低行李差错率。在系统方面，行李系统全面采用了 RFID 技术提高识别率。在操作管理方面，通过监控日常数据并与航空公司建立联动机制，发现问题并及时解决；对于行李全流程跟踪数据，以问题为导向开展数据治理，分析每个行李跟踪节点数据治理偏低原因，对系统采集点位提高系统稳定性，制定系统故障补录机制，对人工采集节点订立操作标准并监督执行；对于行李提取效率，以旅客为中心，以卓越为目标，从流程角度入手，梳理进港行李保障的各个环节，对每个环节订立操作标准及操作时间要求，并采用提高行李运输车场内行驶限速等多种交通优化管理方式，多管齐下，既保证行李提取效率，又确保行李运输安全，以提升进港行李服务。如图 2 所示。

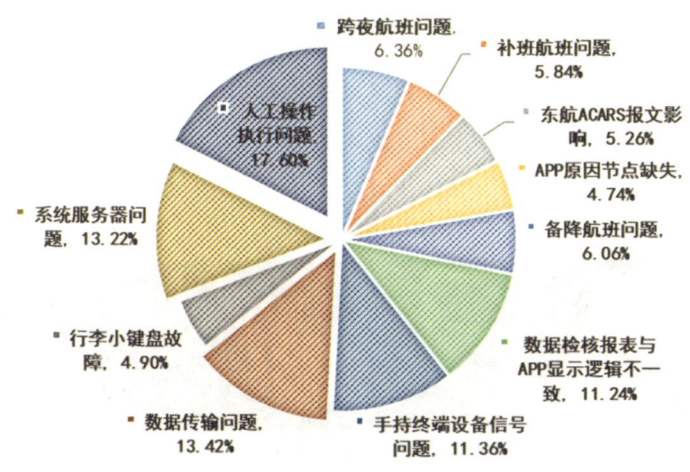

图 2　行李数据治理问题统计图

（三）建机制 常态化

数据治理不是一朝一夕的工作，需要久久为功。为保障数据质量，实现数据全生命周期管理，我们将 PDCA 质量管理方法融入数据管理之中。联合航司、地服及系统合约商等单位建立了 RFID 标签入场标准、行李全流程保障运行标准、行李提取服务标准等规范，同时建立监察体系，对标准通过自动化和人工核验相结合的方法进行全过程监察。搭建数据质量管理平台，实行"专人专班"及"日讲评，月总结"机制，发现问题及时整改，以此形成长效机制，有效保障了各项数据质量达标。如图 3 所示。

图 3　数据治理平台例会

四、应用效果

（一）运行指标优异

行李系统差错率稳定在 0.003% 以下，远低于《民用机场旅客服务质量》要求的 0.05%，其中错分率与丢失率持续保持为 0，总体指标全行业领先。行李提取效率达标率达到 100%，50% 航班的行李早于旅客到达转盘。2021 年 CAPSE 测评"在行李转盘的等待行李时间"项目在四千万级及以上机场中排名第一。

（二）综合效益明显

行李全流程跟踪各节点完整率从之前的 85% 提高到 100%，成为全国首家做出承诺实现 100% 行李全程流程跟踪的机场，服务成果在央视、北京卫视等主流媒体上进行广泛报道。大兴机场行李服务荣获了 CAPSE 的 2020 年度和 2021 年度创新服务奖。2021 年民航在线满意度行李服务在千万级机场排名第一。2021 年，南航大兴站行李综合指标及东航大兴站行李差错率指标分别在全国场站中排名第一。经估算，2021 年各航空公司降低异常行李处理成本约 860 万人民币。

五、洞察启示

案例总结出"做调研、找问题；定目标、用方法；建机制、常态化"以数据管理驱动行李服务提升的"三步走"方法，可为其他机场通过数据管理开展服务提升提供参考。未来，随着智慧民航的发展，数据与服务的关系将更加密切，大兴机场将不断完善数据治理框架体系，用做规划、建组织、定标准、搭平台、控数据、创应用的整体思路持续开展数据管理，以提升旅客服务质量。如图 4 所示。

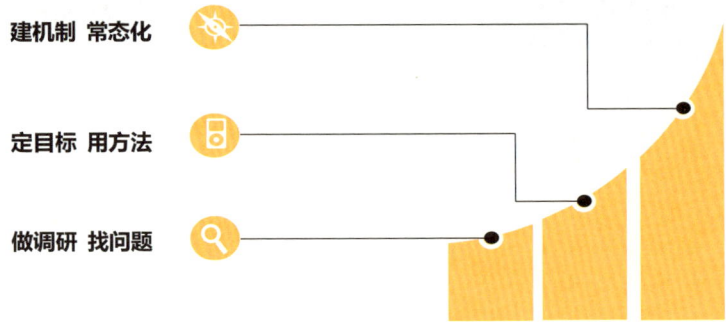

图 4 数据管理驱动行李服务提升三步走

能源管理信息系统数字化转型案例

广州白云国际机场股份有限公司

一、项目摘要

在《"十四五"民用航空发展规划》与"双碳"1+N政策体系的总布局之下，绿色航空的发展理念已经成为民航业的重点发展方向，推动实现民航绿色可持续发展、促进循环经济成为重要发展主线。

为积极响应国家"双碳"战略目标，在加快绿色机场建设的行业背景之下，广州白云国际机场（以下简称白云机场）于2021年正式上线能源管理信息系统，实现能源数据实时监测、计量计费统一集成、管理体系平台化运行三大功能，并融合光伏、充电桩、APU替代设施等系统运行数据，通过聚焦数据"资源增值"，以能源"按需供给"为管理理念，在管理方式、监测手段及工作效率上实现较大的突破，改变了过往能源数据需滞后1个月以上才能完全获取的情况，并且充分发挥平台的优势，利用能源管理可量化特性，集成多种能源数据与信息，实现能源管理科学决策。同时在行业上首次将能源管理体系的日常运行工作实现平台化运行，促使白云机场能源管理工作完成由"体系驱动"转为"平台驱动1.0"的新阶段。

二、项目背景

白云机场虽属交通运输企业，但在运行上更像是一个独立的工业园区，能源种类和设备种类相对较多。其中仅能源种类就包括电、汽油、柴油、天然气及蒸汽共5种。设备方面更是包括空调、照明、电梯、锅炉、车辆及行李系统等多种设备。此外还区分楼宇内部和公共区域等不同的用能地点，现场数据和信息的传递相对滞后。

对于白云机场这种单位多、层级深的公司，若仅依靠传统的管理方式，其管理效率难以有进一步的提升。因此，需要通过打造一个综合性的能源管理信息系统，解决机场在能源管理上存在的各项问题，转变传统的能源管理方式，强化机场能源精细化程度，不断挖掘节能空间，推动机场碳排放持续中和，为白云机场实现世界一流机场助力。

三、项目实施方案

本项目围绕"一张图、一个引擎、一个中心、四大应用"开展系统建设，帮助机场各管理部门制定节能整改措施，提高能源使用效率，实现对机场内重点用能区域的电、水等能耗数据的自动采集和分项、分类计量，以及能耗在线监测及运行管理。

系统分为7层架构：基础设施层、接口层、数据层、策略层、应用层、展现层、用户层。其中，应用层包含四大应用模块：体系管理、计量计费、决策分析、智慧运行。如图1所示。

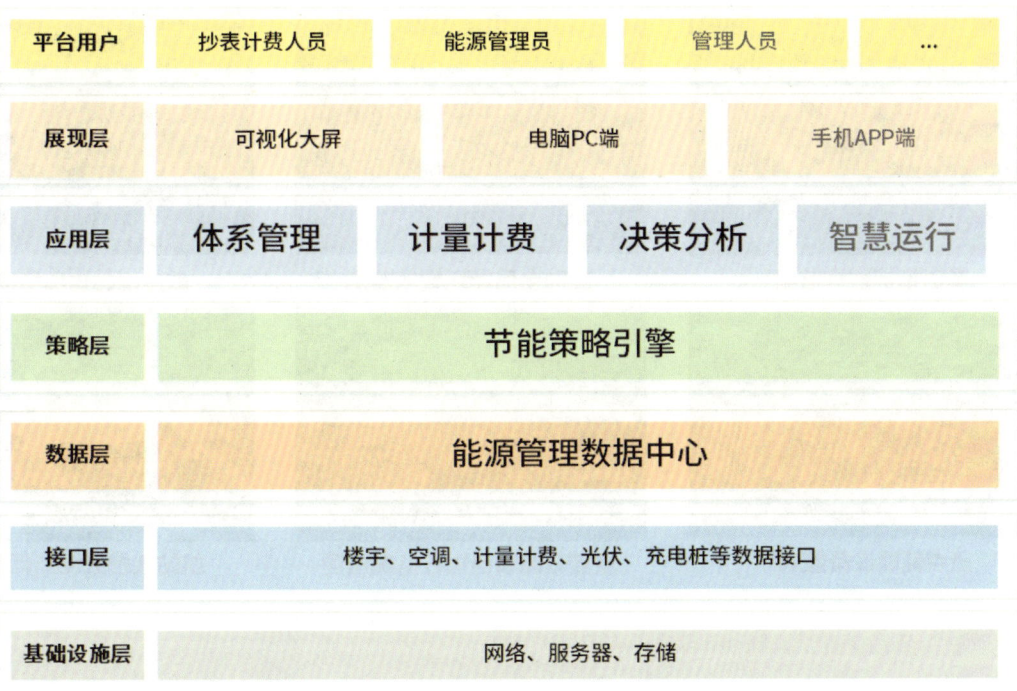

能源规范标准体系

| 平台用户 | 抄表计费人员 | 能源管理员 | 管理人员 | ... |

| 展现层 | 可视化大屏 | 电脑PC端 | 手机APP端 |

| 应用层 | 体系管理 | 计量计费 | 决策分析 | 智慧运行 |

| 策略层 | 节能策略引擎 |

| 数据层 | 能源管理数据中心 |

| 接口层 | 楼宇、空调、计量计费、光伏、充电桩等数据接口 |

| 基础设施层 | 网络、服务器、存储 |

图 1　系统架构图

　　项目组从白云机场能源管理体系、流程、规则、系统、数据采集和数据质量等方面进行研究，首创性地实现了能源管理体系平台化运行，包括能源管理体系的因素识别、法规评审、目标制定、方案跟踪、内外部审核、不符合纠正等内容，定位重要能源因素，制定节能措施，建立各个层级能源绩效参数监测体系，用线上化的运行实施系统化的能源管理，解决各类能源效率低下的问题。

　　此外，系统对各个单位负责区域内的电、水、燃油、燃气等各类能耗数据实现了统一的数据采集、分类计量及在线监测，同时结合充电桩、光伏、APU 替代设施等多个用能系统，开发多角度的能耗数据对比分析功能，为各单位能源管理人员提供能源数据的可视化呈现，深入了解各类能源数据消耗动态情况。如图 2 所示。

实时指标数据监测

实时全局能耗数据监测

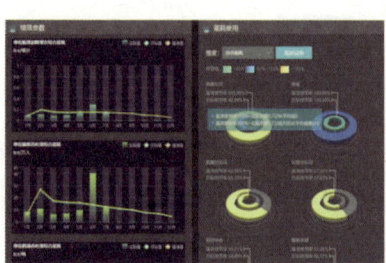

能源绩效目标指标监测

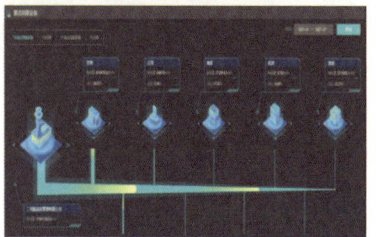

重点耗能设备监测

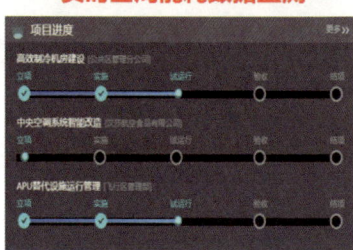

重点节能项目执行情况监测

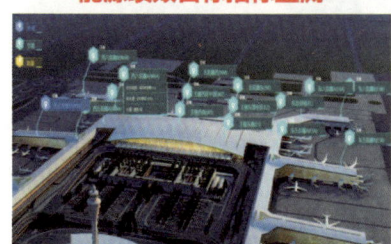

航站楼各区域能耗实时监测

图 2　可视化分析挖掘数据价值

三、项目创新点

（一）推动能源数字化转型，决策分析更加全面

秉持"一张图"的建设理念，白云机场将电力、燃油、用水及天然气等能源数据，充电桩、光伏及 APU 替代设施等各类用能系统在能源管理信息系统上进行集中可视化融合展示，通过"一张图"为白云机场能源管理提供大量的管理信息，包括：一是对充电桩使用率数据实时获取，动态掌握旅客和工作车辆的充电需求，为充电桩建设计划提供重要依据；二是对 APU 替代设施（飞机地面电源和空调）使用数据分析，了解不同航班"碳足迹"的特点，促进机场与航司更好地协同减排；三是掌握太阳能光伏发电数据，评估可再生能源使用比例，提前为实现碳达峰、碳中和目标做好谋划。如图 3 所示。

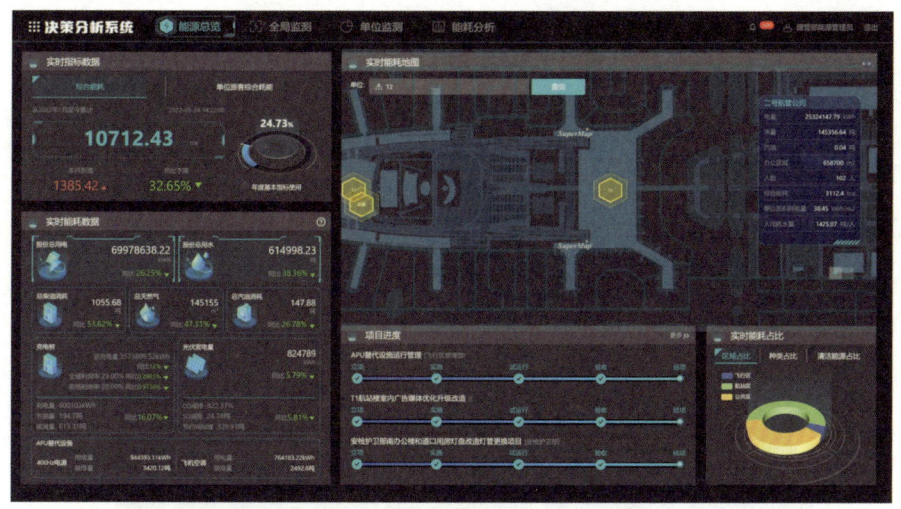

图 3 能源总览"一张图"

（二）重塑能源管理流程，体系管理更加系统

在建设能源管理体系的基础上，白云机场通过重新系统梳理和再造能源管理流程，结合能源管理体系设置的年度目标，能够根据每月能耗数据走势开展线性拟合，设置超标警戒线，从总量、单位旅客能耗及目标完成率等多个维度监测各单位的用能情况。

同时，系统首次将能源管理体系的运行工作实现平台化运行，重塑法规合规性审核、内部交叉审核、数据监视测量、项目实施进展等工作流程，以"数据—系统—人"为传递链条，实现实时数据和信息的主动传递和预警，无需各单位能源管理员每天消耗大量的精力进行监督，强化管理要求与现场运行匹配的时效性，极大地提升了设备设施的使用效率。另外，站在职能部门管理的角度，更节省了大量时间和精力，可以更加系统化地推动能源管理体系日常运行工作。

（三）强化数据实时监测，漏损预警更加提前

白云机场以挖掘管理价值为核心，重组和增补基于管理需求的智能计量表具，解决多平台信息壁垒的问题。现在通过系统可将原有数据的采集周期缩短近一个半月。在此基础上，转变管理的驱动方式，利用数据及时地解决

现场用水数据异常的情况。经过现场排查和整改后，飞行区每月用水损漏同比减少85%以上。如图4所示。

图4　解决飞行区用水漏损

此外，系统更在现场漏水现象未出现的情况下，通过数据反查用水异常，及时找到漏水点，避免造成更多水资源的浪费。目前所有种类的能源和用水数据的采集频率已从原来每月提升至每天，后续白云机场还将推动用能用水的主动超标预警，系统挖掘数据价值的功能得到进一步强化。

四、项目成效

（一）经济效益

本项目自2019年开始实施以来，项目总投入为653.38万元。借助该系统的实施，2021年白云机场综合能耗较上年减少约6%，全年共节省能源费用约1 300万元，有效促进了机场绿色生产运营。

（二）社会效益

本项目在提升能源利用效率、减少能源费用支出的同时，优化了航站楼室内环境品质，提升了旅客的室内环境舒适度，有助于彰显白云机场春风服务的品牌形象，为广州树立了良好的城市面貌。

五、结束语

"十四五"期间，白云机场仍将沿续"按需供给"的管理思路，研究将现场需求侧与后端供给侧结合起来，进一步挖掘节能空间，持续强化底层设备级的智能计量器具配置，建立相关的数据模型，用数据模型判断与传统运行经验相结合，建立起量身订制的空调运行模式，在更加精细化的调控中降低能源消耗和运行成本。白云机场将以"双碳"管理为目标，以"资源节约、环境友好、低碳减排、运行高效"为行动纲要，深入贯彻绿色发展理念，通过绿色机场、低碳航空为"美丽中国"建设贡献磅礴力量！

5G 无人驾驶货物牵引车创新服务示范案例

广东省机场集团物流有限公司

一、案例简介

广东省机场集团物流有限公司（以下简称物流公司）是亚太地区最大航空运输企业之一，主要为国际、国内航班货物物流的仓储、转运、快递、配送、报关、租赁、信息提供全程服务。随着物流全球化的发展，传统业务模式下的人工成本高、作业效率低等问题逐渐显现。因此，物流公司加大了在自动化设施设备及人工智能方面的探索研究，以此助推创新服务转型"再提速"。

今年，物流公司与驭势科技（浙江）有限公司（以下简称驭势科技）达成有关技术支撑与深度合作，基于 5G 无人驾驶货物牵引车创新服务项目，在航空货站中投用无人车，有效取代传统的牵引车司机，实现站内运输全程智能规划、运行及调度，即填补生产需求短板，又降低 50% 转运成本，开创无人化运输全流程常态化作业"新生态"。

二、需求发现

（1）司机人工成本大，生产需求不匹配。物流行业是一个劳动密集型的行业，存在司机招聘难、人力成本高、劳动力资源活力低等问题，这与日益增长的生产需求不匹配。

（2）运输任务量大，资源运用不平衡。航班保障对作业的时效要求严格，货站短途运输任务频繁，传统运输作业欠缺科学的配置方法和调度规则，存在资源运用不平衡问题。

（3）人工作业存在短板，风险管理难度大。司机作业受体力与精力限制，无法实现全天候工作，若进行疲劳作业等，安全及服务风险大。

三、服务方案

（一）服务方案设计

依托车规级"车脑＋领先算法＋云脑"全栈体系，车队编队、多车协同等智能网联技术，针对板箱、散货等不同作业场景，实现运输全程自主规划路径、自主避障、换道、自主巡航、精准停靠、紧急制动、远程监控、智能调度。

引入"一平台、两类车、多场景、全智能"创新合作理念，针对货站人、车两类主体对象，采用"人车绑定"的技术思路，按照"网格化管理，监管分离"的管理模式，实现对设施、车辆、司机、区域的监管。

严格按照民航局要求，在保障现场运转正常的前提下，由物流公司与驭势科技合作，制定并实施整体运作流程与操作方式。具体如下。

选用驭势科技 5G 无人驾驶货物牵引车辆，结合业务流程与需求，搭建成熟的无人驾驶货物牵引车和云端运营管理平台，依托驭势科技车规级"车脑＋领先算法＋云脑"全栈体系，由满足民航标准的车辆母体进行改造，搭载驭势科技自主研发的车规级域控制器，提供多传感器融合方案、3D 视觉算法、L4 级自动驾驶算法、NOME 安全架构等人工智能核心技术，以及车队编队、多车协同等智能网联技术，针对板箱、散货等不同作业场景，实现运输全程自主规划路径、自主避障、换道、自主巡航、精准停靠、紧急制动、远程监控、智能调度，以实时、动态、可视化的视图呈现完整业务过程，监控设备运行状态，提高运营能效、场面交通冲突主动消解。同时，结合业务逻辑和现有业务场景，完善基本配套设施建设，对无人车进行业务协同运输作业验证，实现在机场物流园区真实运营环境下的无人驾驶示范应用。如图 1 所示。

图 1　无人驾驶应用

（二）项目执行过程

（1）开展项目运行测试。测试运营期间，在物流公司累计测试 780 圈，运输货物近 600 斗，服务航班折合近 70 个。

（2）项目实现常态运行。在物流公司货站内，无人驾驶货物牵引车保持 24 小时常态化运输作业，覆盖国内、国际两条业务动线和多个仓储环境，无人驾驶货物牵引车稳扎稳打，风雨无阻，不分昼夜，在疫情期间依然保证常态化运输服务，累计总运货量高达数万吨。在保障运输安全的前提下，进一步提升了物流服务效率，实现与现有生产、调度系统的无缝对接，大幅降低运输成本，安全、高效地完成货物全天候运送，助力物流公司物流服务数字化改革。如图 2 所示。

图 2　无人驾驶货物牵引车工作图

四、服务实施效果

（1）服务模式创新，促进效率提升。通过 5G 融合北斗系统定位方案，提高导航定位服务的精度和可靠性，提升自动驾驶在复杂交通环境及极端天气下的有效性。另通过多源多场景并行下的群体车辆实时监控、调度系统，针对货站内的不同业务场景分别进行高精度地图建模，实现不同业务车辆群体与对应业务地图间的统一调度、协同，和车端、人员手持终端及外部业务系统间的实时信息流传输。

（2）项目具备潜质，可复制可推广。基于 5G 数字孪生的货站虚拟仿真技术，利用货站作业形态的时间、空间、属性、监测传感器、运行 / 历史轨迹模型，通过 5G 无线网络实时获取运动轨迹、结合 GIS 地图及大数据分析技术，集成多学科、多物理量、多尺度、多概率的仿真分析，在虚拟空间中构建映射数字站点，实现车辆及人员使用效能分析，区域间设备协调，从而直观反映货站无人车、人工驾驶车及人员的作业状态。

（3）服务效率提升，实现降本创效。借助无人驾驶技术和人工智能，突破了"人力"和"时间"的必要限制，车辆自动驾驶，去掉"安全员"，全部由"AI 代替人工"，无人驾驶物流车在进入稳定的常态化运营阶段后，满足 7×24 小时全场景、全天候的运作，物流公司国内、国际货站中装卸、运输、收货、仓储等物流工作作业交付速度整体提升超过 40%。极大程度上缓解了司机招聘难、培养难与日益增长的业务体量之间的矛盾。

（4）赢得客户好评，树立行业品牌。5G 协同方案构建车路云无人驾驶体系，快速构建安全可靠、性能稳定的车路云无人驾驶平台，满足无人驾驶对数据超低时延、超大带宽的需求，以物流互联网和物流大数据为依托，通过协同共享创新模式与人工智能先进技术，重塑产业分工，再造产业结构，转变产业发展方式的新生态，真正实现"云网一体，网随业动"的新服务。

虹桥机场旅客无接触乘机服务全流程案例

上海虹桥国际机场有限责任公司

一、背景

随着国内机场管理水平的提高，现代机场已由传统生产保障型机场向运营、管理、服务型机场迈进，大数据、平台化、服务型理念正不断地渗入机场运行管理，以满足数字化、智慧型机场的运营需要。

长期以来，旅客乘机出行，一般都要提前两个多小时到达机场，经历"在值机柜台排队领取纸质登机牌→排队安检、盖安检章→在登机口排队、检验登机牌→登机"这一整套必经流程。2020 年开始，新冠肺炎疫情对全球民航业造成巨大冲击，奥密克戎毒株更是有着高达 9.5 的 R0 值，几乎达到以一传十的传播能力，这也对原有旅客乘机流程造成了极大影响。SITA 的2022 年旅客 IT 洞察研究强调，新冠肺炎疫情压抑了商务和休闲旅行的需求，旅客将进一步使用移动和无接触式技术，确保旅程尽可能的方便和无缝顺畅。

随着上海虹桥国际机场（以下简称虹桥机场）旅客流量不断增大以及新冠肺炎疫情的影响，无接触、高效和安全的出行体验是未来或疫情后旅客在机场出行体验的需求以及未来机场发展的新趋势。如何最大限度地实现旅客与机场工作人员减少直接性接触从而降低病毒传播的风险，是机场一直尝试解决的问题。

在机场硬件不断升级的过程中，虹桥机场敏锐地察觉到了市场的变化和客户的新需求。目前，虹桥机场在旅客乘机流程的各个环节均已实现高度自助化：自助值机、自助托运、自助安检、自助登机等自助设备已大大提高了旅客出行的便捷度，旅客在虹桥机场内可体验全流程"自乘机"服务。但是，各个环节的自助设备基本还都是基于对旅客身份证件、手机电子乘机码的扫描识别来实现旅客"自乘机服务"，面对机场服务的新特征，聚集排队、人员交集接触且行程多向交叉等都不利于疫情防控，为更好地保护旅客乘机安全，无接触式服务成为整个旅客乘机服务流程的主旋律，其核心不仅在于减少不必要的接触，避免风险，更重要的是极大地改善了旅客在机场各个环节/触点的效率感知和不断拓展的服务选择面，真正实现贴合社会面主流发展趋势和与智能化技术应用相融合的新发展理念，继续深化旅行流程和运营数字化进程。

二、实现

整个旅客无接触乘机服务全流程案例创新过程分为以下几步。

（一）创新旅客全流程无接触式乘机服务产品

"旅客 One ID 服务"设计产品开启了全流程无接触乘机新时代——通过探索生物特征"无接触"乘机等新技术与新业务模式，将疫情防控与旅客便捷出行需求有机结合起来，助力民航业复工复产。虹桥机场旅客无接触乘机服务产品以旅客人脸作为主要信息标识，旅客通过线上 App 或者自助值机设备完成人脸信息注册，对人脸信息进行授权使用，并将信息共享给机场，应用于人脸识别验证功能的设备，从而完成刷脸自助值机、行李托运、安检、登机等环节，实现旅客"一张脸"全流程无接触式服务出行。具体流程如图 1 所示。

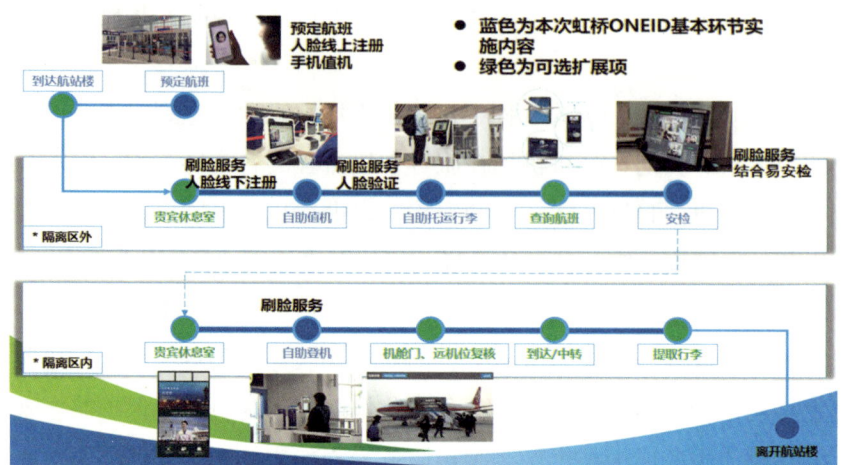

图1 "一张脸"全流程无接触式服务

提前在手机"航旅纵横"App上完成人脸注册。并通过手机完成网上值机或在机场自助值机设备上人脸识别认证完成值机。如图2所示。

图2 人脸识别认证

需要托运行李的旅客前往自助行李托运设备通过人脸识别认证后自行托运行李。

在安检自助验证闸机通过人脸识别，完成信息核验与人脸识别，再进行安全检查。

通过安检后前往登机口，在登机口的自助登机设备上进行人脸识别后登机。

此"无缝、无接触、无健康风险"的服务产品建设与落地，使得机场、航空公司、政府部门、旅客服务单位在内的相关参与方均可以借此提高效率、提升服务品质和优化旅客机场感受。基于此服务（旅客刷脸乘机各个环节的认证和数据化服务流程），原来在乘机全过程中需要旅客在值机、托运、安检、登机处与航空公司工作人员进行反复物品递接和面对面交流的过程被替代。旅客在虹桥机场乘机，无须拿出任何证件和登机牌，凭借人脸和自助操作完成所有乘机流程，旅客能真正体验到无接触式的乘机过程和感受自主安排行程的乐趣。

目前，虹桥机场自助值机率已达 80%，同时旅客行李托运率在过去 20 年持续降低，未来机场值机功能将会在网上完成，我们看到信息化时代的机场服务更加个性化、服务设施更加分散化、乘机流程更加智慧化。虹桥机场将不断提升"无接触"式服务率，结合疫情变化及运行实际，持续改善现有服务功能，为旅客提供更加安全、便捷、温馨的无缝衔接的航空出行体验。2022 年虹桥机场"旅客 One ID 服务"上线，可实现全流程"刷脸乘机"服务，使旅客出行更快捷、更智能、更安全。

（二）分解旅客全流程无接触乘机服务产品流程

1. 楼内旅客服务场景的"无接触"

（1）虹桥机场一直致力于用无接触服务提升旅客出行体验。创新引入新科技、新产品，实现航站楼疫情消杀"自动化"。因此 2020 年疫情初期就试点引进先进的自动化智能清洁机器人——"虹宝"，根据预设路线（T2 值机大厅），自动、高效、精准地对大范围室内环境进行自动化消毒，有效减少人员交叉感染。该创新举措推行后不仅解决了大空间消杀的及时有效性，也吸引了广大旅客的关注，屡屡在各大自媒体平台上获得点赞好评。目前"虹宝"已推广到 T2 到达接机大厅，还升级加载了疫情防控提示，成为虹桥机场新亮点。如图 3 所示。

图 3 "虹宝"智能清洁机器人

在两楼值机大厅、重要出入口等旅客集中区域设置 29 处立架式消毒机为旅客提供免费的手部消毒液；试点采用自动扶梯消毒机，对于旅客经常触碰的扶手带，进行自动消杀和清洁作业；对候机楼内升降梯进行"无接触电梯"改造，安装光电感应式无接触按钮，"人体自助测温仪"等无接触服务设备投入使用，倡导旅客尽量使用无接触服务，减少交叉传播风险，营造安全的公共卫生环境。此外，还配置了手推车消毒机，利用紫外线消毒原理，对车把、车筐和挡板等旅客经常接触的车身部位进行全方位杀菌消毒，保证旅客使用卫生安全。让旅客在航站楼内享受到便捷舒适安全贴心的无感服务。如图 4 所示。

图 4 手推车消毒机

在常态化疫情防控环境下配合政府监管部门要求，推广"数字哨兵"等旅客健康信息查验设备，提供健康码和身份证查验渠道，因地制宜方便管理旅客快速核验、快速放行，同时有效解决老年群体跨越"数字鸿沟"，以及传统人工登记方式的低效、烦琐、字迹潦草、无法辨认或无纪录等问题。

（2）购物、餐饮服务场景。

① 根据历年来旅客需求调研报告，虹桥机场商务客比例占到了60%~70%，常旅客占比也达到了近40%，可以利用微信、支付宝等移动端信息化技术，提升点单效率及服务品质。为此，虹桥机场商业部门引入各类品牌餐饮店铺以满足旅客需求，自助点餐也成为机场餐饮行业的趋势以及旅客满意度的衡量指标之一。尤其因疫情原因旅客对于"接触"这件事愈发小心，因此自助点餐不仅可以节约旅客的排队时间，同时也避免了排队、集聚、与收银员的接触等带来的风险，甚至旅客可以在还未到达机场时就在小程序完成下单后再到店自取。

此外，通过旅客使用自助点餐后产生的数据，可进一步分析了解旅客需求、偏好，为店铺未来经营策略调整提供强大的数据支撑。

② 开设智能无人便利店，提供新型购物体验。虹桥机场 T2 东交商业区域于 2018 年引入无人便利店，通过计算机视觉、深度学习、传感器融合等技术，真正做到旅客进超市"即拿即走、无感支付"。这种模式在疫情下也赋予了更多的安全性和便利性，旅客可以扫码进店，由闸机分流进出，同步精准测量顾客体温，对体温异常者限行，对未佩戴口罩者限行并给出语音提醒，减少排队以及收银过程中的近距离接触，同时根据旅客购物行为，精准识别旅客在店内的购物轨迹，包括停留时长，以此分析对特定货架、货品、停留区域进行全面消毒。

2. 旅客安检场景的"无接触"

机场安检通过与航司、离港系统之间的信息数据交换以及配置升级查验设备和开发新系统功能。一是设计智慧安检通道。由人包对应模块、行李分拣模块、行李传输主线以及空框回传线组成的一条自动化传输系统，实现了安检行李检查过程中的自动化操作。二是结合人工智能辅助判图，实现对违禁品的自动实时报警。三是 CT 安全检查设备生成更直观的三维图像以及切片图像。安检可以对生成的图像进行任意旋转，实现快速、准确的违禁品排查。如图 5 所示。

图 5 "无接触"安检场景

3. 旅客自助登机场景的"无接触"

在旅客登机服务环节，虹桥机场最大限度提供自助旅客身份核实流程，并进一步优化人脸算法，提升识别敏感度，提高比对效率，为旅客提供"无感登机"体验。旅客在自助登机时无需拿出任何身份证件与登机凭证，也无需刻意停留，只要漫步走过闸机通道即可完成登机，使旅客出行更快捷、更智能、更安全。在疫情防控常态化的背景下，口罩算法也在不断优化改进中，届时旅客无须摘下口罩，可有效降低口罩反复摘戴带来的疫情传播风险，在保证安全的前提下安心享受智能便捷的出行服务。如图 6 所示。

图 6 "无接触"旅客自助登机场景

4. 旅客到达交通疏散场景的"无接触"

作为乘机流程中的最后一环，旅客交通疏散感知体验毫无疑问是决定旅客整体感受的重要一环，虹桥机场结合既有运行实际，以打造线上线下相融合的服务产品为目标，以效率提升和差异化服务为切入点，以当下主流小程序端为应用面，建设"虹桥机场交通"小程序，从服务内容上基本涵盖了交通领域的静态、动态信息。同时基于旅客服务的差异化供给和日常管理需要这两个维度，订制化推出服务产品，预约停车以及电子发票等线上服务应运而生，并以此为依托，优化调整既有运行模式，停车库"无人值守"运行得以顺利启用，以解决疫情防控常态化背景下旅客在交通领域的服务体验诉求和通行效率的进一步提升。

其次，打通与旅客间的信息交互渠道，充分引导旅客掌握基本交通出行信息，在小程序部分统筹展示，结合现场信息系统设备所采集到的各类数据，使得旅客能够第一时间获取所需的各类信息，从而为自身选择交通方式、交通路线规划提供基础。

通过以上4个旅客主要乘机场景的流程设计再造和服务升级，最终创造了基于数字化、智慧化的旅客无接触式乘机全流程服务产品。虹桥机场将不断提升"无接触"式服务率，结合疫情变化及运行实际，持续改善现有服务功能，为旅客提供全程数字化身份验证服务，享受无缝的出行体验。

三、成效

为旅客便捷出行提供了更加多元化的服务体验，符合虹桥机场在智慧机场建设发展上的战略定位，同时也是智慧机场在旅客动线流程上服务发展的重要方向，不断通过简化旅客操作，在有效提升旅客出行体验，尽可能避免旅客与工作人员或机场设备设施的接触，有效解放旅客双手的同时，在疫情期间更是降低了旅客直接接触感染风险，为旅客打造一个"无接触"的安全出行环境，有利于常态化疫情防控和未来更好地对接全球民航。此外，对于机场和航空公司而言，该项目也可一定程度上减少对一线工作人员资源的占用，促进流程优化和效率提升。无接触式旅行将成为未来虹桥机场运行服务的常态。

湖南机场物流股份有限公司国际业务部"指尖申报、电子收运"案例

湖南机场物流股份有限公司

一、"指尖申报、电子收运"项目背景

（一）电子货运发展滞后，核算准确率欠佳

从国际货站信息化建设现状来看，电子货运发展仍然处于滞后的局面。在传统收运场景下，出口货邮收运全流程中对计算机网络、移动终端等技术的应用程度不足，在开展国际货运业务的过程中还未能很好地实现数字化、电子化。业务开展过程中仍然采用纸质单据进行流通和人工核算，难以避免人工书写错误、单据污损与核算差错，影响数据信息核算准确率。

（二）难以实时跟踪货物、查询服务缺失

由于在国际货运出口业务中涉及的货物通常对通关时效性有较高的要求，在业务过程中实现对货物的收运情况进行实时跟踪和查询是十分必要的。传统收运场景下，在货物进入监管区后，货物代理若想要获取货物的收运进度信息，还需要进入监管区仓库查看纸质入库单或通过营业室柜台进行问询。

这使得信息的时效性得不到保障。货物流通效率低下，更无法有效满足用户的服务需求。

（三）人员进出监管区频繁，防疫难度大

新冠肺炎疫情爆发以来，国际货站要求所有与货物直接接触的人员全部佩戴个人防护"四件套"进行作业。在传统收运流程下，货主完成出口货物收运环节需要在仓库与营业室往返输入数据……整体流程耗时长、步骤复杂，也将不可避免地形成数次人员聚集，增加了疫情防控难度。

二、"指尖申报、电子收运"项目内容

（一）开创性：全流程电子溯源，实现信息互联互通

为进一步提高收运准确率，同步实现全流程电子溯源，保障生产工作安全运行，挖掘用户需求，解决货主困扰的痛点，推出惠民新举措——"指尖联动、电子收运"，通过开发 PDA（手持终端）及 HWB（手写板终端），使用 PDA 完成收运工作及 HWB 复核数据费用双确认，实现全流程电子溯源需求。满足营业室柜台、货物代理、监管区收运库之间生产数据、信息的互联互通，加强了货物在收运各环节间的数据衔接，提高出口货物收运流程信息化程度。使得收运业务的处理速度更加及时、准确，处理过程更加安全、可靠，有效地提高了工作效率，减少了人为差错，降低了运营成本。

（二）贡献度：业务流程"一键到位"，打通服务"最后一公里"

针对以往传统收运模式耗时长、流程复杂的现实问题，国际营业室收运人员可通过新开发的 PDA 实现对过磅货物进行"一键扫码取重"收运，PDA 与生产系统及仓库地磅联网。例如在货物抵达国际货站后，国际营业室收运人员运用 PDA 可进行货品核对、仅需轻点 PDA 进行取重，并由生产系统自动计算出货物总重量后比对代理预申报重量，完成重量核算。货物库存数据便可同步传送到营业柜台进行制单录入。有效避免了代理在监管区及柜台间来回递送纸质单据，缩短了货物的收运操作时间，大大提高货物的收

运效率及重量核算的准确率。同时有效避免了不必要的人员聚集，保障收运工作安全运行。

（三）实践性：智慧溯源双保险，科技赋能提效率

PDA 同时段可实现多票货物交叉过磅。传统收运流程下，收运一票 1 000 件、重 10 吨的货品，至少需要半小时，现在运用 PDA 仅需 10 分钟。在试运行期间，国际收运库货物收运效率大幅提升，每日收运率提高近 57%。同时，系统计重也大大提高了货物重量核算的准确率，避免了人工书写与核算的差错，PDA 中可经由工号信息溯源到每一位实际操作人，满足了后期货物追踪溯源需求，为货物加持双重"安全保险"。

而 HWB 的上线，让电子入库单彻底取代了传统的纸质入库单，货物数据信息既可长久保留、随查随看，也在一定程度上避免了因人工书写错误、字迹污损造成的重复补录。PDA 及手写板终端的互联互通，实现了货物信息的"一键传输"，提高了入库录单效率。

（四）影响力："区港联动"强整合，助力循环保畅通

以打造"作业效率最高、通关时间最短、服务品质最优"的国际航空口岸为目标，国际货站营业室不断强化班组建设，提升运行服务效能。国际业务部将持续提升服务品质，致力于打造服务更满意、发运更便捷、出境更畅通的国际空运环境。国际营业室与海关、联检单位、航司、货代等相关各方共同努力，做好"区港联动、资源整合"，畅通国内国际双循环。将持续开发推广更加完善的"指尖申报、电子收运"系统新功能，进一步提高国际货站信息化、数字化程度。在严格落实疫情防控措施的前提下，着力降低航空货运上下游企业人力、物力和时间成本，提升货物通关效率。2022 年上半年（截止到 5 月 31 日），国际业务部国际出口累计直航货邮吞吐量 9 030 吨，保障国际货运航线 7 条。其中保障出口医疗物资 112 692 件、共 978 761 吨；上半年共计收到航司及代理的表扬信 14 封、锦旗 3 面。各大主流媒体也对国际业务部进行了专访，向社会大众彰显了国际业务部在疫情期间的突出表现和社会担当。

（五）规范性：严格落实疫情防控措施，筑牢"空中省门"

按照国际货站现行防疫要求，所有进入监管区库区人员（含代理、司机）均需要佩戴防护用品"四件套"方可进行作业。通过人工记录、需多次传递的纸质入库单已无法适应"后疫情"时代的作业节奏，更有可能成为疫情防控工作的安全隐患。采用 PDA 同步传送电子单据后，代理在柜台便可通过系统查询单号了解货物收运情况，库区内代理人员流动频次明显减少，避免了代理反复进出监管区间脱戴防护用品可能造成的安全隐患，到货高峰期时人员聚集翻找单据的现象也得以解决，也为筑牢长沙机场疫情防控防线、畅通国际货运供应链、稳定外贸基本盘提供了技术保证。

湖南空港实业股份有限公司打造"智停优 + 乐享出行"服务案例

湖南空港实业股份有限公司汽车运输服务分公司停车中心

一、项目概述

近年，随着"互联网 + 大数据"时代的飞速发展，高品质停车服务需求与传统运行模式服务保障能力不足的矛盾凸显，湖南空港实业股份有限公司汽车运输服务分公司停车中心紧跟时代浪潮，提出了"优化场内停车环境、升级智慧停车服务系统、推行一站式便民服务"的管理理念，并将其应用于机场停车管理。

二、项目经过

2018 年长沙机场停车场全面上线智慧停车系统。2020 年实现了 ETC 融合支付模式全覆盖，通过技术手段实现"车牌识别 +ETC"混进混出模式，实现秒进秒出。2021 年 5 月，全面实现无人值守模式，停车管理系统的智能化、自动化解决了停车场运营的痛点，多重技术应对车流高峰，出入口采用了结合视频流识别技术的卡口专用高速摄像机，自动抓取车牌信息，保证车辆秒速通行。车主可通过"长沙黄花国际机场停车场"绑定车辆信息，授权后的车辆可以通过此公众号开打电子发票，同时支持手机端在线充值、续费功能；车辆无法正常进出场时，通过语音对讲与车主取得联系，解决现场的问题，为旅客提供了智能化、人性化、高效化的停车服务，让旅客的通行更便捷。

三、面临的问题

（1）如何让旅客更精准更快速找到停车位？

（2）如何丰富旅客下单及支付方式？

（3）如何提供更多便民暖心服务？

四、解决方案

（一）优化停车导视系统

长沙机场停车场占地面积 15 万平方米，现有停车位 2 937 个，覆盖了 T1、T2 两座航站楼，进出口通道共计 24 条。为方便广大旅客知晓各区域车辆停放，规范停车场内停车收费秩序，场内配置标准导视牌、交通地面标识、高清视频监控、全覆盖无盲区运行，每个车位都设置统一区域编号，让旅客行车、停车更清晰明了。

（二）上线"畅出行"停车服务

2022 年长沙机场停车场与互联网平台"小强停车""淘车位"进行合作，车主只需根据实际情况在线上下单，就可享受线上优惠价格和线下优质服务。停车资源网络化，为旅客出行提供了多元化选择，停车方式由"线下停车"变为"线上停车"，通过自动登记、自动计费、自助缴费的方式，做到"车场开放、记录可溯、账单可查"，免去无停车位的烦恼。考虑到不同车主的缴费习惯，还提供了大众化的电子扫码（微信、支付宝）、银联无感、ETC、场内预交费等多样化的支付方式，且自助缴费机器人可支持现金支付，实现了当下技术手段支持的多种缴费方式全覆盖。

（三）推行旅客便民服务

"安心出行"租车服务。提供神州、一嗨等租车公司租赁出行服务。如图 1 所示。

图 1　租车服务

"绿色出行"充电桩服务。在磁浮北停车场等地提供快速充电桩服务，扫码操作即充电，安全便捷，放心使用！如图 2 所示。

图 2　充电桩服务

"爱心"车衣服务。对出现未关车窗、车门的车辆提供免费车衣。如图 3 所示。

图 3　免费车衣

专业机场场内救援服务。在机场范围内进行搭电、补胎、拖车等救援。如图 4 所示。

图 4　免费救援

"志愿者"真情服务。长沙机场停车场以旅客需求为导向，创新优惠活动和服务举措，致力于为旅客提供有温度、有交流的真情服务，不定期开展以"阳光服务，乐享停车"为主题的志愿者活动。在停车场内向旅客开展爱心雨伞、冰雪天擦车牌、寒冬送姜茶、夏日送凉茶、佳节日送汤圆、感恩节发放优惠停车券等活动，擦亮了长沙机场窗口，促进了和谐机场建设，增进了旅客对机场停车场行业服务的认知和理解，也使机场"真情服务"理念深入人心。如图 5 所示。

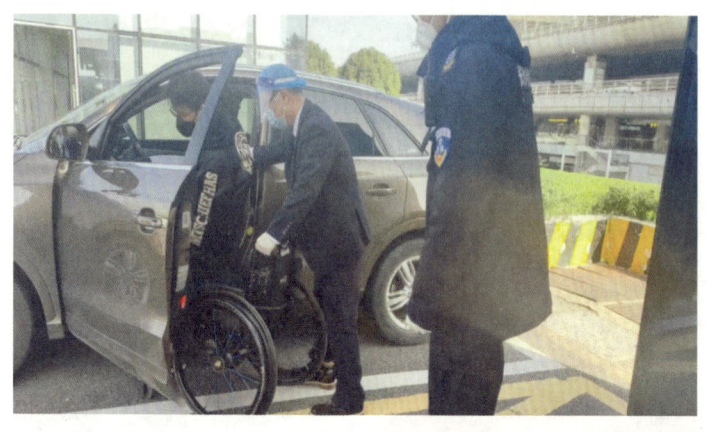

图 5　志愿者服务

五、项目成效

（一）经济效益

（1）增加效益；

（2）节约人力成本；

（3）提高工作效率。

（二）管理效益

提高了长沙机场停车场的服务品质，长沙机场荣获"全国停车智能化十佳机场""全国五星级停车服务机场"。

（三）社会效益

（1）提升车辆通行速度；

（2）提高停车场车位的利用率；

（3）树立品牌。

六、案例思考

服务是我们立足的基石，是我们发展的根本，暖心守候是我们的坚持，真情服务是我们的追求。我们将不断努力，用真诚守护每一位旅客，用真心为旅客做好每一件事，让每一位旅客都感受到安全、便利、温馨的停车服务。下一步，长沙机场停车场将进一步优化停车平台系统，调整内部结构，与贵宾厅、商业单位、企业等进行沟通合作，完善服务链条，让旅客享受从停车到值机的"一条龙"服务，切实为旅客办实事、办好事。

海口美兰国际机场打造"智慧防疫"服务案例

海口美兰国际机场有限责任公司

海口美兰国际机场（以下简称美兰机场）在面对国内外极为复杂的疫情形势下，以信息化为抓手、大数据为赋能、人工智能为驱动，为应对不断变化的疫情防控形势，积极获取全国核酸大数据平台、海南省大数据管理局、中航信等外部资源，建设了美兰机场智慧防疫平台，为进出港旅客及大美兰社区工作人员提供了"智慧防疫"服务。

一、背景介绍

2021年，全球疫情依旧严峻，国内部分地区疫情呈暴发态势，疫情多点散发，疫情防控形势严峻复杂，国家卫健委要求把各项防控措施落实到每一个环节，尽快遏制疫情扩散蔓延势头。

2021年7月31日，为严格落实"外防输入、内防反弹、人物同防"总体防控策略要求，民航局发布《关于进一步加强国际机场疫情防控工作的指导意见》，强化"工作制度落实""夯实工作保障""压实防控各方责任"3个方面的措施。

（1）强化疫情防控工作制度落实：严格落实旅客健康码查验和测温等工作，进一步加强对重点岗位人员的健康监测。要从严落实一线工作人员闭环管理。

（2）夯实疫情防控工作保障基础：要普及新冠疫苗接种，一线工作人员要全员、全程接种新冠疫苗。

（3）压实疫情防控各方责任：要强化机场及驻场单位主体责任，各机场及相关驻场单位要加强对第三方外包单位的监管。要落实个人防护责任，在机场范围内从事生产及保障工作的任何个人都应在完成自身岗位职责的同时，掌握防护技能，不忘个人防护，做好自身健康监测。

2021年，海南省委省政府提出了"管住关口、人物同防、进出并防"的疫情防控策略，并提出了"守好门、管住人、管住物"以及"管住关口、放活内部"的工作要求。美兰机场在"外防输入、内防反弹、人物同防"的总体防控策略要求以及破产重整的多重压力下，面对疫情防控主动作为，积极获取全国核酸大数据平台、海南省大数据管理局、中航信等外部资源，建设了美兰机场智慧防疫平台，打造了"智慧防疫"服务案例。

二、面临的问题

美兰机场作为港口单位，常规疫情防控主要存在以下问题：

（1）旅客与工作人员有肢体接触，存在感染风险。疫情初期的旅客防疫查验工作需要通过人工辅助进行，虽然工作人员已按照防疫标准采取了相应的防护措施，但是长时间的工作难免会产生疏漏，接触涉疫区旅客存在人与人之间的交叉感染风险。

（2）人工查验耗时长，造成旅客滞留，通行效率低下。疫情期间，根据防疫政策要求，美兰机场现场工作人员需对所有进入航站楼的人员进行防疫查验。因需要查验的防疫数据较多，人工查验方式花费较长时间，易造成旅客长时间堆积，无法快速通行。

（3）疫情初期，美兰机场内部员工管理和员工服务缺乏信息化平台，场区工作人员的详细信息、上岗、培训、考核等都缺乏统一的管理平台。同时，美兰机场作为容纳两万余人的大型社区，还没有统一的对内服务信息化平台，对员工的服务没有实现精细化管理。

三、解决方案

本服务案例的投入使用主要从提高旅客核验效率、减少现场管理人员投入、降低人工防疫验证风险出发，以大数据为支撑确保系统数据的准确性，从而提升"智慧防疫"服务的整体适用性。

（一）以科技化筑防线，严格落实"管住关口、进出并防"

美兰机场 T1 和 T2 航站楼设置人脸识别防疫验证设备，通过引入人脸识别、AI 等人工智能技术并结合美兰机场防疫大数据和海南省大数据管理局的实时防疫数据，使旅客及员工可通过刷身份证，在佩戴口罩的情况下使用人脸识别进行防疫验证服务，省去了手机打开健康码的步骤。

在进港和出港旅客查验区，安装与旅客进出港查验系统配套的智能查验终端设备。进港旅客通过刷身份证，即可获知旅客健康码、核酸检测结果、进港来源地城市以及航班信息；出港旅客通过刷人脸和身份证，进行"人脸 + 身份证"比对，便可获取海南健康码、全国码、体温数据、个人信息等数据，实现了"一证查验"功能。此系统上线后，极大缩短了旅客查验时间，由原来人工查验的 1~2 分钟 / 人降至现在的 2~3 秒 / 人，同时也实现了无接触防疫查验，降低了旅客聚集的风险。如图 1 和图 2 所示。

图 1　出发厅人脸识别防疫验证设备

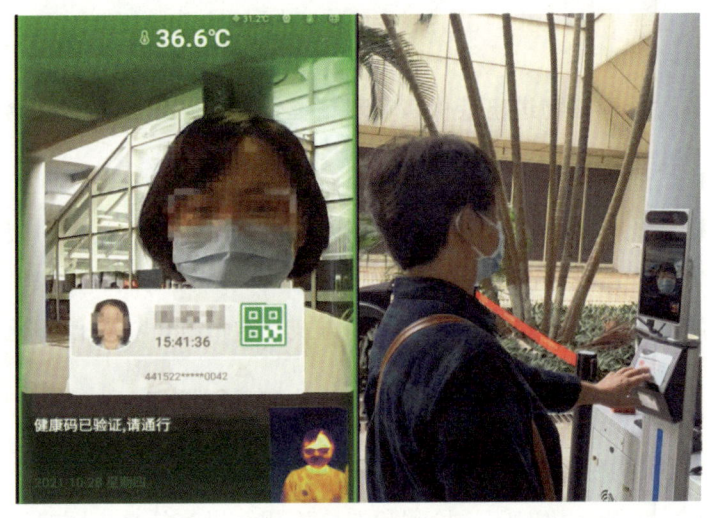

图 2　AI 防疫核验演示

美兰机场场区工作人员可通过人脸识别获取个人的体温、健康码、疫苗状态、身份信息等内容，同时针对不同工作岗位的防疫规则，可区分是否满足进入航站楼的条件，绿码即可通行，黄码或红码则不能通行，实现对员工的疫情风险管控。此外，人脸识别防疫验证设备还能对现场验证的情况进行语音报警，如有异常则提醒现场安检工作人员介入进行人工处理。如图 3 所示。

图 3　场区工作人员疫情防控小程序及查验信息

（二）对国际货物进出港保障实现精准管控，切实贯彻"人物同防"

美兰机场通过智慧监控网络可以直接指挥和远端监控，实时监督工作现场、工作程序及货物消杀情况，确保工作人员按章操作，达到对国际货物的防疫，发现防疫违规情况及时通报现场监管人员进行纠偏，各保障单位采取每日自我回溯、公司级监察专项回溯的方式，厘清标准执行偏差死角。

（三）通过防疫指挥平台进一步维护旅客的知情权

在美兰机场进行核酸检测的旅客可通过智慧屏显系统直观看到个人核酸采集时间、检测上机时间、检测状态、检测结果等信息。同时，需要核酸检测的旅客进入核酸等待区后，可通过美兰机场智慧防疫指挥平台看到以图形化展示的进港旅客核酸检测的路径、流程及各项核酸采样实时数据，极大地缓解了旅客等待时的焦虑情绪。

（四）通过视频轨迹追踪平台实现防疫流调的快速回溯及排查

为落实流调工作"高效运转、紧密衔接、迅速响应"要求，美兰机场视频轨迹追踪平台实现了对旅客及员工在候机楼内的轨迹追踪分析，可快速回溯密切接触人员及其他重点（疑似/确诊）管控人员的轨迹，极大地提高了防疫流调的效率和管控水平。

（五）提升一体化指挥调度协同能力，实现高协同、高研判的管控新格局

美兰机场智慧防疫指挥平台通过集成各项防疫资源、点位、人流预警等信息，实时获取并管控现场数据，实现防疫信息的提前研判、核酸检测等待时间预警，全面洞察疫情防控指挥联动处置工作，实现 T1、T2 一体化指挥调度。如图 4 所示。

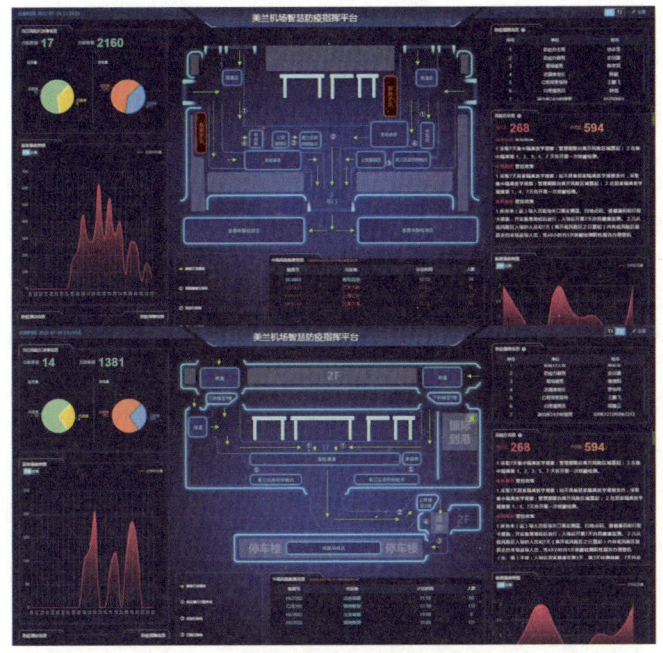

图 4　智慧防疫指挥大屏

（六）精准防疫管控，实现高匹配、高管控的新态势

通过信息防控系统及后端数据管理平台，以大美兰社区范围内所有工作人员为基础，结合岗位风险等级，整合核酸检测周期、疫苗接种等信息，严格落实了一人一档及多元化核酸管理的管控要求。其中创新"通行码"模式还能以"二维码＋颜色"的方式，实时展示美兰机场内从业人员是否符合进入航站楼要求，方便现场工作人员查验。

四、实践效果

该服务案例在旅客防疫服务方面实现了"零接触、低感知、高效率、低风险、透明化"的管控新理念；在员工防疫管理方面实现了"全数据、全闭环、严核查、高匹配、高管控"的管控新态势；在指挥调度管理方面实现了"快回溯、可视化、多元化、高协同、高研判"的管控新格局。

（一）在疫情背景下提升旅客核验效率

系统上线后大大提升机场航站楼出入口、员工通道、货运站出入口、核酸检测点的人员健康状态核验效率，人均通行时间从之前的约1分钟减少至2~3秒。

（二）减少现场安保管理人员的投入

通过前端AI核验设备的投入，可减少现场安保管理人员人力的投入，并能减少这些地方安保人员数量至少约1/3或减轻安保人员工作强度。

（三）核验入口可有效降低人工防疫验证风险

自动测温及健康核验还可以减少机场保安人员与旅客、员工的接触，让工作人员从之前的入口处人群聚集的风险中脱离出来。

（四）以大数据为支撑可确保系统数据的准确性

该系统接入官方防疫数据，确保了员工及旅客的健康信息的真实性、有效性和及时性。

（五）有效提升旅客及员工的出行效率

本平台的投入使用，大大缩短了旅客和员工出入机场的时间，提升了旅客出行效率和员工工作效率，降低了旅客和员工受感染的概率，提升了旅客乘机安全感。

该服务案例包括微信小程序、人脸识别查验系统、旅客进出港查验系统、防疫指挥平台、视频分析轨迹追踪实验平台等 6 套防疫子系统，推动美兰机场防疫从"人防"向"技防"转变，进一步推动美兰机场精准防疫措施的落地实施，有效助力机场守好门、管住人、管住事。

美兰机场推出的系列智慧防疫服务持之以恒常态化落实防控措施，积极响应民航局"内防反弹、外防输入"的重大举措，也是美兰机场高举创新旗帜，积极开展"大数据＋人工智能"赋能疫情防控的创新实践，标志着美兰机场的疫情防控信息化工作再上一个新台阶。

搭建神经网络 创建基于物联网云平台技术的空调智慧控制系统

黑龙江机场管理集团有限公司

一、背景

——"呼叫控制室，夹层通道温度27.3℃，请打开空调机。"

——"控制室收到。"

（5小时后）

——"呼叫控制室，夹层通道温度22.1℃，请关闭空调机。"

——"控制室收到。"

类似的情况，在哈尔滨太平国际机场（以下简称哈尔滨机场）夏季供冷期，每天都会发生。空调机组的运行与现场实际温度对接的实时性，以及人员操作的准确性成了空调站夏季工作的难题，研发空调智慧控制系统的想法由此诞生。

随着国际航空枢纽建设的硬件保障等项目如火如荼地进行，哈尔滨机场航站楼供冷/供热面积和单位面积耗能也在不断地增加。近5年的航站楼供

冷 / 供热面积和每平方米能耗的统计如图 1 所示。

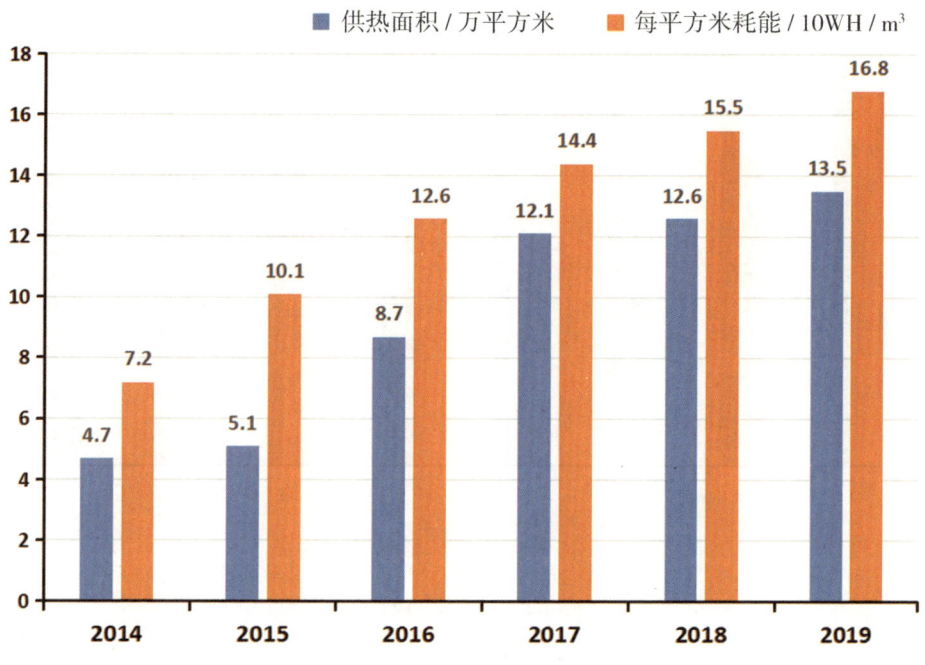

图 1　哈尔滨机场航站楼供热面积与耗能水平统计

由图 1 可以看出，2014 年至 2019 年间，哈尔滨机场航站楼单位面积供热所需的能耗越来越高，2019 年单位面积耗能是 2014 年的 2.3 倍。2019 年全年碳排放量高达 2 百万千克，相当于间接释放二氧化碳 5 百万千克，如不进行有效的控制，2025 年二氧化碳排放量预计达到 7 百万千克。

为了找到空调系统的节能空间，我们在夏季供冷季对航站楼内的空调开关时间及所控区域的温度进行了为期 15 天的统计分析，依据《室内空气质量标准》（GB/T 18883—2002），把平均每一天内所有区域低于 22℃ 的持续时间称为无效耗能时间，把平均每一天内所有区域高于 22℃、低于 28℃ 的持续时间称为正常工作时间，每日所测数据如图 2 所示。

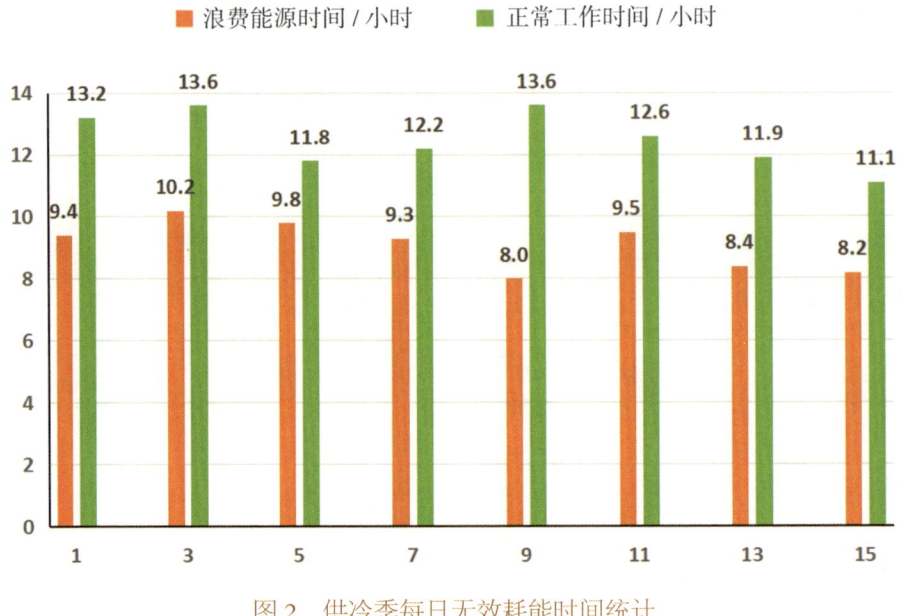

图 2　供冷季每日无效耗能时间统计

由此可见，空调系统每日的无效耗能时间超过正常工作时间的一半，这便意味着对空调系统的精准调控能够大幅降低无效的电力损耗。

二、攻坚克难

我们一致认为实现自动控制及远程测温功能是解决无效耗能问题的有效解决方案。于是对接下来的大方向进行了一个系统的分析：我们认为，由于航站楼内各种线路已经铺设完成，空调机组处没有足够的接口满足我们远程控制及测温的需求。故需要使用一种无线通信的形式来实现自动控制及远程测温的功能，经过多次的资料查阅及开会讨论，我们决定在物联网领域寻找该项目的解决方案。

过程中我们对各种方案的通信稳定性、传感器精确度、程序编写难度等方面进行了权重划分，侧重在稳定性、安全性、易用性方面的比较。如图 3 所示。

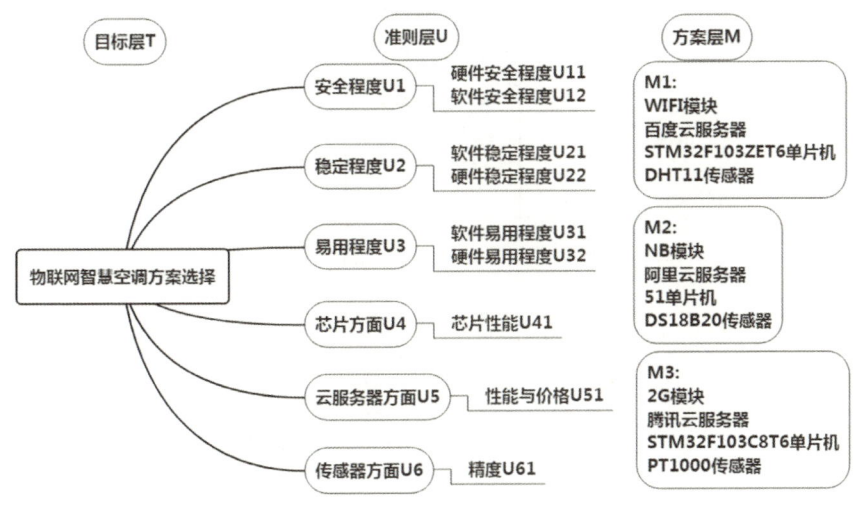

图 3　AHP 概述图

最终我们选用了稳定性与易用性最佳的 Wi-Fi 模组作为物联网模块，初步敲定方案如表 1 所示。

表 1　一次选型表

物联网空调项目	硬件	物联网温度计模块	DHT11 传感器
			ESP8266Wi-Fi 模块
			4.3 寸液晶屏
		空调物联网控制模块	ESP8266Wi-Fi 模块
	软件	Mqtt 云服务器	百度云服务器
		前端展示网页	百度物可视

然而，失败转瞬既至，初次制作出的实验电路板在航站楼内无法连接上 Wi-Fi，经排查发现航站楼内的 Wi-Fi 系统是上海迈外迪公司搭建的，连接时需要提供手机号码和相应的手机验证码方可登录。而没有手机卡的 Wi-Fi 模块无法连接至楼内 Wi-Fi。整个项目的推进因联网模块的选型失败而陷入困境。

小小的失败并不能击垮我们，我们重新整理思路，在 AHP 决策法的前提下使用 PDCA 循环法，使我们的思想方法和工作步骤更加条理化、系统化、图像化和科学化。这次选型过程中，我们着重对 PDCA 的 C 阶段（确认实施方案是否达到了目标）进行探讨。如图 4 所示。

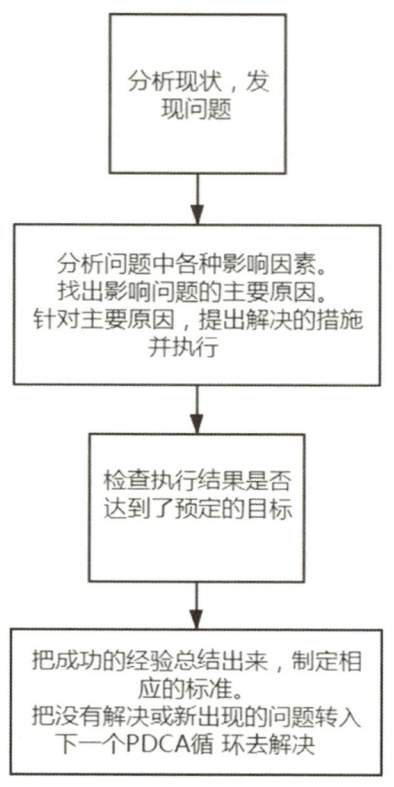

图 4　PDCA 循环过程

功夫不负有心人，经过无数次的测试与比较，最终我们发现，选用优质芯片的 2G 模组的稳定性并没有我们想象中的差，甚至可以达到与 Wi-Fi 同级别的稳定性，除了运营商基站外，不依赖任何外界条件。

确定下最重要的联网方案后，我们立即开始行动，吸取上次的经验教训，重新梳理整个项目的需求与关键因素，在 AHP 层次分析法和 PDCA 循环法的基础上，结合鱼骨图（因果图），对多种选择进行深层次、多角度的剖析，查找哪些因素是空调智慧控制系统需要考虑的关键性因素，确保最终选出的方案行之有效。如图 5 所示。

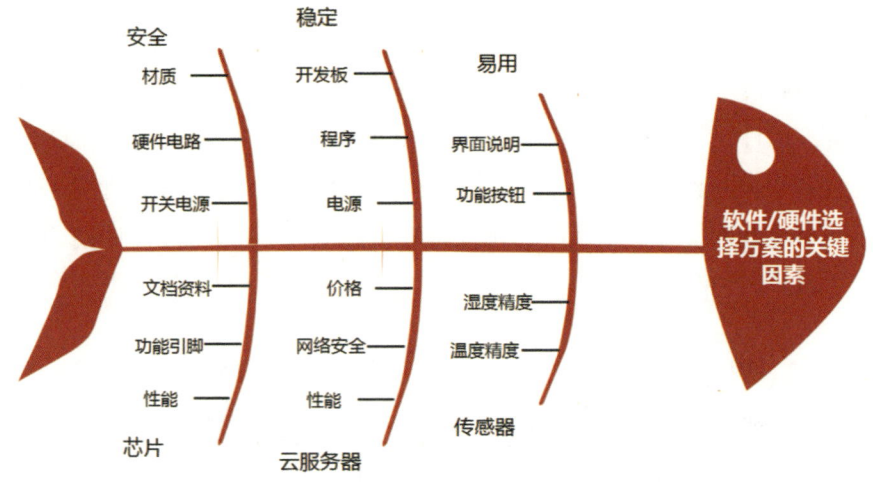

图 5 空调智慧控制系统关键因素分析图

新的方案表如表 2 所示。

表 2 二次选型表

物联网空调项目	硬件	物联网温度计模块	SHT35 传感器
			STM32F103 单片机
			4.3 寸液晶屏
			2G 模块
		空调物联网控制模块	2G 模块
	软件	Mqtt 云服务器	EMQX
		ECS 云服务器	ecs.n4.small
		前端展示网页	Homeassistant

三、案例成果

2020 年 8 月 1 日，该系统投入运行，由空调站负责提供哈尔滨机场航站楼的全部供冷供热保障，在节能减排、运行成本、节约人力、室内温度、稳定性和投资回报率等方面均取得了显著的效果。

1. 实现节能减排

如图 6 所示，使用该系统前后一个月中，7 月份每日约使用 22 小时，耗费约 600 度电（所测试的空调机组功率为 30 千瓦）。安装空调智慧控制系统后，每日仅工作 13 小时，节约约 270 度电。而哈尔滨机场 T2 航站楼新风机组和空调机组共计 60 台，总功率约 936.9 千瓦，以往供冷季每日约消耗 20 611.8 度电，安装本系统后预计每日节约电能 8 400 度，相当于每日减少了 7 842 千克的二氧化碳排放。

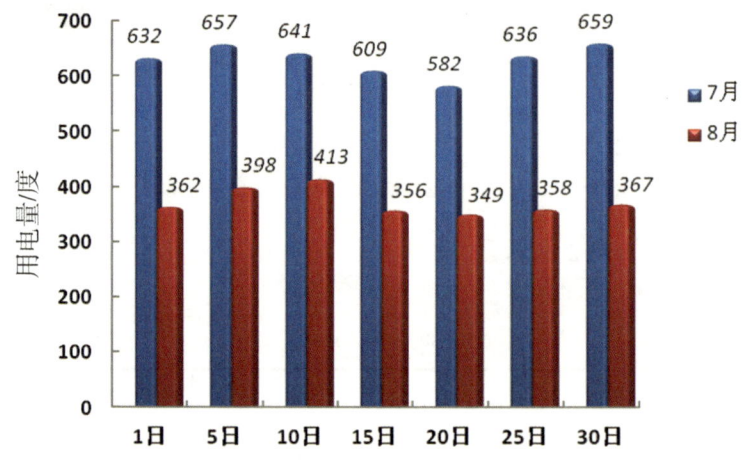

图 6　空调智慧控制系统使用前后耗能对比

2. 运行成本低、节约人力

该产品为 5V/2A 的供电方式，消耗电能可忽略不计。并且每日减少巡视测温工作的时间约 4.5 小时，节约了大量人力资源，以尽可能少的资源消耗，实现了工作目标。

3. 投资回报率高

空调智慧控制系统投资金额为 1.793 万元，根据哈尔滨市商业用电的峰谷平均值计算，目前仅在一台空调机组上试用两个月时间，就节省运行成本约 1.1 万元。

冰城"行安全"科技打造优质机场服务案例

黑龙江省机场管理集团有限公司

一、项目概述

行李提取转盘是机场旅客提取行李的传送装置，每天提取转盘承载着五湖四海归来旅客的行李运输。"行安全"既是托运行李的安全，又寓意着旅客出行的安全。

疫情环境下怎样确保旅客在提取行李时取到的行李是相对"干净"的？怎样又能让旅客在出行的过程中感受到"安全感"？哈尔滨太平国际机场（以下简称哈尔滨机场）从"心"出发，切实贴近旅客真实感受，经过不断的研究和实践，行李提取转盘自动消杀装置随之诞生。

机场行李提取转盘自动消杀装置是提取转盘的一个附加装置。通过消杀装置喷洒出的微雾颗粒可以实现对旅客行李及提取转盘的消杀。装置可以通过手动、自动以及远程操控的方式开启。装置操作简单，效果显著，在提升旅客满意度的同时真切地做到了服务创新、旅客至上。

二、项目策划及执行

（一）策划背景

（1）响应四型机场建设。面对突如其来的新冠肺炎疫情，哈尔滨机场信息管理部在做好自身防疫工作的同时，积极响应民航局建设"平安、绿色、智慧、人文"机场要求，在智慧机场、人文机场建设上重点发力，自主研究设计此装置。

（2）筑牢疫情防控"保护墙"。深入学习贯彻国家关于疫情防控工作重要指示精神，严格落实民航局、机场集团决策部署要求，进一步加强哈尔滨机场疫情防控工作，增加疫情防控手段。在入港旅客疫情排查、环境全面消杀的同时，对旅客托运的行李物品进行全面消杀，不放过任何可能的风险，为哈尔滨机场筑建起全方位的"保护墙"。

（二）筹备执行

该系统装置根据原有设备环境"量身打造"，由配电柜、控制系统、供液系统、消毒液储液桶、智能药液雾化器、药液输送管道、智能药液雾化器电源线、消毒喷雾箱等构成。消毒液储液桶通过药液输送管道与智能药液雾化器、消毒通道按实际情况与就近输线管道完美融合。在不增设烦琐设备的同时，实现超预期效果，并且可以人机双控自由切换，适应不同场景下使用。

主机由高压泵、喷雾管道和喷头组成。高压泵将水由低压 0~0.3 兆帕提高到高压 5 兆帕。通过管道输送到喷雾嘴，高压微雾喷嘴每秒可以产生多达50 亿个雾滴，雾滴的直径仅为 3~15 微米，犹如自然界的雾。由于雾滴重量轻，平均直径约 10 微米，仅为一般人头发丝的 1/10，可在空中长时间悬浮，能够让药物成分均匀覆盖物体表面，实现更加透彻的消杀效果且不易损伤旅客行李外表。如图 1 和图 2 所示。

图 1 哈尔滨机场国内行李提取转盘

图 2 哈尔滨机场国际行李提取转盘

　　本发明属于自动化控制技术领域，是一种机场行李系统运行智能消杀装置系统。装置主要采用手动和自动两种模式启动喷雾装置系统，智能化超声波雾化消毒系统控制箱控制的智能药液雾化器启动。储液桶内的消毒液在提升泵的作用下，通过连接管道传送到智能药液雾化器，智能药液雾化器将消毒液体进行雾化，喷向行李系统上的行李。如图 3 所示。

图 3　智能消杀装置系统控制箱

三、持续优化

疫情在全球蔓延，哈尔滨机场是龙江新冠肺炎疫情输入的窗口之一。为做到科学防控的"外防输入、内防反弹"，行李转盘自动消杀装置确保了设备的安全高效运行。后期哈尔滨机场对此装置的喷头以及水泵等元件进行升级改造，在增加设备使用寿命的同时进一步提升消杀效率。

四、适用提示

该装置系统符合民航机场疫情防控决策部署要求，实现了进港旅客行李与行李提取转盘的自动消杀，装置系统整体设计合理，运行机制健全，风险故障率低，组装方便，简单有效地实现了预期效果。目前该创新成果已申报知识产权专利。

机场行李系统运行智能消毒装置系统的建立为旅客更安全便捷地提取

行李提供了保障，提升了哈尔滨机场行李系统的运行效率，充分解决了原始消杀方式消杀不及时不彻底、颗粒大、消毒液腐蚀设备、人力资源浪费等问题，为顺利推进智慧机场、人文机场建设营造了良好的环境。

该装置在中大型机场及支线机场均可推广使用。

创新运行技术应用
响应智慧民航发展

——唐山机场智慧建设案例分享

唐山三女河机场管理有限公司

一、案例背景

机场作为城市的基础产业设施，具有专业覆盖面复杂、关联性广泛的运行特点，专业涵盖空中管制、地面服务、机坪运行、飞行区管理等，从而导致机场在日常运行中很难突破各个专业的瓶颈。

现阶段民航类的高新技术设备设施大多为千万级机场进行设计研发，存在专业技术垄断、渠道单一、价格昂贵等特点，唐山三女河机场（以下简称唐山机场）作为中小机场又是军民合用机场，受资源及资金的制约，在新技术新产品的投入方面更是难上加难。

唐山机场根据军民合用机场等特点，结合自身优势，充分分析运行核心风险，率先与航科院开展了机场运行创新技术实验室的合作，针对中小机场运行过程中的痛点、难点问题，采用新技术手段进行攻关，将空地一体化协同运行系统研发完毕并投入试用，弥补了智慧型中小机场的行业空白，并将唐山机场打造为智慧型中小机场创新技术研发基地。

二、建设思路

为突破唐山机场原有业务运行的局限，提高协同运行能力，唐山机场与航科院中宇公司成立项目组，总体建设目标为对航班实时数据全方位感知和预警，实现运行、管控、决策数字化，建立统一高效的机场协同运行平台，提升整体的运行保障效率。

三、主要功能

项目主要围绕管制和现场运行展开，致力于实现航班动态监控、航班计划制作、地面保障监测、机位智能分配的一体化和信息化，实现现有纸质办公向数字化转型，实现全场业务网联化、可视化、协同化、智能化、个性化和精细化。

四、系统设计

（一）空中航班的动态数据感知

通过 ADS-B 数据实现空侧的航班流的实时监控，结合航班实时运行数据、计划报数据，对航班预计到达时间进行精确预测，实现机场运控对航班进场时间的精确掌控。

（二）航班计划、航班动态和机位资源管理

报文系统中飞行电报按航班自动组织，方便浏览和查询。

根据报文系统新建接收、识别、处理程序，实现报文自动解析、航班智能拼接、机位数据联动管理、次日计划自动生成、航班动态数据实时更新的功能。

（三）航班正常性管理

通过对海量航班数据及录入数据的分析处理，实现航班正常性的管理，包括但不限于航班正常性计算、查询和维护等。

（四）信息可视化

将航班实时航班动态、航班正常率以及放行正常率等方面信息在同一界面全屏显示，实现管理者及一线保障部门对航班数据和信息的总体把控与智能决策。信息系统可视化支持多维度、层次化来展现业务系统的组成和运行态势，提供基于航班整体运行态势监控视图，实现全场数据统一收集、处理、分析、应用，通过运行态势直观显示各种量化指标，机场各级管理人员准确把握企业当前经营状况及发展趋势，为各级生产经营决策提供辅助支持。

五、工作亮点

协同运行系统在唐山机场应用后，不仅简化了机场相关保障部门的工作流程，提高了工作效率，还提升了机场空地运行水平。

（一）空中航班的动态数据感知从无到有

在接入 ADS-B 数据后，业务部门能实时掌握航班动态。结合航班实时运行数据、计划报数据，对航班预计到达时间进行精确预测，实现机场运控对航班进场时间的精确掌控，不再简单依赖人工经验判断。

（二）手持终端提升航班保障效率

在没有航班保障 App 时，保障部门只能通过最传统的对讲方式或者电话沟通来进行信息传递。航班任务较多时，一个航班可能要打 10 多个电话，经常出现信息迟报、漏报的情况。在手持终端上进行上传下达、信息共享，整个过程不超过 1 分钟，不仅避免了繁复的沟通和可能出现的差错，还实现了对航班保障节点的精细化管控。

（三）航班计划自动生成

平台未应用前，站调在制作次日航班计划时，需经过 4 个步骤：核对原始报文—与航司确认—计划导出—打印分发。现在航班计划制作从原来的人工核对变成了自动生成，原需要用 30 多分钟才能完成的工作，现在仅需 1 分钟便能完成，并且不用打印计划，在一定程度上减少了资源的浪费。

（四）停机位自动分配

平台未应用前，站调安排机位是通过手工无序排列，一旦机位有调整，要及时通过对讲机告知保障部门。平台应用后，系统根据大数据算法实现机位的自动分配和机位冲突告警，优化机位分配流程的同时也提高了廊桥的使用效率，使地面保障水平有质的飞跃。如图 1 所示。

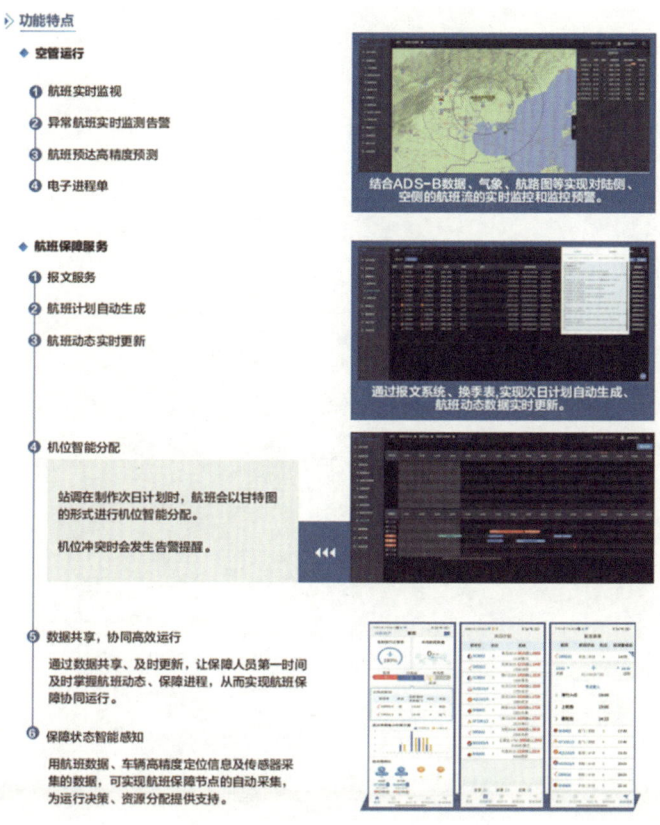

图 1　空地一体协同运行系统

六、经验分享

唐山机场与航科院中宇联合创办全国首家中小机场运行应用类科技研发实验室，紧跟国内先进技术，利用计算机技术、网络技术和数据库技术，控制和集成化管理机场生产经营所有信息，实现机场内外部信息的共享和有效利用，也是推动智慧机场、智慧民航的重要体现。未来双方将继续通力协作，瞄准智慧民航的前沿，从生产、经营、管理、决策等多方面着力打造智慧型机场，打造行业标杆。

中国航信机场旅客服务产品线是以旅客为中心，从旅客服务入口角度出发，充分考虑交互属性所打造的旅客解决方案。利用自助综合服务终端、机场APP、交互机器人等多样化渠道，不论是旅客在何处的多层次、精品化、个性化旅游服务。

I 机场旅客服务运行管理平台

系统通过航班信息服务、行程服务、机场服务、机场商业服务、会员服务、广告管理服务、添加问查、交通&地面服务等多领域服务模型，构建基于自助融合服务应用，智能机器人，旅客基于行程服务的出行服务，助力机场实现旅客服务智慧化、数字化转型。为旅客提供全方位的出行服务，体验系统。

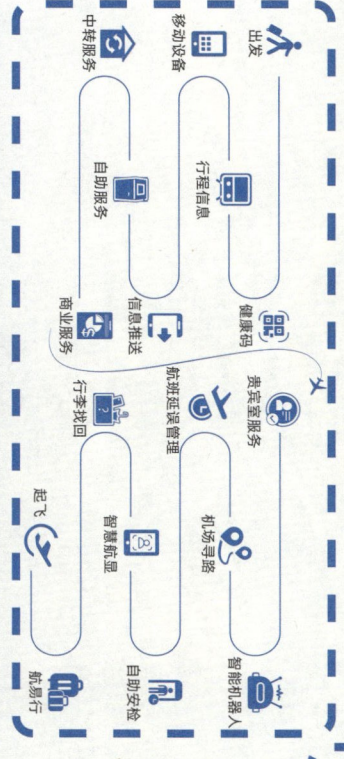

前端设备 THE FRONT-END EQUIPMENT

- 自助服务终端 · 智能航显
- 智能机器人 · 移动手持终端

流程：出发 — 行程信息 — 自助服务 — 移动设备 — 中特服务 — 商业服务 — 信息精准 — 行李找回 — 起飞；健康码、贵宾室服务、机场寻路、智慧航显、自助安检、智能机器人、航班延误管理、航易行

II 行李管理与跟踪系统

以打破信息孤岛、畅通线上线下服务效果、促进非航业务发展为建设目标，将数字化的整体信息服务深度融入中，为旅客提供整体信息服务闭环中，一体化的服务。为旅客提供体验线上线下务。行李、安检，中转，交通等综合性门服务。

中国航信行李管理运圈解决系统采用先进的物联网技术，结合国内外航信技术和服务协议，帮助机场和航司实现行李全流程跟踪服务，为机场提供一套便晶、严密、灵活、实时的信息管理手段，帮助机场全流程提升行李服务水平。

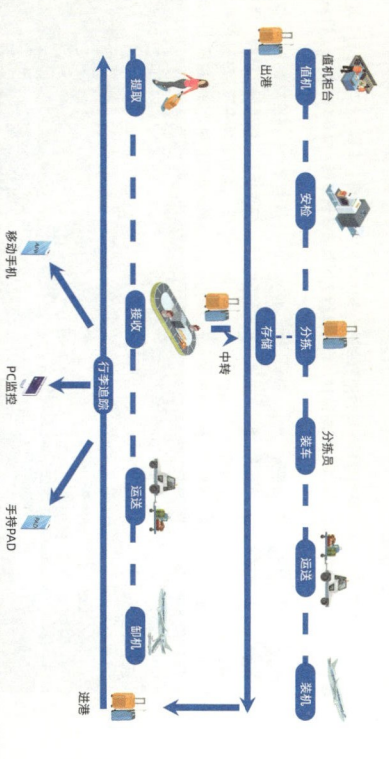

标签：值机柜台、出港、安检、分拣、装机、行李通道、PC监控、移动设备ID、手持PAD、现场、中转、接机、摆渡、运送、卸机、装卸、货车、提取、到港

III 贵宾厅服务系统

机场贵宾厅管理系统面向机场、航空公司等服务领域，产品以"精准服务"为设计着眼点，涵盖VIP旅客服务的各方面。

客全流程服务管理，提供贵宾厅旅服务。

- 基础信息管理
- 厅房管理
- 物料管理
- 系统管理
- 线上商城
- 服务预报
- 服务接待
- 服务提醒
- 调度管理
- 运营管理

IV 航班延误管理系统

实现航班延误服务全流程智能管控处置。

01 | 可感知
事前预警提醒，智能预警提醒，提供延误监控分析，的延误保障监控情况；

02 | 可监控
事中旅客服务，提供快速处置服务任务机制，建立统一规范的延误保障监控流程；

03 | 可追溯
事后分析核算，提供体处置服务任务机制，建立统一规范的延误保障监控流程；

支持机场航延产品营销
提供快速微信小程序及服务营销管理，支持获取电子延误证明，支持查询航延产品信息及库存管理，选购、核销。

时间线：事前 — 事中 — 事后

态势监控、延误服务、应急处置、信息通报、产品营销、服务评价、服务监督

04 便捷出行产品线
CONVENIENT TRAVEL PRODUCT LINE

中国航信"慧出行"机场便捷出行产品线，是围绕旅客全出行流程的综合性产品解决方案，通过引入自助化、生物识别、互联网+、大数据、人工智能等先进技术和理念，不断为旅客提供便捷、高效的航空出行服务。

I 慧中转

智慧机场中转保障服务系统提供航班中转服务，系统融合旅客、行李及航班动态，面向机场保障服务人员，提供航班衔接、旅客及行李的及时准确数据，通过与互联网应用的交互，精准匹配旅客差异化服务信息。

智慧中转服务系统能够提前获取旅客中转信息，精准、灵活，中转服务打造站前、精准、有效的查询效率，减少旅客差错。将机场保障的中转旅客由被动服务发展成为主动的通道。

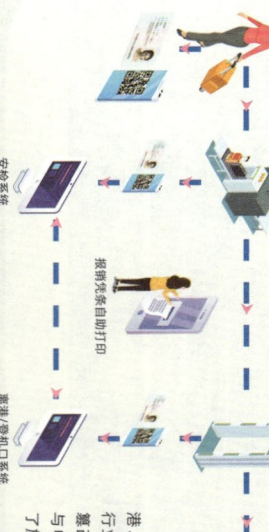

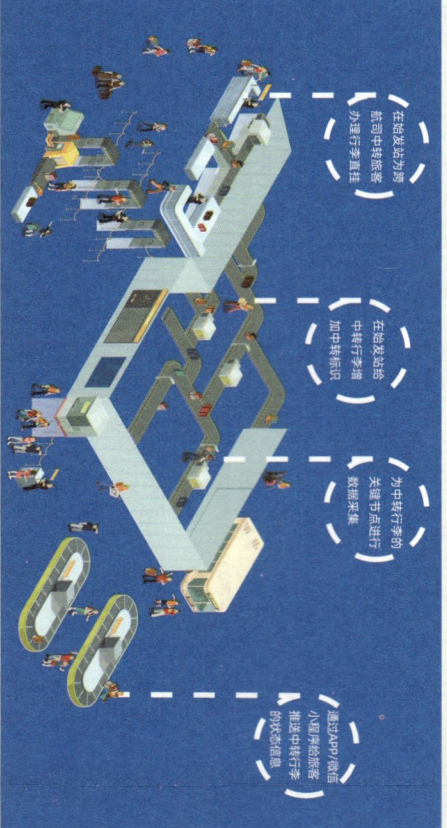

- 在始发站为始办理中转行李直挂
- 结合离港信息
- 整合航班动态
- 精准匹配旅客信息
- 打破航班座记录司限制

- 在始发站办理中转行李标识
- 加载行李信息
- 为旅客行李的数据采集
- 天翼节点运行
- 通过APP信息 小程序旅客推送中转行李物流信息

II 安检信息管理系统及航易检

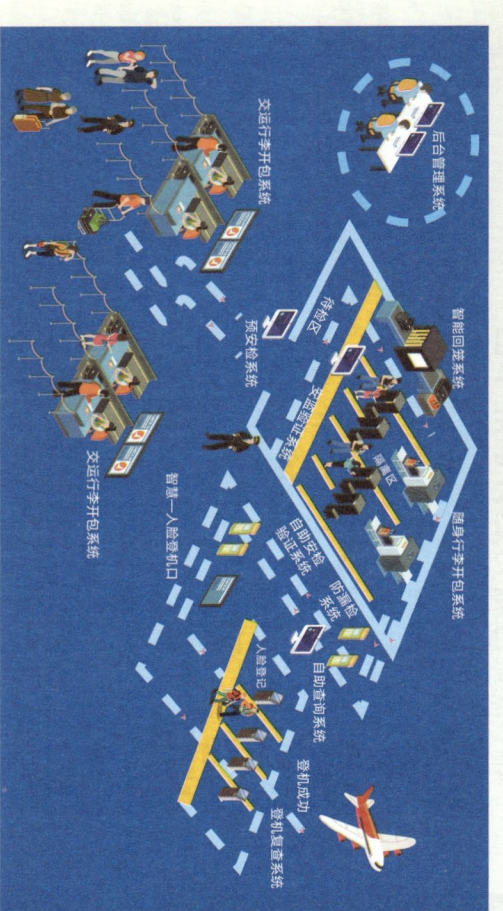

为旅客达服务机场安检因为对旅客"无差异化"服务，针对不同的业务场景，建立对应的旅客分类模型，并在此模型基础上，识别旅客类型，最终实现对旅客的差异化安检服务。

价值区分模型
区分旅客的购买力及旅客的行为习惯，为机场商业等提供数据支持

出行偏好模型
根据历史数据，分析旅客出行习惯和偏好，以实现个性化服务

安全防护
所使用的电子二维码由机场部门出具，可靠，并严格规范采集和使用

信用等级模型
通过定期采用新的服务身份服务，机场服务按照国家标准体系化实现、管理，最大化使用安全

权威认证
全流程支持

III 航信通

航信通将旅客手机中电子登机牌与离港、安检口等系统深度集成，在行业首先实现乘客无纸化登机，可通过业务。旅客可感知自己的安检电子标签状态，其与电子登机牌的整合实现了旅客无纸化登机。

旅客

安检口

登机口

安检系统

离港/登机口系统

IV 一码通关

一码通关是指民航旅客出行时，使用电子二维码替代实体身份证明和登机牌作为个人身份证明办理通值服务。托运、登机口、自助、安检等业务，基于移动互联网、公安认证等一平台，活体检测技术，提供统一合服务，使旅客在安全私密的环境中享受到一码在手，畅行无忧的全流程出行体验。

中国航信 TravelSky

服务设计及创新

长沙黄花国际机场
中转服务数字化转型白皮书

近年来，中国民航高度重视服务品质提升与品牌建设工作，坚持以人民为中心，以中转服务为切入点，从旅客出行的痛点难点出发，连续多年开展服务质量攻坚专项行动，不断改善旅客航空出行体验。2022 年 10 月，民航局面向全行业发布了《民航旅客中转便利化实施指南（第二版）》，进一步推进跨航司中转与通程航班服务规范化、标准化、品质化，并立足智慧民航发展，推动行业实现数字化转型和高质量发展。

行业相关信息的共享和互联互通是为旅客提供无缝中转服务、体验"人享其行"的前提和关键。为此，中国航信创新性地开发了民航中转旅客服务平台。一方面依托现有分销、离港系统等基础，建立起一体化、全方位的中转旅客服务保障体系，为机场开展跨航司中转便利化及跨交通联运服务提供信息技术支撑，便利旅客及时获取航班动态和自身权益等信息；另一方面通过整合机场面向中转旅客的相关资源、权益、产品和服务等，实现全国机场中转旅客服务资源的集成与融合，为完善机场枢纽功能和扩大非航收入提供平台化支撑；同时支持 OTA 和地方资源产业等接入，为机场构建起良好的旅客服务生态圈，助力多领域民航强国的建设和高质量发展。

一、民航中转旅客服务平台

（一）信息操作服务

（1）中转服务保障信息支持，为机场现场保障提供信息化手段。真正意义上的跨航司中转，以中转的实际发生为基础，以旅客进出港航班的间隔时间为筛选条件，自动提取中转旅客信息，涵盖了联程和非联程中转旅客、同一航空公司中转和跨航空公司中转等多种情况。

（2）提供两个层面的中转信息服务，首先，系统提供了基于订座数据的中转旅客预报服务，通过它实现了对中转旅客、航班的实时动态监控。

（3）对中转行李的查询和处理。

（4）在始发站办理一次值机、行李直挂到目的地。

（二）监控识别服务

（1）中转旅客的精准识别；

（2）实现对中转保障关键节点的进程管控。

（三）旅客信息服务

（1）通过中转通小程序，线上预约中转机场的中转服务；

（2）支持多式联运中转服务预约；

（3）中转行李信息跟踪。

（四）数据统计分析服务

实现中转保障数据统计，以及中转机场为核心的中转市场统计分析。

二、中转服务数字化转型的优势

（一）对旅客而言，出行便利化进一步加强

（1）中转流程更加便捷。

旅客在始发站办理全部航程的乘机手续，交付托运行李，托运行李直挂

到目的地提取；旅客无需在中转机场提取行李、再次安检，节省了中转时间。

（2）行李直挂更加便利。

通过民航中转旅客服务平台，可以直接在始发站办理中转站的行李托运，将行李直挂到目的站，旅客无需做任何操作。

（3）增值服务更加丰富。

旅客可通过民航中转旅客服务平台，线上办理预约中转餐食、住宿、行李寄存、空铁接驳等增值服务。

（二）对机场而言，进一步加快智慧机场建设

（1）旅客识别实现自动化。

民航中转旅客服务平台根据旅客证件信息获取行程，并自动判断通程中转旅客和自然拼接中转旅客，机场可根据系统提示信息，根据旅客意愿办理中转服务。

（2）信息获取实现自动化。

中转旅客信息由人工获取转化为自动获取。民航中转旅客服务平台打通与离港系统的数据通道，始发站值机员可在离港系统自动获取中转旅客信息，便于始发站值机员精准识别中转旅客。中转站工作人员通过平台获取中转旅客信息和中转旅客"直挂行李"信息，直接为旅客将行李转运到下一航段航班。

（3）服务体验实现自动化。

民航中转旅客服务平台会根据旅客购买的机票，自动匹配中转行程并向旅客推送中转站相应的权益，旅客可直接到服务点使用。

（三）对社会而言，降本增效，促进发展

（1）减少硬件人力成本。

民航中转旅客服务平台通过启用电子中转验讫章，实现旅客在中转机场体验中转服务时，自动获取电子中转验讫章，不用去中转柜台盖中转章。随着更多机场启用民航中转旅客服务平台，中转站现有的中转柜台可全部或部分取消，节省人力成本。

（2）有效降低沟通成本。

民航中转旅客服务平台打通了跨航司中转的关键技术屏障和流程断点，

大幅提升机场中转服务的信息化、网络化和数字化，在有效降低不同主体间的沟通成本的同时，实现了始发机场、中转机场和目的机场之间，航司之间与地面代理之间中转旅客信息的互联互通，机场内部值机、中转柜台、装卸岗位之间信息高效协同。

（3）促进地方经济发展。

民航中转旅客服务平台，将机场、航司、OTA、信息服务商等有机联系在一起，依托各方资源吸引中转旅客，从而为机场带来餐饮、购物、休闲等消费需求，进而提升地方知名度，吸引更多外资、促进当地资源有效开发和产业转型升级，促进航空关联企业在机场周边集聚并形成临空经济，加速推动当地经济发展和对外合作交流，提高地区经济发展潜力，使机场成为地方经济发展的"发动机"。

三、长沙黄花国际机场中转服务数字化转型成果

（一）中转平台为长沙机场中转信息化水平提供了坚实基础

通过应用中转平台，长沙机场进一步提升了中转服务的信息化保障能力，实现了省际跨航司行李直挂服务。进一步优化中转保障服务流程，将MCT从90分钟缩短至60分钟，全面实现了中转旅客身份核实、中转权益预约及产品核销等线上办理，实现了长沙机场与中转服务相关主体数据、信息的实时共享交换，解决了原有中转服务旅客信息获取难题，极大提升了中转服务效率，为建设全国统一大市场打通信息交互渠道。

（二）中转平台为长沙机场改善中转旅客服务体验提供了重要保障

通过应用中转平台，长沙机场与航空公司、OTA 等主体实现了互联互通，可提前获取中转旅客基本信息并告知旅客可获取的相关中转便利化服务权益。目前可为中转旅客提供"四免、五享、多优惠"权益，实现"出行即服务"的目标，为旅客提供全流程、高品质的出行服务，有效改善了中转旅客满意度，提高了长沙机场的核心竞争力，有力强化了枢纽建设和品牌影响力。

（三）中转平台为长沙机场实现集约化智慧化提供了有力支持

通过中转平台，长沙机场实现了旅客识别自动化、信息获取自动化、服务体验自动化等数字化服务功能。2023 年 1—4 月，长沙机场依托中转平台，完成中转旅客保障 24.4 万人，为长沙机场带来航空性收入 1 268.8 万元，申请中转免费住宿、免费餐食的旅客 1.2 万人，体验免费中转休息室、行李寄存、紧急中转等服务的旅客 5 万余人。中转平台为长沙机场实现集约化智慧化提供有力支撑。

"多式联运"跨境电商出口服务实践案例

广东省机场集团物流有限公司

一、案例简介

本案例以加快构建现代化高质量国家综合立体交通网，支持综合货运枢纽补链强链为背景。在当前跨境电商零售出口业务迅猛发展的前提下，广东省机场集团物流有限公司（以下简称物流公司）依托广州白云机场国际航线的优势及资源，针对境外跨境电商出口退货商品周转时间长问题，以资源整合再输出的方式，构建了"海陆空"多式联运服务模式，为跨境电商出口企业提供了快捷的运输服务方案。

二、需求发现

近年，随着"一带一路"倡议的推进，中国与各国间的贸易合作不断深入，国内多家电商企业（如天猫国际、京东等）的跨境电商出口业务得到了迅猛的发展。据广州业内企业反馈，在"全球购"带来利好的同时，其售出商品的退货率也增至 20%，境外通过海运退回南沙口岸的商品量（非质量问题）

剧增。常规退货商品再出境的运输方式（海运至香港转空运再出境）已无法满足其终端客户（周转）需求，不利于二次销售的达成率。

另外，随着"中国制造"的强势崛起和跨境电商快速发展，国产潮流服装、服饰箱包等"快时尚"零售商品在线订货消费模式广受海外消费者青睐，由于快销品选购存在一定的退换货率，跨境购买"退货难"问题一度成为困扰消费者和跨境出口企业的难题。而企业为满足消费者退货需求，也需要在海外设置退货仓，支付高昂的人工、仓租、管理成本，而且分散处置经常造成物流滞后，逾期交付的风险增大。

据京东全球售跨境用户消费白皮书显示，目前境外市场呈现规模成熟、需求旺盛、市场开放等三大特点。根据海关总署发布的数据显示，跨境电商规模 5 年间增长近 10 倍。2021 年中国跨境电商市场规模达 1.92 万亿元，比上年增长 18.6%。其中出口交易额达 1.39 万亿元，比上年增长 28.3%。明显高于外贸市场整体增速。同时，疫情也加速了全球网购渗透率的提高，企业对提高周转时效的需求愈加迫切。

三、服务方案设计

物流公司充分利用空港口岸基础资源优势，基于综合货运枢纽的供应链条，抛开固有思维模式，经与希音等多家电商合作企业的沟通协商，提出了"海陆空"多式联运服务模式，在南沙综合保税区内设立自贸区空运中心，实现了"无跑道机场"服务的延伸，在开创性、贡献度、实践性、影响力和规范性方面取得重大突破。

（1）畅通逆向物流运输机制。针对跨境电商出口退货难问题，以"海关在'仓储货物按状态分类监管'创新制度"为背景，推动企业将出口退货商品与国内生产制造的出口货物一同在保税仓存储。通过建立快速便捷的退货渠道，使其便捷通过国内监管场所，实现跨境电商商品"出得去、退得回、再出去"。

（2）建设自贸区空运中心。积极把握南沙自贸区"先行先试"政策优势，与广州南沙国际物流园开发有限公司达成合作，在综合保税区内设立白云机场南沙自贸区空运中心，企业在综合保税区完成退货商品与国内出口货物的合并打包，由监管车运至广州白云机场交运，实现"本地一站式"便利物流服务。如图 1 所示。

图 1 自贸区空运新模式

（3）建立多式联运新模式。针对原运输方式中海运至香港时间长、当天无法搭乘香港航班出境的问题，物流公司采取"海陆空"多式联运服务模式，实现退运商品二次销售"再提速"，即"第一程：境外海运至南沙口岸—第二程：陆运至白云机场—第三程：空运立即出境"，大幅缩短了跨境电商出口商品运输周期。如图 2 所示。

图 2 多式联运新模式

四、方案实施效果

（1）开创性实施多式联运服务方式。该模式以加快构建现代化高质量国家综合立体交通网为基础，开创性提出并运用了多式联运服务模式，属华南地区首创，为全国跨境电商服务产业的发展提供了全新的物流运输服务解决方案。

（2）贡献度颇大，带动了区域发展规模。从 2021 年 9 月 16 日该模式运行以来，每天约有 20 余量车从南沙口岸运至广州白云机场，截至 2022 年 11 月发车总数达 7 700 余次，共累计保障约 28 583.176 吨、176 万件，货值总额达到 29.15 亿元，及时发运新西兰、荷兰等全球 25 个城市，预计每年为广州白云机场带来约 3 万吨的货量收益贡献，大幅带动了周边区域的发展规模。

（3）实践性较强，成效明显且便于复制。该模式有效消除了海运至香港商品无法当天出境的问题，与原运输方式相比缩短了 24 小时，提升运输时效达 50%。另外该模式也复制到白云机场南航货站，为打造粤港澳大湾区跨境电子商务发展高地奠定坚实的基础。

（4）影响力广泛，受到客户的一致赞誉。该模式下顺畅的运输环境，推动了海关"跨关区转关"模式的优化，实现了"无跑道机场"的服务延伸，得到广大电商企业的一致好评，为增强粤港澳大湾区经济创新力和竞争力提供支撑和示范作用。

（5）规范性较高，服务功能健全高效。该模式实现了"1、2、12"功能，即"一站式服务、货物安全性和监管性要求双保障、航班起飞十二个小时前完成货物在南沙的操作"的高效服务，实现本地理货、本地报关、本地查验的全链条保障服务。

成都双流国际机场"巴适空港安逸畅行"提高航空器地面运行效率服务案例

成都双流国际机场股份有限公司

一、案例背景

随着人民对美好出行的需求日益增加，旅客出行的舒适度与航空运输业高速增长的运行需求矛盾凸显。为认真贯彻落实民航局"真情服务"理念，充实成都双流国际机场（以下简称双流机场）"巴适空港安逸畅行"服务品牌内涵，提升地面运行效率，减少航空器地面等待时间，优化旅客出行体验，双流机场机坪塔台管制室（以下简称机坪塔台）不断优化航空器地面运行模式，积极探索缩短本场航空器地面运行等待时间的方法。

二、实施方案

（一）现状调查

机坪塔台将航空器地面运行时间分为推出开车时间和滑行时间两个部

分进行优化分析。

2021 年 2 月，机坪塔台对机坪内航空器推出开车过程中的挂好拖车、推出、开车、滑出等时刻以及对应机型和等待原因进行统计，并对统计数据进行分析。如图 1 所示。

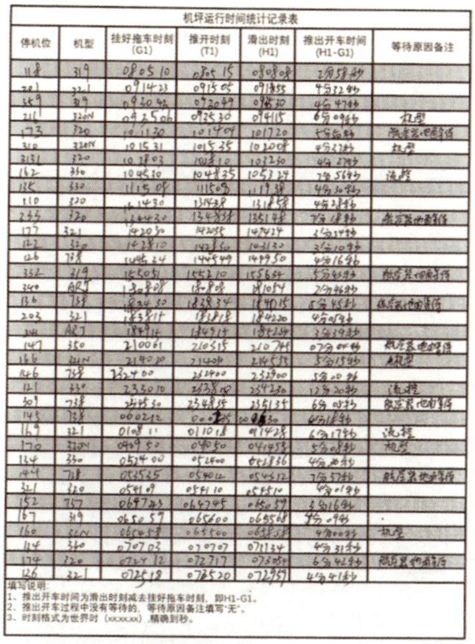

机坪运行时间统计记录表

停机位	机型	挂好拖车时刻(G1)	推开时刻(T1)	滑出时刻(H1)	推出开车时间(H1-G1)	等待原因备注
118	319	080510	080515	080808	2分58秒	
201	321	091423	091505	091855	4分32秒	
359	319	092042	092049	092530	4分47秒	
211	320N	092506	092530	093115	6分09秒	机型
173	320	101130	101404	101720	5分50秒	航空器地面等待
310	320N	101531	101535	102008	4分37秒	机型
313	320	102803	102810	103230	4分27秒	
162	330	104530	104835	105324	7分54秒	流控
135	330	111508	111508	111938	4分30秒	
110	320	131430	131438	131858	4分28秒	
233	320	134430	134838	135148	7分18秒	航空器地面等待
177	321	142030	142055	142424	3分54秒	
122	320	142810	142830	143120	3分10秒	
126	738	144534	144549	144950	4分16秒	
332	319	155051	155210	155634	5分43秒	航空器地面等待
340	ARJ	180808	180808	181054	2分46秒	
136	738	183430	183834	184015	5分45秒	航空器地面等待
203	321	183814	183818	184220	4分06秒	
341	ARJ	184914	184914	185234	3分39秒	
147	350	210061	210515	210748	07分04秒	航空器地面等待
166	321N	214020	214024	214535	5分15秒	机型
146	738	232400	232400	232900	5分00秒	
121	330	233010	233810	234230	12分20秒	流控
309	738	234530	234835	235135	6分05秒	航空器地面等待
143	738	000212	000235	000830	6分18秒	
169	321	010811	011018	011428	6分17秒	流控
170	320N	040950	040950	041458	5分08秒	机型
134	330	052400	052400	052836	4分36秒	
144	738	053535	054012	054312	7分37秒	航空器地面等待
321	320	054109	054110	054510	4分01秒	
152	757	064723	064745	065059	3分16秒	
167	319	065057	065600	065508	4分09秒	
160	321N	065458	065500	065858	4分00秒	机型
114	340	070703	070707	071134	4分31秒	
174	320	072412	072717	073054	6分42秒	航空器地面等待
126	321	072518	072520	072959	4分41秒	

填写说明：
1、推出开车时间为滑出时刻减去挂好拖车时刻，即H1-G1。
2、推出开车过程中没有等待的，等待原因备注填写"无"。
3、时刻格式为世界时（xxxxxx），精确到秒。

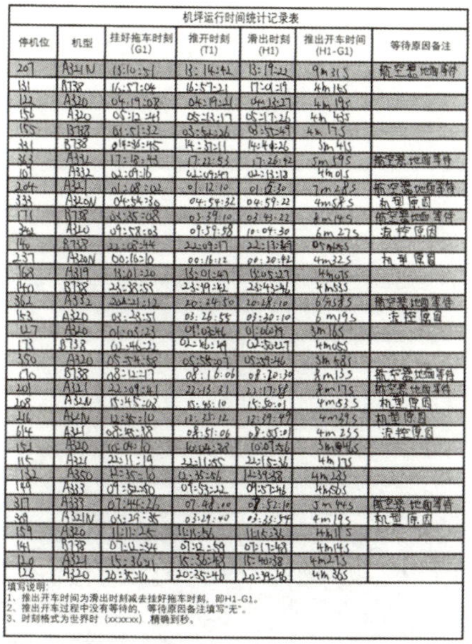

机坪运行时间统计记录表

停机位	机型	挂好拖车时刻(G1)	推开时刻(T1)	滑出时刻(H1)	推出开车时间(H1-G1)	等待原因备注
207	A321N	13:10:51	13:14:42	13:19:22	9m31s	航空器地面等待
131	B738	16:57:04	16:57:21	17:01:19	4m15s	
122	A320	04:19:08	04:19:21	04:23:27	4m19s	
156	A320	05:12:43	05:13:17	05:17:26	4m43s	
155	B738	03:51:32	03:52:26	03:55:49	4m17s	
331	B738	14:36:45	14:37:11	14:41:26	5m41s	
363	A332	17:18:43	17:22:53	17:26:42	5m59s	航空器地面等待
101	A332	02:09:16	02:09:47	02:13:18	4m01s	
204	A321	01:08:02	01:12:10	01:15:30	7m28s	航空器地面等待
333	A320N	04:54:30	04:54:32	04:59:22	4m52s	机型原因
171	B738	03:35:08	03:39:10	03:43:22	8m14s	航空器地面等待
342	A320	09:58:03	09:59:58	10:04:30	6m27s	流控原因
140	B738	22:08:44	22:09:17	22:13:49	05m05s	
237	A320N	00:16:10	00:16:12	00:20:42	4m32s	机型原因
168	A319	13:01:20	13:01:47	13:05:27	4m07s	
140	B738	23:38:53	23:39:42	23:43:46	4m53s	
362	A332	20:21:12	20:24:50	20:28:10	6分58s	航空器地面等待
153	A320	03:23:51	03:26:55	03:30:10	6m19s	流控原因
127	A320	01:03:23	01:03:46	01:06:39	3m16s	
173	B738	02:46:22	02:46:49	02:50:27	4m05s	
350	A320	05:54:58	05:55:07	05:59:46	3m48s	
170	B738	08:12:17	08:16:06	08:20:30	8m13s	航空器地面等待
201	A321	22:09:41	22:13:31	22:17:58	8m17s	航空器地面等待
208	A321N	15:45:08	15:45:10	15:50:01	4m53s	机型原因
216	A321N	12:35:10	12:35:12	12:39:49	4m39s	机型原因
614	A321	08:45:38	08:51:06	08:55:01	4m23s	流控原因
152	A320	10:04:10	10:04:38	10:07:56	3m46s	
115	A321	22:11:19	22:11:55	22:15:36	4m17s	
132	A350	12:35:10	12:35:56	12:39:38	4m28s	
149	A333	09:52:50	09:53:22	09:57:46	4m56s	
317	A333	07:44:26	07:48:00	07:52:10	7m44s	航空器地面等待
309	A321N	03:29:35	03:29:40	03:33:54	4m19s	机型原因
159	A320	11:11:25	11:11:56	11:15:36	4m11s	
141	B738	07:12:34	07:12:59	07:17:48	4m14s	
120	A321	15:36:21	15:36:43	15:40:38	4m17s	
126	A320	20:35:10	20:35:46	20:39:46	4m36s	

填写说明：
1、推出开车时间为滑出时刻减去挂好拖车时刻，即H1-G1。
2、推出开车过程中没有等待的，等待原因备注填写"无"。
3、时刻格式为世界时（xxxxxx），精确到秒。

图 1　机坪运行时间统计表

经过对 8 个月的近 12 000 组数据统计整理，将没有等待时间的航空器各项数据和有等待时间的航空器数据分开，得到平均推出开车时间为 8.19 分钟，平均滑行时间 14.67 分钟。

（二）提出问题

在保证安全的前提下，如何减少航空器推出开车等待时间？如何减少航空器滑行等待时间？

（三）解决方案

1. 减少航空器推出开车等待时间

双流机场滑行通道主要分为短通道、长通道、U 形通道，机坪塔台针对机坪内长通道、U 形通道进行管制运行优化。

机坪塔台用 3D 仿真一比一还原仿真验证，并结合模拟机以及实地勘察进行验证后发现（如图 2 所示）：

（1）长通道隔 3 个停机位时可以同时推出开车，案例实施前，长通道只能同时运行一架航空器；

（2）U 形通道进行"分区运行"，将整个 U 形通道分别划设"1 区""2 区"和"3 区"。允许 1 区和 3 区同时推出开车。案例实施前，一个 U 形滑行通道只能同时运行一架航空器。

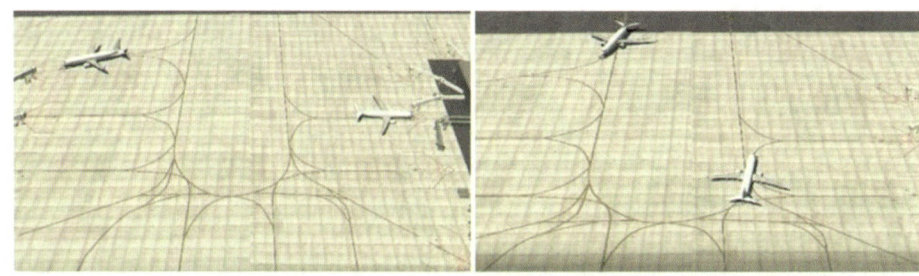

图 2　仿真模拟与实地勘察图

案例实施以来，长通道航空器推出开车时长从 8.19 分钟减少到 6.6 分钟，减少推出开车时间 1.59 分钟。如图 3 所示。

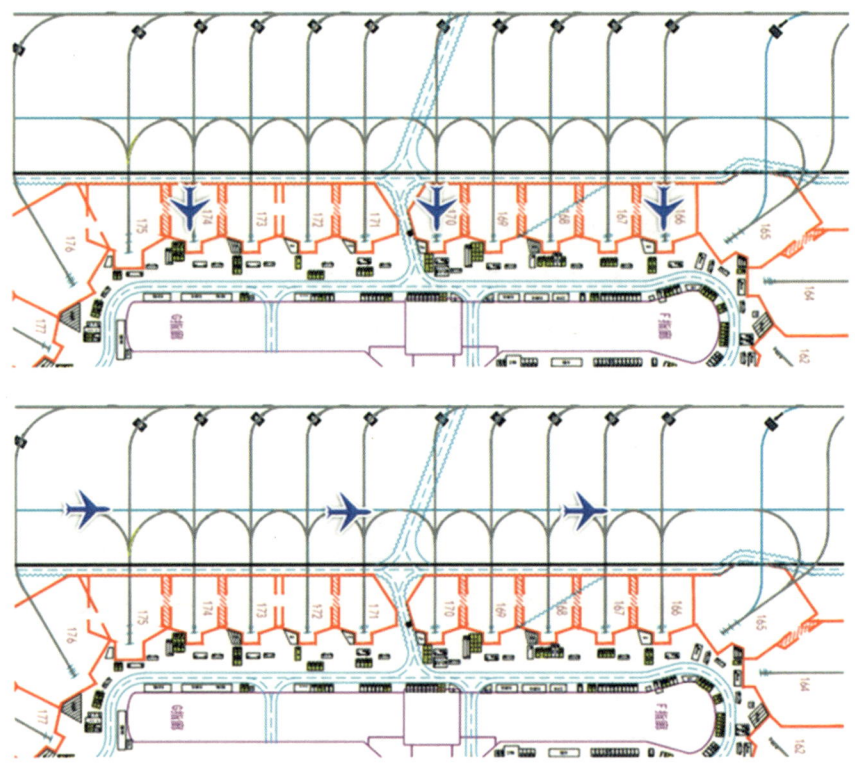

图 3　长通道推开增效案例

　　案例实施以来，U 形滑行通道航空器机位等待时长从 8.19 分钟缩短为 6.46 分钟，减少机位等待时间 1.73 分钟。如图 4 所示。

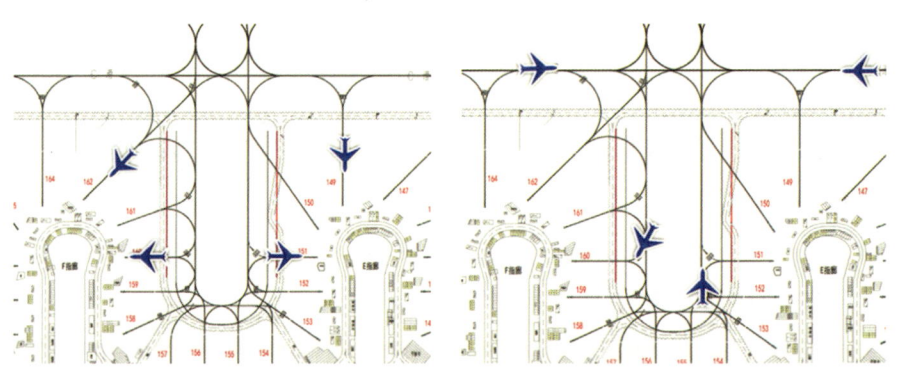

图 4　U 形通道与指廊端头推开增效案例

三、减少航空器滑行等待时间

双流机场航空器地面运行由西南空管局塔台管制室与双流机场机坪塔台共同负责，在保证运行安全的前提下，双方协同配合，开展了以缩短航空器地面滑行距离为主，以缩短航空器地面等待时间为辅的优化工作。

（1）通过明确管制边界的责任划分，改变航空器在西跑道南端滑行道的运行方式。以365机位航班出港为例，按照原有模式，航班需要滑行约1.5公里，优化后航班仅需要滑行0.7公里就能达到西跑道外。按平均滑行速度25公里每小时计算，可减少滑行时间约1.9分钟。如图5所示。

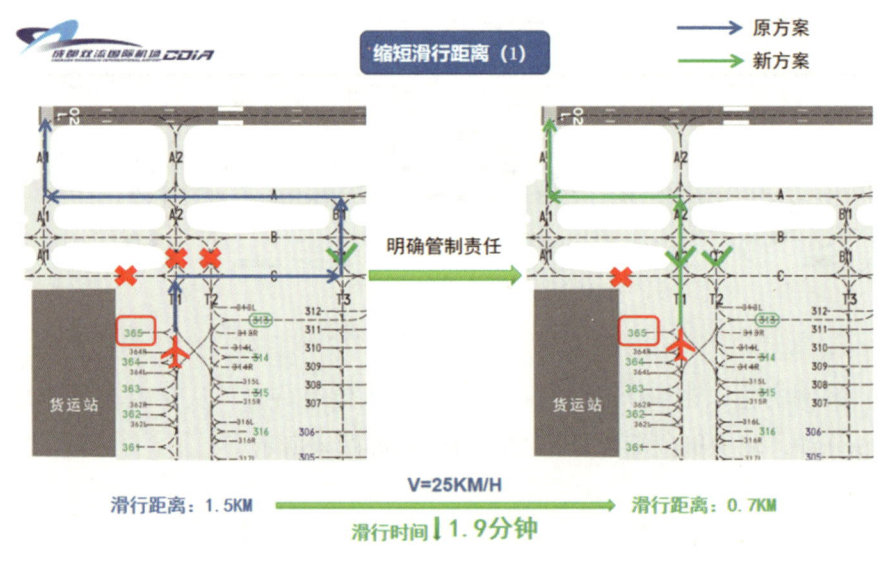

图5 责任划分优化案例

（2）通过完善滑行道的地面等待位置线与位置识别灯牌，增加使用东跑道起飞的航班的路线选择。以422机位航班出港为例，按照原有模式，航班需要滑行3.4公里，优化后，航班仅需滑行1.4公里就能到达东跑道外。可减少滑行时间约4.8分钟。如图6所示。

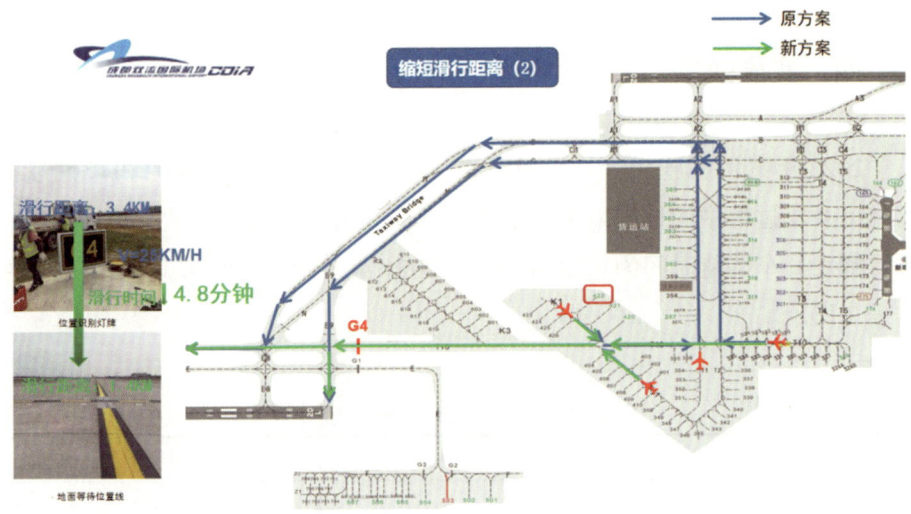

图 6　增加使用东跑道起飞的航班的路线选择案例

（3）增加双跑道起飞运行方式。使部分距离东跑道较近的航班使用东跑道向南起飞，其他航班使用西跑道向北起飞。以 5 号机坪出港航班为例，若使用西跑道起飞，需滑行 2.8 公里，使用东跑道向南起飞仅需要滑行 1 公里。可减少滑行时间约 4.3 分钟。如图 7 所示。

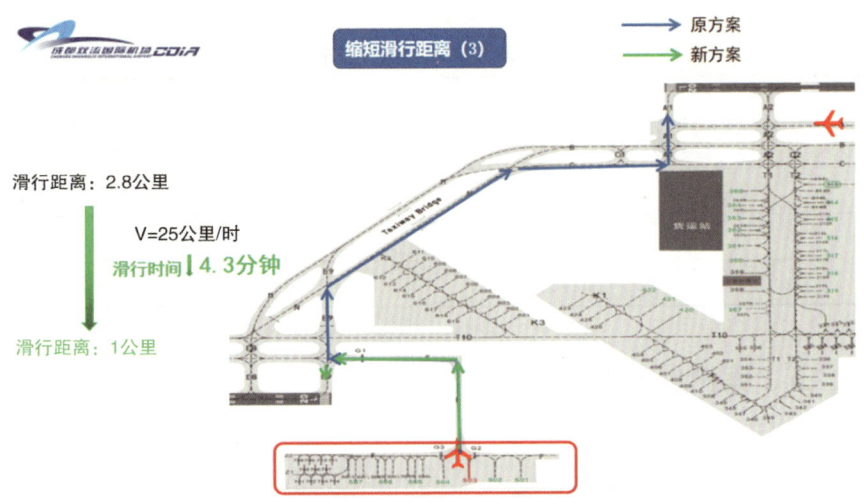

图 7　增加双跑道起飞运行方式案例

四、实施效果

2022 年案例实施后，机坪塔台再次对 2022 年 2 月至 11 月机坪内航空器推出开车过程中的挂好拖车、推出、开车、滑出等时刻等进行统计分析，算得推出开车等待时间为 6.52 分钟，较 2021 年案例实施前减少了 1.67 分钟。如表 1 所示。

表 1　航空器推出开车时间统计表

项目	滑行时间 / 分钟
2021 年案例实施前平均值	8.19
2022 年 2 月至 11 月案例实施后平均值	6.52
较平均值减少	−1.67
较平均值减少比率	20.4%

2022 年案例实施后，平均滑行时间为 12.11 分钟，较 2021 年案例实施前减少 2.56 分钟。如表 2 所示。

表 2　离港航空器地面滑行时间统计表

项目	滑行时间 / 分钟
2021 年案例实施前平均值	14.67
2022 年 2 月至 11 月案例实施后平均值	12.11
较平均值减少	−2.56
较平均值减少比率	17.5%

五、案例创新点、价值点

（一）独创性

双流机场机坪塔台是西南首家乃至全国少有的千万级流量机场整体移交的标杆工程，在整体移交的机坪塔台中率先打破原有的运行模式，提出提高地面运行效率的提升案例。

双流机场机坪构型复杂，机坪移交之前的运行模式更注重安全余度，而忽略了效率。移交后，双流机坪一直致力树立"安全第一，效率先行"的管制理念，在利用先进的全景视频增强监控系统及安防系统对机坪区域实行无盲区监控的同时，针对航空器地面运行过程进行优化，缩短了航空器地面运行过程中的等待时间。

（二）赢利性、高效性

自 2020 年 4 月《成都双流国际机场机坪推出开车效率提升方案》第一阶段成功推行，截止到 2022 年 11 月，机坪塔台已为约 50 000 架次离港航班提供了增效服务，接受增效服务的航班平均减少等待时间 1.67 分钟 / 架次，约 340 万名离港旅客获益。较同级别千万级机场，双流机场推出开车效率高于行业平均水平。

自 2022 年 1 月与双流机场塔台签订《关于成都双流国际机场地面运行效率提升相关事宜协调会的会议纪要》后，截至 2022 年 11 月，累计减少航空器地面滑行时间约 21 602 分钟，减少地面燃油消耗约 248 吨，累计减少碳排放约 864 吨，减少燃油费用约 198 万元（以本场最常见，同时也是单位时间内地面燃油消耗较少的 A320 为例）。如图 8 所示。

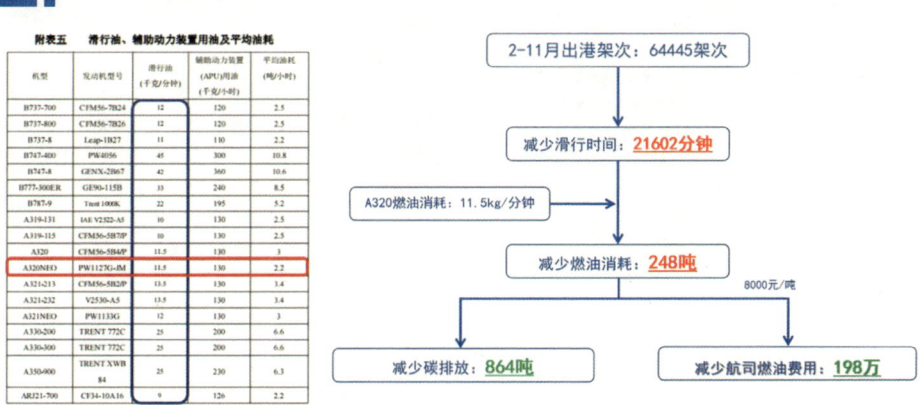

图 8　航空器油耗与碳排放和燃油费用换算图

（三）持续性

机坪塔台针对机坪推出开车效率提升案例，制定巩固方案：

（1）编写制定《成都双流国际机场机坪推出开车效率提升方案》；

（2）对全员开展《成都双流国际机场机坪推出开车效率提升方案》测试，确保全员均通过；

（3）规范《成都双流国际机场机坪推出开车效率提升方案》中可能涉及的陆空通话及相关注意事项；

（4）针对该方案整理《成都双流国际机场运控中心关于机坪推出开车效率提升方案的安全风险分析报告》；

（5）与双流塔台签订《关于成都双流国际机场地面运行效率提升相关事宜协调会的会议纪要》，如图9所示；

成都双流国际机场股份有限公司文件

蓉机场股份〔2020〕93号　　　签发人：陈大勇

成都双流国际机场股份有限公司
关于上报《成都双流国际机场机坪推出开车效率提升方案》的报告

民航四川监管局：

为充分利用双流机场机坪、滑行道资源，进一步提升机坪运行效率，提高双流机场地面服务质量，我公司结合本场机坪布局和滑行通道结构特点，研究制定了《成都双流国际机场机坪推出

附件

机场指挥中心关于机坪推出开车效率提升方案的安全风险分析报告

一、背景

为进一步提升双流机场机坪运行效率，提高双流机场地面服务质量，满足广大旅客出行需求，成都双流国际机场股份有限公司在充分研究了本场机坪布局和滑行通道结构特点的基础上，制定了相关方案。现成都双流国际机场股份有限公司生产指挥中心（以下简称机场指挥中心）就方案中的运行风险进行识别分析，并制定相应的管控措施。

二、风险识别

运行风险一（APN01）：同一U型槽内同时推开两架航空器，如果两架航空器同时运行，可能导致航空器刮蹭事件。

运行风险二（APN02）：同一U型槽内同时运行推出开车航空器和进位航空器时，管制席管制员容易发生"错、忘、漏"将进位航空器遗忘，导致U型槽内发生对头冲突。

运行风险三（APN03）：两架相邻端头停机位航空器对头推出开车时，如果其中一架没有推到指定位置，会造成航空器转弯半径较小，机组无法判断滑行距离或空管塔台无法在协议移交点

成都双流国际机场股份有限公司运控中心会议纪要

（2022-1）

关于成都双流国际机场地面运行效率提升
相关事宜协调会的会议纪要

为进一步提高双流机场航空器地面运行效率，提升广大
旅客出行体验，民航西南空管局管制中心双流塔台管制室
（以下简称"双流塔台"）与成都双流国际机场运行控制中
心机坪塔台管制室（以下简称"双流机坪"）于1月10日
召开协调会共同明确了2022年双流机场航空器地面运行效
率提升工作目标，即航空器地面滑行时间较2021年减少15%，
进港滑行时间9.21分钟，离港滑行时间12.4分钟。双方会
上就提升地面运行效率的措施进行充分讨论，与会人员达成
一致意见，纪要如下：

一、数据统计与分析

双流塔台与双流机坪成立专项数据分析小组，双流塔台

图 9　方案相关文件

　　（6）对全员进行《成都双流国际机场机坪推出开车效率提升方案》模
拟机培训，确保全员熟练掌握。如图 10 所示。

图 10　现场培训图

（四）满意度

本案例充分利用了双流机场机坪和滑行道资源，创新性地提升了地面运行效率，提高了双流机场地面服务质量与旅客乘机的舒适性和出行满意度，有效减少了碳排放。

同时，本案例在局方的指导下已经具有较强的实用性，自实施以来，双流机场机坪运行效率提升显著，获得中国民用航空四川安全监督管理局、成都地区运管委成员单位等业内专家同仁的高度认可。案例先后获得 2021 年双流机场运行服务品质专项提升活动优秀攻关课题一等奖、成都双流国际机场股份有限公司 2021 年度优秀 QC 成果二等奖、2021 年 CAPES 第五届服务之星提名奖等奖项。如图 11 所示。

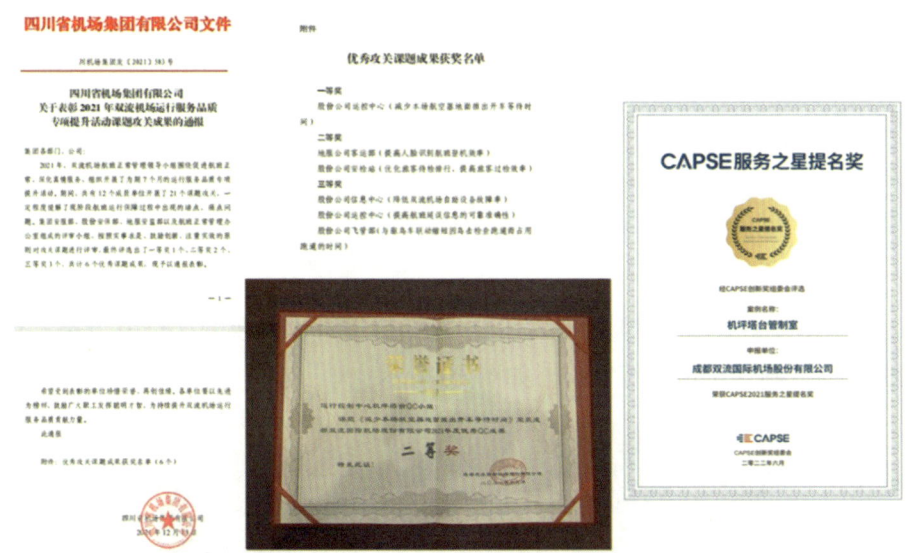

图 11　案例获奖情况

六、案例思考

（一）案例核心和关键

随着部分航班向天府机场转移，双流机场航班量逐渐脱离了高位，机坪塔台更加重视服务品质的提升，故而转变管制理念。不过分要求跑道外"不断流"的运行方式，应更多地注重精细化指挥，通过精准控制推开时机，提高航空器地面运行效率，降低航空器地面等待产生的能耗，为双流机场"巴适空港安逸畅行"服务品牌增色添彩。

（二）未来思路和发展前景

航班量的下降使方案有了更多裕度实施，但航空器地面滑行等待时间也受多种因素影响，例如不停航施工、外区流量控制、空域容量等，针对不同的影响因素，方案也需要做相应的调整与变化。未来，双流机场运控中心将根据航班量与其他因素的变化，研判方案实施的可能性并做及时调整，最大可能利用机坪管制的优势，继续深入践行真情服务理念，助力双流机场节能减排与服务质量再发展。

昆明长水国际机场航站区
"双循环"差异化监管案例

昆明长水国际机场有限责任公司

　　自 2012 年 6 月 28 日昆明长水国际机场（以下简称长水机场）T1 航站楼投入运行以来 10 年间，航站区管理部从保洁、绿化、问讯、行李手推车等服务保障项目的运营管理入手，探索、总结出末端、过程、源头 3 个层级，促进单项问题、各项目、各层级分别"小闭环小循环"与源头优化"大闭环大循环"有机融合，实施精准监管。

一、背景介绍

　　近年来，旅客对航空出行的需求与日俱增，且多样化、差异化的服务需求日趋明显。长水机场根据各楼宇运行保障与服务标准需求，综合 10 年运营管理经验，基于实际情况分门别类对航站区基础服务保障项目、商业、施工等实施"一项目一策"差异化监管，帮助航站区管理部全面进入多楼宇一体化管控阶段，以不断提升服务品质，提高旅客满意度与获得感。

二、面临的问题

不断增长的旅客吞吐量与有限运营资源之间的矛盾；服务主体较多，权责难以协调，服务管理未能完全实现体系化、一体化运行；大数据融合及应用存在信息壁垒；服务人员专业素养不达标；旅客出行个性化、精准化需求突出等问题。

导致服务质量问题产生的根源是差距，主要原因：旅客期望的服务与机场对期望感知之间的差距；机场制定的服务质量目标及将目标转换成切实可行的标准、规范与旅客期望的要求之间的差距；服务的执行产出与目标、标准、规范要求之间的差距；实际提供的服务与对外宣传之间的差距；旅客的服务期望和实际的服务感知之间的差距，而旅客对服务质量的满意度主要取决于预期服务与感知服务之间的差距。

三、解决方案

（一）末端控制

末端控制层面，采用现场督察分区域网格化巡查、运行指挥中心在线视频监控、各项目深度专业化和个性化检查相结合的方式，形成航站区立体化结构化运行监管体系，实现对航站区各楼宇全时段"横向到边纵向到底，精细到网格"的监管。

1.现场督察分区域网格化巡查

（1）前端。

按照航站楼物理空间布局，以旅客流程为主线，将航站楼划分为"8+4"区域（8个物理结构区域、4个特别指标区域），分别基于每个区域功能与旅客动线设置个性化盯控要点与巡查工作提示单，对防爆检查、问讯、保洁、绿植景观、手推车、饮用水、值机、商业、安检等旅客流程各环节以及设施设备明确安全与服务检查标准，根据区域运行各时段旅客流量动态匹配人力资源，按提示单内容开展巡视检查。

现场巡视检查发现问题，采用现场督促整改、报运行指挥中心协调整改后复查、下发整改单限时整改后复查等方式，实现对每个问题的"小闭环小循环"提升管理。

（2）后端。

现场巡查所得数据实时传输至后台，按照模块化进行类目甄别（外包业务类、安全隐患类、设施设备类、商业管理类、服务环节类等，共计38个子项），开展定期分析，总结高频次发生的问题和趋势变差的问题，反馈至责任单位进行整改；跟踪验证整改情况，以模块化共性问题的闭环管理推动各项目阶段性的循环提升。

2. 运行指挥中心在线视频监控

航站区运行控制室（TOC）通过监控系统实时盯控航站楼各重点区域，作为对现场巡视检查的补充力量。如发现旅客聚集、无人认领箱包、意外伤害及其他不正常事件，及时通知相关单位到现场处置；同时根据事件发展情况进行评估预判，跟踪处置。

3. 各项目深度专业化个性化检查

各项目个性化的深度检查，主要针对不同项目较为专业的、没有显性外在规范的部分。如专业消毒杀菌项目，因作业区域的特殊性，采用视频监控抽查的方式进行作业规范性检查，以结果为导向采用固定频次抽样检测的方式进行作业效果检查；如保洁单位日常消毒执行情况，除常规检查外，采用消毒试剂抽样检测方式进行消毒效果强化管理。

（二）过程管理

"一项目一策"开展过程管理，提升长水机场航站区运行监管靶向性与精准度。

1. 基础服务保障项目监管

各基础服务保障项目监管方面，对于保洁、绿植景观设计与管养、行李手推车、问讯（广播、遗失物品）服务、声讯电话问讯服务、旅客电瓶车等项目，均以合同管理为抓手，充分结合业务运行保障实际需求及业务自身特性"一项目一策"设定标准、建立监管体系，善用末端控制层级日常监管获取的结果，开展过程管理；监管过程中产生的结果运用于合同款项结算。

2. 商业管理

对驻楼商户采用"户籍化"模式分户建档、专户专人专管，充分体现了监管与服务相结合的思想，为商户营造了良好营商环境，实现双赢。

监管方面开展入驻到撤场全周期管理：对新商户入驻管理端口前移至开业前准备，列明工作清单、协助顺利开业；运营过程中对商户采取户籍化、网格化管理，打造安全放心的购物环境与良性的商业氛围；督促商户对存在问题限时整改并复查整改结果，形成闭环提升。

服务方面，设置了"一站式服务"柜台，开展日常施工审批等一站式服务，满足商户办理相关手续"最多跑一次""只进一扇门"的便捷服务需求，让商户轻松入驻、安心经营。

（三）源头优化

在日常网格化现场巡视检查、"一项目一策"管理过程中，分项目收集统计监管数据，结合运行情况进行分析。分析结果反向作用于合同条款、服务质量标准设置、监管考核办法优化完善，为下阶段项目招采、合同条款优化设置等提供基础数据支持，持续从源头优化各项目监管依据。

四、创新点

本案例的创新点是"末端控制、过程管理、源头优化"三管齐下，"横向到边纵向到底"建设长水机场航站区立体化结构化运行监管体系，有效提升现场监管效能；"一项目一策"开展过程管理，提升长水机场航站区运行监管靶向性与精准度；监管数据生命周期大循环分析，运用于各项目合同条款持续优化完善中，从源头优化项目监管有效依据。

五、案例思考

以保洁项目为例，长水机场航站楼地面保洁项目上一期合同将地面保洁和卫生间保洁分开作为两个标段来保障。监管过程中发现，因标的物不同、保障标准不同，在监管过程中无法对保障方保障质量进行有效对比，未形成保障单位比、赶、超的良性竞争势态。因此在执行目前的地面保洁项目招采时，将其调整为卫生间保洁和地面保洁打包、按照航站楼物理结构以区域划分标段，并结合精准监管、高效保障的要求，进行网格划分、实施划小单元保障，优化相应监管考核办法与费用测算，推进项目的实施和监管工作持续向良性发展。

六、结语

交通是城市发展的先行者，长水机场应充分发挥民航运输的优势，以旅客需求为出发点进行资源整合，建成运营管理精细可视、旅客服务个性精准、生产运行智能高效的航站区立体化结构化运行监管体系，有效提升现场监管效能，为旅客打造温馨港湾，真正建成"平安机场、绿色机场、智慧机场、人文机场"。

"触点式" 服务管理理念推广

——昆明长水国际机场安全护卫消防部（综合监察支队）服务优秀案例

昆明长水国际机场有限责任公司

一、案例简介

以习近平新时代中国特色社会主义思想为指导，结合四型机场建设，真抓实干、突出重点，持续打造以真情服务为内核的民航业服务标杆，充分发挥员工在服务提升工作中的创造力，深入推进昆明长水国际机场（以下简称长水机场）服务体系建设，落实部门各层级服务质量管理工作，不断优化现场服务对象服务流程，进一步强化一线保障人员主动服务意识，让服务对象在服务过程中的体验感得到进一步提升，推动机场服务工作高质量发展。

"触点式"服务管理是指长水机场安全护卫消防部（综合监察支队）在以安全运行为前提，坚持质量、效益、速度相统一的条件下，通过识别部门各业务流程与服务对象接触的服务"触点"，开展对服务触点相关内容，包括服务对象核心需求、服务要点、服务礼仪、服务行为、服务设施配置、标识标牌、物品摆放以及服务事件应急处置等的管理并真正落实到服务工作岗位上，优化服务工作岗位的服务对象体验感，最终实现把各个"触点"连成线、线连成网的服务系统。

二、项目背景

为有效提升现场服务质量，按照民航局坚持真情服务工作要求，结合集团公司、长水机场服务体系建设要求，安全护卫消防部（综合监察支队）在满足服务需求过程中，识别出服务对象与服务的提供者之间发生的所有沟通与互动点，包括人与人的互动、人与物的互动、人与环境的互动。通过对各服务"触点"管理内容的提前预判，优化服务环境设置、完善服务设备提供、精准细化服务提供标准、快速处理服务应急情况等，全面提升服务对象的服务体验。

开展"触点式"服务管理后，我们把传统式服务管理和"触点式"服务管理进行了对比，如图1所示。

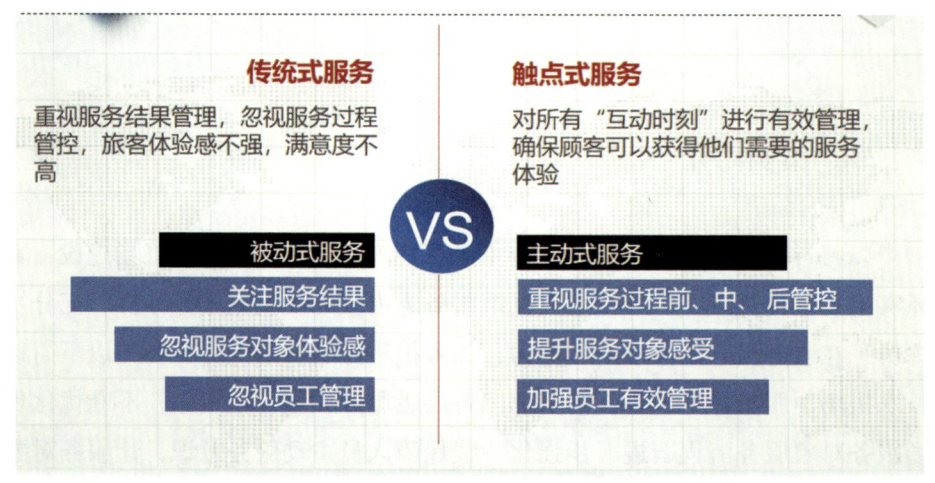

图 1　两种服务对比

同时，通过对服务投诉、服务异常事件、服务对象抱怨等数据进行统计分析，发现通过"触点式"服务管理以后，部门整体的服务质量呈上升趋势，服务不正常事件发生的概率与发生的点都有了质的改变。

三、案例详情

　　"触点式"服务管理主要是通过识别该岗位的服务"触点"和与此岗位关联的"触点"，对岗位的服务人员（仪容仪表、语言行为）、服务流程、服务环境、标识标牌、服务用品、应急事件处置等方面进行要求、规范和培训教育，通过服务对象体验感来验证我们的服务质量。

　　图2至图7为以航站楼入口防爆检查岗位为例开展"触点式"服务管理的过程。

图 2　识别服务对象

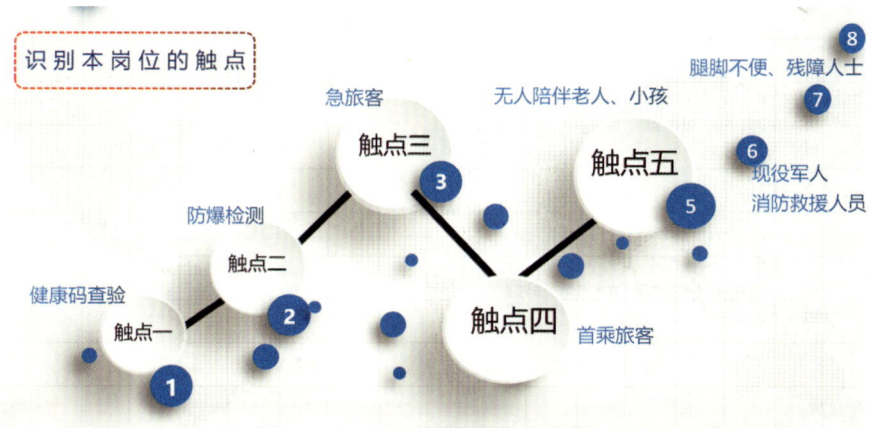

图 3　识别本岗位的触点

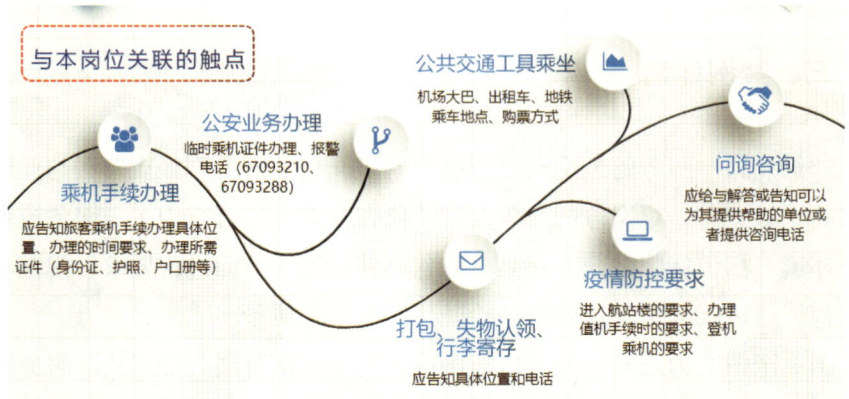

图 4　与本岗位关联的触点

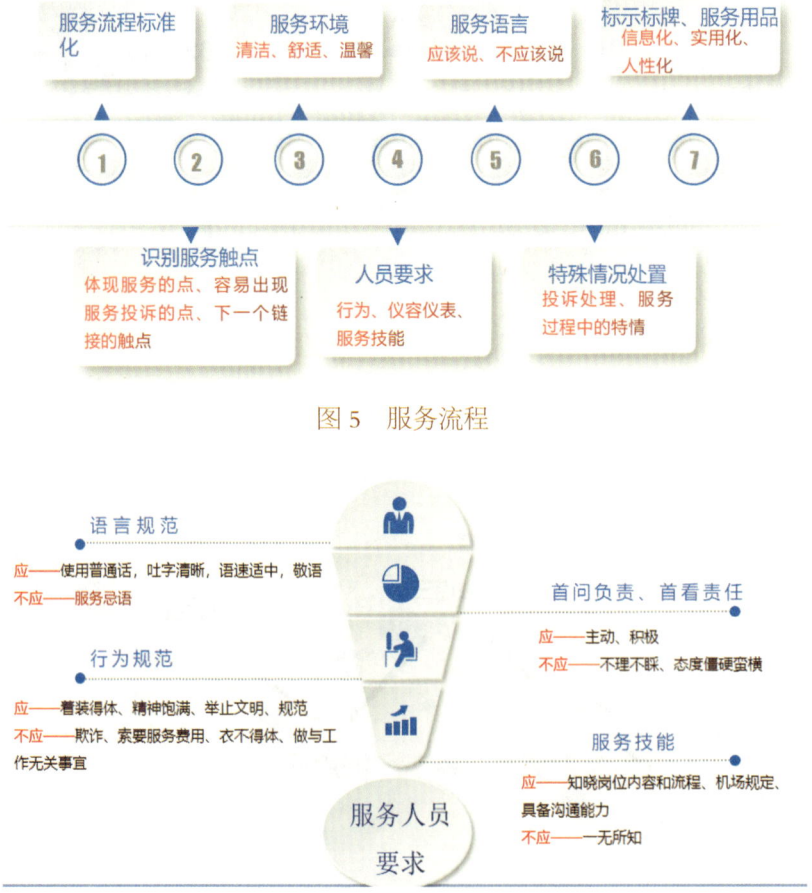

图 5　服务流程

图 6　服务人员要求

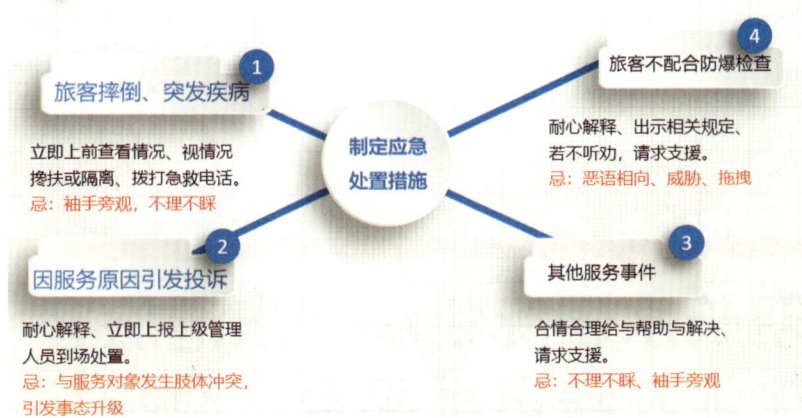

图 7　制定应急处置措施

四、案例成效

"触点式"服务管理开展以来，单从部门的服务投诉事件数据上进行分析，发现因为服务提供方自身的原因造成的服务投诉事件确实有所下降，服务效率明显得到有效提高，服务对象的体验感也得到提升。

图 8 是 2022 年上半年与 2021 年上半年的服务投诉数据比较。

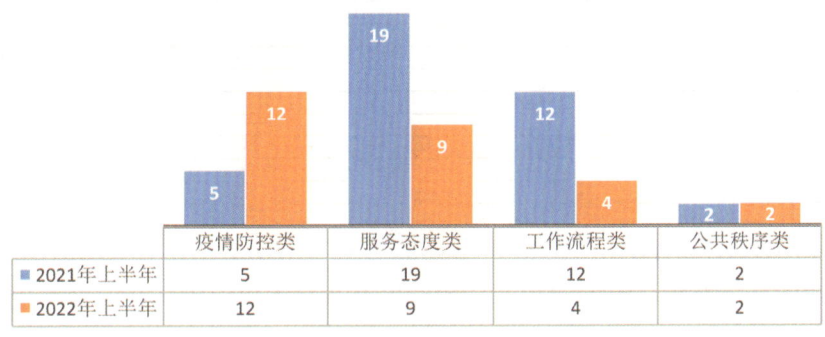

	疫情防控类	服务态度类	工作流程类	公共秩序类
■2021年上半年	5	19	12	2
■2022年上半年	12	9	4	2

■2021年上半年　■2022年上半年

图 8　投诉数据对比

2021 年部门首先在安全保卫大队制证室、飞行区道口检查大队、飞机监护二大队进行了"触点式"服务管理示范，均取得了不错的成绩，2022 年度部门全面推行了"触点式"服务理念管理工作。

昆明长水国际机场"出港旅客锂电池在线审批平台"科技创新服务示范案例

昆明长水国际机场有限责任公司

一、创新研发背景及现模式存在的问题

随着科技的进步和电子产品的广泛应用，锂电池作为便携式设备的首选配套电源，已成为广大旅客随身携带的必备物品。但锂电池由于材料、原理、构造等特性，如遇挤压、碰撞、高温等，极易发生热失控、自燃或爆炸，这严重威胁民航运输安全。

2011年，民航局、民航西南地区管理局先后下发《关于加强旅客行李中锂电池安全航空运输的通知》，要求民航各相关单位进一步做好旅客行李中锂电池的安全运输管理工作，并明确"超过160瓦时的锂电池严禁携带；超过100瓦时但不超过160瓦时的备用锂电池，经航空公司批准后只能携带两块且不能托运"等相关规定。但在实际工作中，往往都是旅客到达安检现场后发现问题才通知经营人或授权人到现场审批签字。保障环节中也存在以下困难：

（1）审批人员非专职人员，距安检现场较远，不能及时到场审批；

（2）审批人员上班时间与安检通道开放时间不同步，审批极不方便；

（3）经营人无驻场代办或者授权审批人员，无法到场审批；审批记录台账较烦琐，导致旅客长时间在安检现场等待（审批时间在 10~30 分钟不等，甚至更长）。

长期以来，旅客携带锂电池的审批、检查放行因等待时间长或者不能到场审批放行已成为旅客抱怨、投诉的焦点，严重影响了旅客的安检过检体验和机场的服务形象。

二、产品和服务介绍

（一）设计思路

（1）统一规范机场出港旅客携带锂电池批准流程，确保承运人能够及时掌握航班上旅客携带大容量锂电池的情况；

（2）确保现场各岗位工作人员的信息通畅，且能够快速、准确完成审批；

（3）解决原审批流程中，所使用的纸质单据无法确保单据内容与实际物品相一致的问题；

（4）解决旅客在值机、安检通道的重复往返及等待等问题。

（二）系统使用及账号管理

（1）承运人在昆明有地服保障单位（如东航、南航、昆航、祥鹏等）进行审批；

（2）执飞承运人管理部门远程或在昆明机场代办自行进行审批；

（3）委托昆明长水国际机场的地面服务公司进行审批。为确保所申请账号的安全管理，均由使用单位提交使用承诺书及申请表，交由平台开发管理部门进行备案，同时针对该承运人在昆运行体量情况给予 1~2 个账号和密码，账号密码由申请使用单位专人专管。

（三）系统使用流程及实践的便捷性

（1）在值机柜台进行提前申报或在安检通道时被检查发现问题，值机员可让旅客到安检通道由安检员在手机端填写安检通道号，对旅客机票、锂电池及参数等进行拍照，形成审批申请单发送至相关承运人、地服部门审批管理人员。

（2）负责实施审批的工作人员在接收到手机短信提示后，可通过手机端或电脑端查看需要审批锂电池的具体情况，并结合相关图片信息内容进行判别，立即给予同意或者驳回操作。在完成批准操作后，及时补录批准的详细内容信息。

（3）安检通道现场工作人员在手机平台上查阅承运人批准情况，明确放行的通知。在线审批详细流程如图1所示。

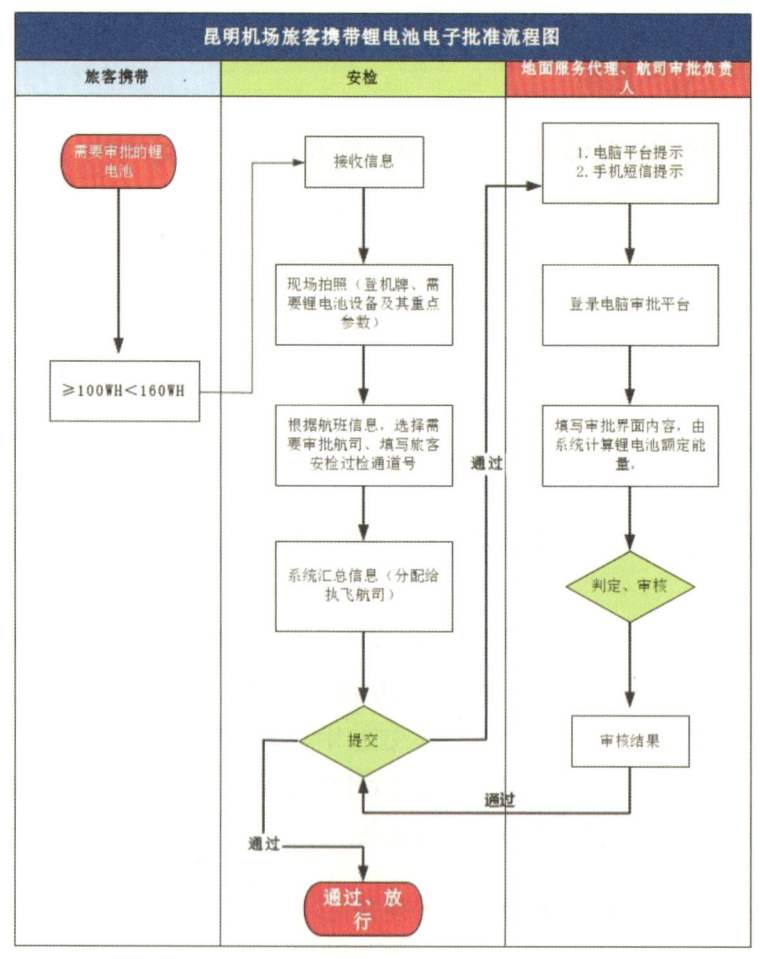

图1　昆明机场旅客携带锂电池电子批准流程图

服务方面，上述操作流程提升了机场、航空公司工作人员的审批效率，大幅缩短了旅客等待时间；安全方面，有电子台账可查询，便于追踪锂电池审批轨迹。出港旅客锂电池在线审批平台的使用切实为航司、安检、旅客解决了出行中的实际困难，在提升了旅客乘机满意度的同时，也为民航各关联企业提供了极大的便利。

三、阶段性成果

2022 年 10 月 8 日，中国民用航空局下发《关于转发昆明长水国际机场旅客携带锂电池在线审批创新案例的通知》（局发明电〔2022〕2349 号），对昆明机场出港旅客携带锂电池在线审批创新案例给予表扬及高度认可，指出锂电池在线审批平台的创新使用统筹了安全与服务，拓展了新技术应用场景，实现了"信息多跑路、群众少跑腿"，改善了旅客出行体验，体现了"以人民为中心"的真情服务理念，并在全行业范围内借鉴、推广。

四、产品市场竞争分析

出港旅客锂电池在线审批平台是由昆明长水国际机场安全检查站全过程自主研发的一项新技术、智慧化系统，昆明长水国际机场也是全国首家研发、使用此系统对出港旅客进行保障的民航单位。该系统通过安检人员对需承运人批准运输的锂电池现场拍照、上传系统，航司、地服人员远程审批、反馈结果，透明锂电池运输各环节的检查需求及流程，强化民航关联企业联动保障能力，达到节约旅客出行时间、优化旅客出行体验的目的。

截至 2022 年 12 月，共有国航、南航、东航云南等 30 家航司、地服公司申请使用出港旅客锂电池在线审批平台，共审批锂电池申请 15 567 余起，平均审批时间不到 3 分钟，完成审批最快用时仅 7 秒。未再出现旅客等待审批时间长和无法审批的服务投诉，也真正体现了民航安检严格执法、真情服务的理念。

重庆江北国际机场"图"EASY服务培训新模式案例

重庆机场集团有限公司

一、案例背景

2019 年，时任民航局局长冯正霖到重庆江北机场调研，对安全检查站木兰班组"驾照式安全管理"成效给予了充分肯定，并点赞了全员参与的班组建设机制。安全是根，服务是魂。近年来，木兰班组在民航局"真情服务"理念的指引下，持续探索和优化队伍管理模式，将"激发动力、提升能力、增强活力"的核心理念融入服务工作，创新推出"图"EASY服务培训新模式，将服务标准由文字变为动画，将服务培训由平面变为立体，将服务管理由被动变为主动，充分调动员工内驱力，为旅客提供更加安全、高效、愉悦的安全检查服务。

二、服务需求发现

安全检查是民航安全工作的重要环节，服务体验的好坏直接影响旅客的感受和安全工作的开展。据统计，接近 60% 的服务投诉是由岗位员工服务经验技巧不足、服务培训不到位导致的。传统的培训模式中员工参与感不强、积极性不高，"上手"慢，效果不理想，未真正"内化于心，外化于行"。为了寻求突破，木兰班组探索利用"思维导图"的方式将抽象的服务理论和标准规范进行"解码"，通过"绘图、识图、用图"的方式，对"理解接受""提炼知识点""灵活运用"的教学目的进行"译码"，切实触发员工"心流"，让服务培训变成"沉浸式"服务体验，增强培训质效。

三、服务方案设计与落地

（一）绘图："巧用工具 + 融入实际"，力求"图"文并茂

绘图是培训的首要环节，班组借助被誉为"大脑瑞士军刀"的"思维导图"工具，使思考过程可视化，记忆方式链接化，构建和扩展服务知识体系。

首先将班组成员分为8组，以"派单"的形式，对服务岗位职责、服务礼仪、行为规范、特殊服务流程、应急处置及环境要求等大纲内容进行"摊派"，以《安检服务质量手册》为"蓝本"，分组开展绘制。接到"任务"后，各组成员在指导下，进入对服务标准的理解执行和对服务风险点的梳理中去，确保对培训内容全面了解，剖析精准。经过"头脑风暴"、要点分析、经验总结，确定关键词，再建立思维框架模型，最后利用图像、颜色等，将相互隶属的关系表现出来，增强视觉刺激，强化多维记忆。培训考核也由传统的封闭式考试变成了成果演示，各小组不仅介绍了搭建思路、绘图过程、要点内容，还交流分享了服务心得、技巧"干货"。班组先后开展导图演示比赛5次，激发各小组间思维火花碰撞，集众智、汇众力，并不断修订完善，绘制"思维导图"8幅，形成了班组"图"EASY服务培训新模式，进一步拓展服务内涵，凝聚团队力量，展示班组风采。

（二）识图："善用方法 + 服务先行"，着力按"图"索骥

"图"EASY让服务TOO EASY！木兰班组主要服务对象为政要、VIP、贵宾等重要旅客，班组依托"图"EASY服务培训，以点带面，理顺拓展服务脉络，在服务大纲要求的基础服务上，结合班组实际，精准识别，提升定位，让安全检查服务从"索取式"向"获得式"转变，让"严脸铁面"

的安检形象更具温度、更有温情。

在服务礼仪培训方面，班组成员立足集团公司"以客为尊"的服务理念，提炼出了"5米见笑"的微笑服务和"3米有声"的"两声"服务，在360度"为您转身"的检查服务基础上，细化"数字化三度"岗位规范，将微笑弧度、手势规范度、身体倾斜度精确到具体数字。通过服务礼仪精细化管理，使服务显于细节、由细节提升服务，展现"安检式"关怀（如图1所示）。

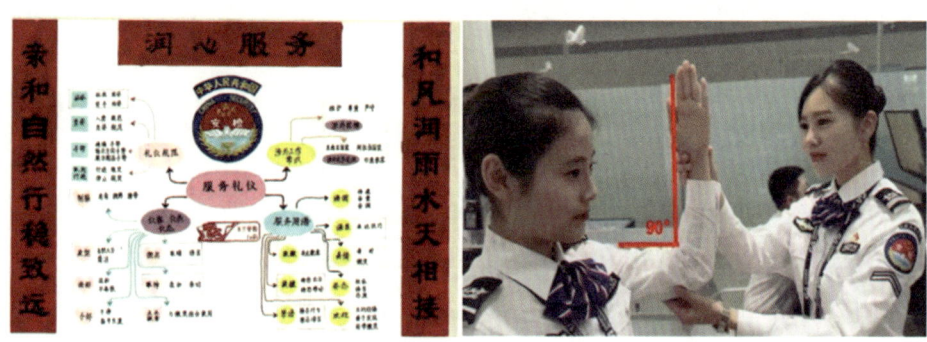

图1　思维导图成果（服务礼仪、数字化岗位规范）

在服务流程培训方面，班组在常态化培训基础上，增加了对服务"触点"的"变量"获取。从旅客需求和关切点入手，开展了"提升旅客满意度"课题研究，创新提出为重要旅客提供精准的称谓服务、专属手势、节日祝福，提供消毒物品，摆放"已消毒"立牌，增设贵重物品置物筐、绒布袋，对旅客细小物件"装袋"过机等服务，对安检服务流程进行分析和改进，半年内将安检服务满意度从88%提升至95%，并荣获重庆市质量管理小组与班组成果发布QC比赛二等奖。

（三）用图："活用理论＋多措并举"，致力以精"图"新

会识图，更要会用图。木兰班组从服务环境要求培训出发，以学促行，学用结合，不断创新服务举措，"盯细抓小"安检服务全触点，努力打造具有鲜明主题与人文气息的过检环境，让旅客体验可见、可感、可知的"润心"服务。

班组围绕设施设备规范、标志标识、环境卫生、物品摆放4个方面开展"体检"，针对现场物品多、摆放杂乱的问题，创建了"边缘平行线"场景规范，实现了所有台面物品、行李置物筐、手持金属探测器等设备"横成一条线，竖成90度"的摆放效果，用心在服务细节处下功夫（如图2所示）。

所有物品摆放
均与台面边缘呈平行线

图2　思维导图成果（服务环境、平行线规范）

重点聚焦特殊旅客出行。在"我为群众办实事"活动中，木兰班组不拘泥于特殊旅客服务"基本动作"，推出了《老年旅客服务十项措施》，在引导、检查、智能设备使用等方面开展全链条"适老化"服务。升级扮靓"特别检查室"，新增便于检查或化解"尴尬"的"助行器"、义肢检查袋、毛毯、梳妆台等物品，聚焦过检服务的堵点、难点，解决了旅客的燃眉之急，为旅客提供了安心之旅。

同时，木兰班组延伸服务链条，开设公益品牌"佩佩课堂"，先后走进学校、社区开展安检知识宣讲服务，让宣传引导服务更"近一步"的同时"进一步"。"佩佩课堂"培训案例也被纳入重庆机场集团法制案例库，培养了班组"金牌宣讲员"5人，累计受众1 000余人。

四、效果与收益

"图"EASY服务培训新模式切实增强了安检服务培训实效，达到了服务规范执行、业务技能提升、文化理念灌输的目的，并在全站28个班组推广和运用，开展了系列"润物细无声"主题服务培训，持续提升服务软实力。

安全检查站相继推出了面向首次乘机旅客的"润心导乘"服务、货运"预约式"安检服务、"优化营商环境"便捷过检服务等，取得了良好成效。2021年，安全检查站全年共帮扶旅客2 000余起，收到各类表扬信50余封、锦旗 20 余面，服务投诉同比下降 50%。用实际行动践行了重庆机场集团"安全如山、汇德聚仁""服务若水、尚诚崇和"的文化哲学，彰显了"山水之城、美丽之地"的窗口形象（如图 3 所示）。

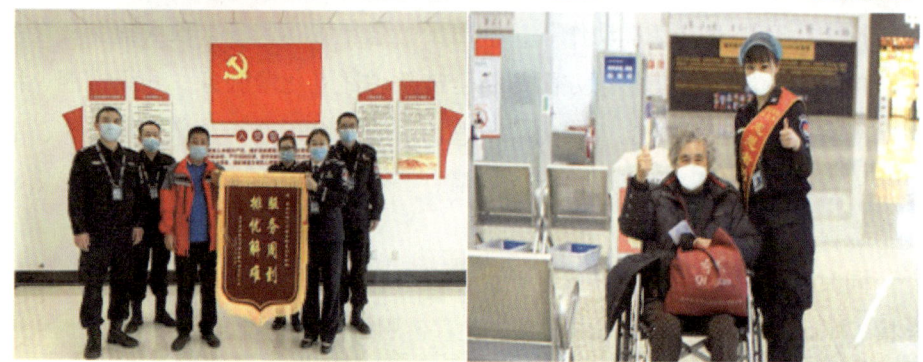

图 3　多项服务措施（润心导乘、预约式服务）

杭州萧山国际机场有限公司
"无忧夜行"服务案例

杭州萧山国际机场有限公司

2020年春运首日，杭州萧山国际机场（以下简称杭州机场）创新推出"无忧夜行"服务，通过为深夜到港旅客提供安全、便捷、舒适的商务拼车服务，改善杭州机场夜间运力不足症结，构筑旅客全天候出行体系，同时为国内外其他机场解决同类问题树立标杆、塑造典范。

一、创建过程

（一）深入开展市场排摸调研

为摸清底数，深入掌握到港旅客的夜间出行特征，杭州机场开展了为期一周的专项调研，调研时段为23:00至次日01:00，获取样本1 551份。

调研结果显示：杭州机场发往省内各地（县）级市、市区的巴士在23:00以后基本停运，服务至最晚到达航班的巴士专线仅能将旅客送至平海路、武林门，旅客下车后仍需借助出租车、网约车等交通方式进行换乘。在增加时间成本的同时，易导致旅客对杭州机场交通服务的满意度下降。

此外，超过95%的样本旅客希望杭州机场提供正规、安全、运价相对适中的出行服务，解决深夜到港旅客出行难题。

（二）充分利用夜间闲置资源

结合深入的市场调研以及旅客实际需求，杭州机场于 2020 年春运首日创新推出"无忧夜行"服务，并充分利用夜间闲置资源，为旅客提供便捷、高效的商务拼车服务：一是提升服务规范性，利用汽车客运站、交通服务中心等夜间闲置柜台，设置服务"窗口"（服务时间：23:00 至最晚到港航班结束后 45 分钟），开展旅客召集工作；二是提升服务便利性，在航站楼、汽车客运站等区域设置专属候车区、上客区，最大限度缩短旅客步行流线，方便旅客候车、乘车；三是提升服务覆盖面，在机场巴士线路受疫情影响、大面积停运情况下，"无忧夜行"服务将服务时间提前，与巴士出行形成互补，缓解旅客"出行难、乘车难"问题。

（三）最大限度保障服务品质

为兼顾旅客出行的灵活机动性和高效性，"无忧夜行"服务为杭州主城区旅客提供"门到门式"服务（即将旅客直接送至目的地），为城际旅客提供"站点式"服务（即将旅客送至固定站点）。

同时，"无忧夜行"服务的承运单位严格遵循"坐满即走、市区最长等待时间不超过 40 分钟、城际最长等待时间不超过 1 小时"的发车原则，降低旅客候车等待时间，并在疫情期间为无法顺利返回目的地的旅客提供免费返程服务。如图 1 所示。

图 1 "无忧夜行"服务

（四）动态调整车辆运营线路

"无忧夜行"服务推出以来，始终坚持"从数据中挖需求"，通过定期统计、分析旅客的出行需求数据，科学、合理地优化车辆运营线路。截至目前，"无忧夜行"服务的车辆运营线路不仅覆盖杭州市主城区，同时城际线路已从设立之初的 6 条扩容为当前的 28 条，基本覆盖浙北、浙西、浙东等片区主要城市。

二、服务实效

（1）"无忧夜行"服务推出后，第一时间获得了央视晚间新闻、省市主流媒体的宣传报道，深圳、宁波等兄弟机场也前来取经学习，进一步扩大了该服务的宣传力与影响力。

（2）目前，"无忧夜行"服务每年保障近 5 万名（疫情影响下数据）深夜到港旅客的出行，构筑了杭州机场全天候出行保障体系，提高了旅客对机场交通服务的满意度。同时，"无忧夜行"服务已逐渐形成口碑效应，并在实际运行中多次出现"回头客"现象。

（3）"无忧夜行"服务是杭州机场立足旅客需求，从需求侧想办法、从供给侧解决问题的真情举措，是推动"最多跑一次"改革在机场交通服务领域延伸扩面的生动实践，为国内外其他机场解决同类问题树立标杆、塑造典范，提供了新思路、新方法。

三、下阶段计划

随着三期工程投运、疫情防控政策放开，下阶段杭州机场将从以下三方面继续做好"无忧夜行"服务保障工作。

一是增设旅客服务点。利用航站楼到达层行李提取处、到达口等区域的闲置资源，增加"无忧夜行"旅客服务点，让旅客在等待行李间隙就能快速完成下单，进一步提升出行效率。

二是探索日间运营模式。在充分调研的基础上，将"无忧夜行"服务时间向日间延伸，并与机场现有交通出行方式形成互补，进一步满足旅客出行需要，确保旅客在机场范围内实现全天候"无忧出行"。

三是持续丰富服务内涵。一方面，积极推动让利惠民，推出机场员工优惠乘车福利、暑运／春运优惠活动、整车包车优惠活动等举措，提升旅客对"无忧夜行"服务的满意度；另一方面，组织承运单位党员、优秀驾驶员开展流动问询服务，并推出"党员先锋号""特殊旅客专线"等特色班线，提升"无忧夜行"服务的宣传影响力与社会口碑、效应。

郑州新郑国际机场打造国内机场中转服务的一流高端品牌服务案例

河南省机场集团有限公司

在"十四五"规划进入全面实施阶段，郑州新郑国际机场（以下简称郑州机场）厚积薄发，把握机遇，在确保疫情防控政策能够有效落实的同时，充分认识到打造国际大型航空枢纽的重要性、可行性、可能性，抓准定位，构建完善航线网络，以技术、知识创新为依托，推出多项服务举措，创新旅客中转便利化，践行真情服务，全面改善中转服务品质和旅客中转出行体验，以郑州机场"豫见·郑好"服务品牌为核心，推出"豫转·豫好"中转服务子品牌，不断提升旅客满意度、提升品牌影响力。

一、发挥枢纽优势，建立中转网络

郑州是中国中部地区重要的城市、国家重要的综合交通枢纽，且处于全国胡焕庸线的中心，具备快速转运的优势和条件。因此，郑州机场充分发挥地理优势，在民航局、省、市的大力支持下，协调推进"四路协同、五区联动"，开放新格局，构建完善航空网络，不断推进"干支通、全网联"航空运输服务。一是与40多个城市建立了4小时中转圈，并结合民航中转旅客服务平台与昆明、长沙、深圳、兰州四地共同组成"跨省中转通机场联盟"，拓展网络渠道，建立中转体系。二是健全中转信息化平台功能，通过联合OTA平台设计开发中转产品、创新中转营销、加密联盟机场间航线航班，与骨干城市高频穿梭，与支线航点广泛连接。三是与现下流行的网络直播带货形式相结合，推出经郑中转等产品，并加强与海航系"海天无限"产品的合作，打造中转网络。如图1所示。

图1　郑州机场中转服务

二、创新技术应用，打造智慧中转

郑州机场积极打造智慧中转，率先推出跨航司行李免提业务，并上线了中转在线预约系统，改变了人工筛选中转行李的传统模式，不仅实现了中转行李的准确、高效及动态追踪，还实现了旅客通过小程序在线预约免费休息、免费隔夜住宿等延伸服务，在方便旅客的同时，也为智慧机场的建设解锁新技能。目前郑州机场已实现除西部、九元、春秋外所有航司的行李免提业务，创新了跨航司行李免提服务模式，进一步推动了国内机场中转服务规范化、便民化、人性化、高效化、精细化的进程，探索出服务新方向，提高了"豫转·豫好"服务品牌的智能化。

三、优化保障模式，提升中转品质

郑州机场积极探索，不断优化保障模式、梳理保障流程，提升中转服务体验，旅客在郑中转可享受到"六免、四惠、四优、三便捷"的人性化优质服务。为确保转机时间较短的旅客能够顺利出行，满足旅客的多样化需求，郑州机场在全国首个推出"桥对桥"急转机保障模式，成立了中转急转机服务保障分队"疾风班组"，为急转机旅客提供专人引导、电瓶车摆渡服务，如图 2 所示，提高旅客转机成功率，提升旅客转机体验，将 MCT（最短衔接时间）时间缩短至 45 分钟，并于某次保障过程中成功创造出 8 分钟保障27 名旅客和 17 件托运行李顺利成行的服务案例，刷新了国内中转航班旅客的最短保障时间，大大提升了区域枢纽的控制力和影响力，树立了全国中转服务的标杆。同时，郑州机场还不断优化中转服务区环境，通过升级中转服务区，增设太空舱、淋浴间等项目，同时满足航班衔接时间 2 小时内转机旅客和航班衔接时间 4 小时以上转机旅客的不同服务需求，进一步提升了郑州机场中转核心竞争力，凸显郑州机场中转特色。如图 3 所示。

图 2　急转机引导

图 3　中转服务区

四、持续真情服务，树立行业标杆

郑州机场持续推动中转品牌的建设，特别是后疫情时代，中高风险地区转机旅客疫情防控工作已成常态化，郑州机场中转增加保障力量，做好中高风险地区转机旅客的服务保障，并根据旅客需求，及时开放专属中转服务区进行分流，降低交叉感染的可能性。对于不能前往酒店的需要隔夜住宿的转机旅客，在中转服务区为旅客提供睡眠舱，切实解决了旅客的后顾之忧，持续践行真情服务，急旅客之所急，满足不同旅客不同情形下的中转出行需求，让旅客亲身感受到"豫转·豫好"的服务品质。

在民航局的指导和支持下，未来郑州机场将联合更多千万级机场、航空公司，依托中航信智慧中转系统，继续深化经郑中转业务，研究开发休息区智能登机提醒系统，用科技化手段高效、便捷、无接触地为旅客提醒登机信息等，通过软硬件的升级和资源共享机制，以提升旅客满意度为出发点，不断丰富服务项目，优化服务流程，为中转旅客提供更贴心的服务，在服务品质上持续提升、服务品牌影响力上持续发力，打造一流的航空枢纽。

厦门机场"安检大管家系统"
打造服务系统化新格局实践案例

元翔（厦门）国际航空港股份有限公司

元翔厦门空港安检护卫部"安检大管家"系统化服务创新项目以多维度创新为战略驱动，以模式、流程创新为核心，以服务产品创新为支撑，提供旅客注重细节的"订制化"服务，打造出一条由前至后、系统化、专业化、差异化的服务流程。通过链式流程创新，取得了服务质量提升、服务内涵丰富、服务能力提高的显著成效，将服务工作开展当成一项系统工程，开创了服务系统化新格局。如图1所示。

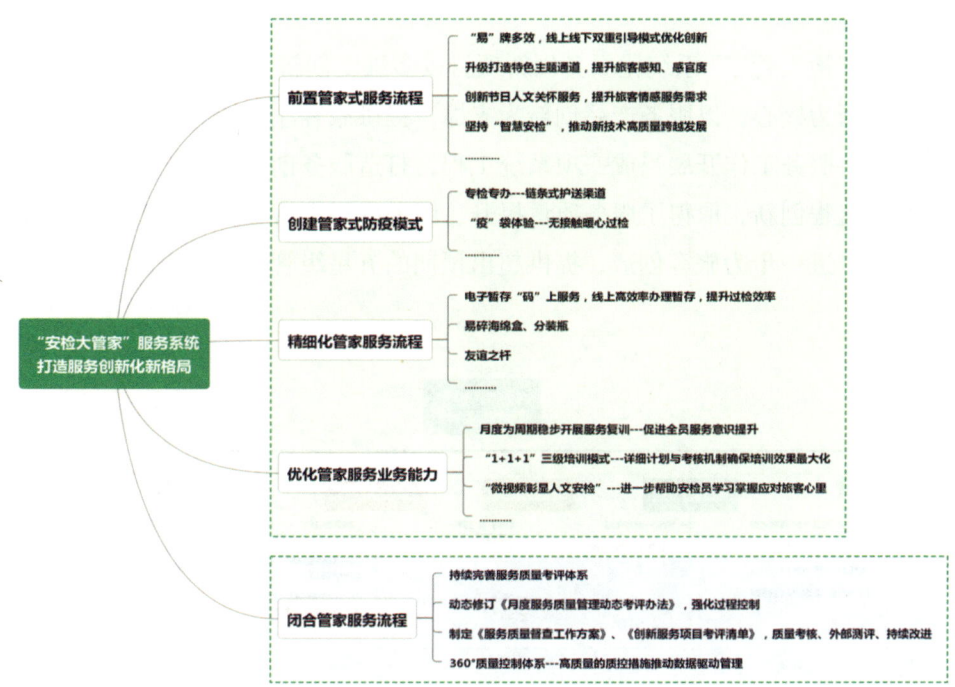

图 1 "安检大管家"服务系统

一、案例背景

据 2021 年上半年第三方调研数据显示，旅客认为国内机场最迫切提升的服务为"更快捷高效的乘机流程"。在体验经济的大背景下，民航大众化趋势愈益凸显，旅客需求不断变化，呈现出层次性、差异性和个性化特征。特别是后疫情时代，机场服务创新不仅是一个技术性命题，更成为一个系统性命题，服务创新体系建设和航空服务差异化迫在眉睫。

二、案例简介

元翔厦门空港安检护卫部本着"创造推广有温度的服务品牌，持续打造暖心的服务产品"的使命愿景，聚焦现阶段疫情防控常态化的现状，坚持以旅客需求为导向，打造一条由前至后、系统化、专业化、差异化的创新安检服务流程。

"安检大管家"系统化服务创新项目以多维度创新为战略驱动,以模式、流程创新为核心,以服务产品创新为支撑,提供旅客注重细节的"定制化"服务,将服务工作开展当成一项系统工程,打造服务创新系统化新格局。通过链式流程创新,取得了服务质量提升、服务内涵丰富、服务能力提高的显著成效,进一步为旅客创造、提供超出预期的五星级管家式过检体验。如图2所示。

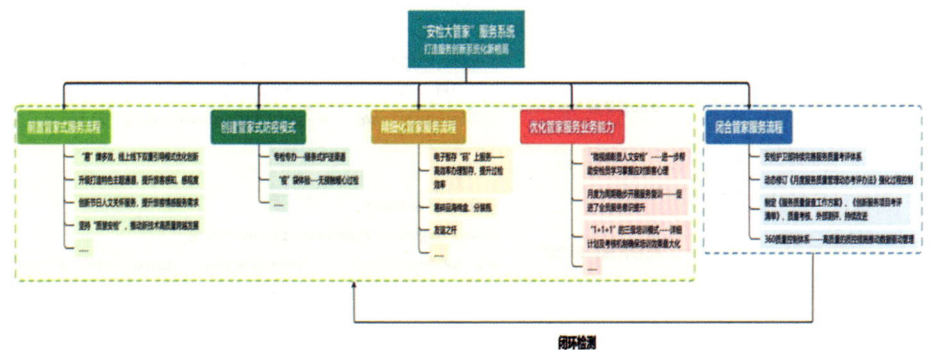

图2 "安检大管家"服务系统图示

三、案例详情

(一)前置管家式服务流程——变被动为主动

"安检大管家"系统为实现快捷高效的过检目标,主动前移服务端口,利用"易"牌多效、"智慧安检"、人文服务等有效手段,对可能存在的问题"早发现、早治疗"。

1. "易"牌多效,线上线下双重引导模式

为使让旅客被动接受服务,转换为引导旅客主动配合检查工作,提升过检效率,安护部坚持问题、需求导向,设计"安检工作流程指示牌",结合"我问问厦门安检"微信小程序,为旅客提供线下及线上安检知识查询及关联问题求助问答服务。

2. 升级打造特色主题通道

在 T3 "闽韵"、T4 "海洋风" 主题安检通道基础上，通过对厦门特区及集团发展精神的提炼，挖掘厦门独特的地域及民俗文化，为安检通道命名，如嘉庚通道、鼓浪屿、胡里山通道等，结合通道主题进行布置，通过深化升级，打造独具厦门特色的 "人文" 检查通道。

3. 坚持 "质慧安检"

聚焦前沿技术，通过新技术应用及软、硬件的升级改造，自助验证闸机、智能回框等智慧产品已投入 "易" 安检通道使用，继续优化打通旅客乘机出行的 "最后一公里"。

（二）创建管家式防疫模式——变旅客所想为我们所做

面对突如其来的新冠肺炎疫情，厦门机场安检积极应对，开设 "14+7" 专检通道、开创无接触过检体验……系列创新举措让旅客即使在疫情面前也能感受到厦门机场安检的温情。

1. 专检链条式护送渠道

"14+7" 专检通道规划设置充分考虑到转运旅客的便捷性与私密性，消除旅客内心被特殊化的心理感受。此外厦门机场安检还在 "异" 码速行、"口罩解风情" "晚到快送" 等多项 "疫" 行无忧服务产品的基础上持续进行优化创新，形成链条式护送渠道，保障旅客一站式乘机体验。

2. "疫" 袋无接过检

曾有旅客提出在开包检查过程中，提供的复检托盘会增加病毒交叉感染的可能性。对此，旅检现场提供一次性收纳袋，降低托盘交叉感染的可能性，满足了旅客较高的防疫需求，提供更暖心、贴心的过检体验。

（三）精益化管家服务流程——去粗取精

"安检大管家" 一改以往机械化、粗放式的服务方式，主动做精做细旅客过检服务，电子暂存、易碎品海绵盒等优化手段提高了旅客的过检体验。

1. 电子暂存 "码" 上服务

为解决旅客办理暂存手续时的难点，率先实现了暂存单据电子化，创新"电子暂存登记表",颠覆了以往纸质版暂存手续的形式。由原来办理需 5 分钟提升到现在的 1 分钟,无需排队、快办快走,大大地提升了过检效率。

2. 易碎品海绵托盘

安检现场每天都有大量携带相机、艺术品等易碎贵重物品的旅客,对此设计出海绵托盘,通过海绵的减震、防撞等功能最大限度地保护旅客私人财产。

(四)优化管家服务业务能力——自主培训

为了让"安检大管家"系统具备持续的生命力,厦门安检主动开展管家式服务培训,帮助安检人员掌握旅客心理,树立典型带动团队进步,"知己知彼",以培训促观念更新。

1. 月度开展服务复训

安护部组织员工进行《高端贵宾旅客安检服务》《安检工作中的服务心态与技巧》《打造高颜值高素质的安检服务形象》《如何提升员工的主动服务意识》《安检优质服务如何打造》等多项课程培训,通过学习使员工能够掌握不同的订制化服务方法。

2. "1+1+1"三级培训模式

从部门层面的综合培训,到分部级的业务培训,再到班组级的强化培训,都制定了详细计划及考核机制,确保培训效果最大化。

3. "微视频彰显人文安检"

安护部积极参与"民航安检案例智库"的梳理和拍摄,最终合作出品了《残疾旅客服务攻略》等 23 个典型案例微视频心理剧。微视频进一步帮助安检员学习掌握应对旅客心理,把"如何精益化提供情绪劳动,给旅客带来欣喜体验"作为服务提升的手段。

(五)闭合管家服务流程——以考促干

具备公开公平的考核方式是一个完备链式流程的题中之义,"安检大管家"系统具备公开透明的考评清单和先进科学的考评办法,不仅自我检测,更引进了外部测评和考评闭环,让考核落到实处、不流于形式。

1. 360°质量控制体系

以全时段、无死角、多层级、高质量的质控措施，用数据驱动管理，建立质控数据分析风险预警机制，确保工作质量保持较高水准。

2. 健全的服务质量考评体系

安护部持续完善服务质量考评体系，动态修订《服务质量管理动态考评办法》强化过程控制，实现全闭环管理。制定《服务质量督查工作方案》、通过《创新服务项目考评清单》、服务明星督查小组，从质量考核、外部测评、服务创新项目方面进行定期评价和分析服务过程成效。

四、案例分析

（1）优质的民航服务是保障安全检查的润滑剂，借助"安检大管家"系统化服务项目，厦门机场安检护卫部截至目前共计推出50余个特色服务品牌项目，以实际行动践行"真情服务"理念，立足客户需求，带给旅客超预期的惊喜和感动，打造最有温度的人文安检品牌。

（2）在第三方服务测评中，厦门机场连续8年获颁CAPSE年度内地"最佳机场"，同时获得"最佳机场安检""创新服务奖""服务之星"等多项荣誉。从2012年开始，厦门机场安检连续获得大陆机场季度测评第一的好成绩。2021年CAPSE中国内地机场安检综合得分在40家千万级以上机场排名第一，远超内地机场安检综合得分平均分。

（3）双管齐下促质量提升。厦门安检主动选择了"线上线下"相结合的创新方式，从服务二维码的设置到节日小礼品的赠送，一系列的创新举措无一不体现厦门安检的用心，在极大提高旅客过检效率的同时，最大限度地满足了旅客的情感服务需求。

（4）厦门机场安检在秉持"传、帮、带"团队传统的基础上，创新服务培训体系，依托精致服务产品创新大赛、星级服务明星评选活动等机制，以典型推动团队优化业务水平，推动安检人员的服务意识提升，确保情绪劳动和惊喜体验有机结合。

"安检大管家"系统化服务项目是厦门机场对差异化服务、真情服务的精彩诠释，它凝聚了厦门空港人尽心奉献社会、用心服务旅客的责任担当。

"山高自有客行路，水深自有渡船人。"服务永无止境，创新是不竭的动力。厦门机场安检将以持续传递正能量作为组织的基因，借助组织的聚合力量，致力于提升客户体验，引领中国安检服务。

厦门机场贵宾室"私人订制"服务案例

——私人订制多点发力·精准服务暖心升级

元翔（厦门）国际航空港股份有限公司

一、案例简介

开发背景：在疫情防控常态化的背景下，民航服务经营体量受到了一定的冲击，客流锐减、消费降级、收入下滑、困难重重。如何进行服务业态的拓宽、推进经营模式的转型升级，成为横亘在厦门高崎国际机场（以下简称厦门机场）贵宾部眼前的一大难题。

"十四五"的开局之年，贵宾部团队找到了答案，即在困局中谋新局，加快线上线下消费融合，发展新业态新模式新场景，促进订制、体验等新型消费。在开局之年发展理念的引领下，贵宾部破冰而行，打造"私人订制"新型服务文化产品。

二、服务需求发现

近年来，高端旅客出行需求逐渐多元，其在各类会议保障、礼仪、厅房打造等方面追求个性化、差异化的服务体验的需求愈发强烈。

三、服务方案设计与落地

目标群体：贵宾室旅客及有需求的贵宾客户。

方案设计及操作方式：厦门机场贵宾室将旅客类型划分为政要类、商务类、会议类、特殊类，根据划分的服务类型进行行为特征分析并给出服务需求汇总，针对服务需求聚焦服务重点任务，设计出三项"私人订制"贵宾服务产品。如图1所示。

图1　厦门机场贵宾室服务

（一）专属会议私人订制

厦门是著名的侨乡，婆娑的三角梅、斑斓的鼓浪屿，寄托着多少海外华侨年少时的情愫与思念。何女士是一位旅居海外多年的厦门华侨，2021年，恰逢厦门大学百年华诞，作为厦大校友的何女士受邀参加，一场私人订制之旅拉开了序幕。

在厦门机场候机楼内，何女士停下了脚步，被眼前的景观深深地吸引。已年过五旬的她，侨居时魂牵梦绕的就是儿时印象中的厦门旧时光。身处机场，还未踏入街边巷尾，她就看到了中山路曼妙的骑楼、热闹的商贾市集，见到了鼓浪屿剪影时光的照相馆，听到了清涛和鸣的钢琴声，寻回了充满桑梓情怀的万国家书、半生未改的闽语乡音，半城烟火、半城诗意。

何女士随车行至厦门机场贵宾室，灿烂的三角梅在前厅外盛放着，热烈地迎接着何女士。步入厦大校庆的校友专属定制厅房，经典的厦大文化元素熠熠生辉，浓郁的校园情怀扑面而来，仿佛坐在芙蓉湖畔，静赏一曲悠扬的钢琴曲；餐厅浓郁香醇的沙茶面，鲜甜地道的老厦门古早味冒着腾腾的热气，茗韵悠长的铁观音也已盛入杯中，茶色清亮，香气馥郁。在厦门机场贵宾厅的校庆文化厅房，一切都是何女士记忆深处最熟悉的味道，是流淌在心中的动人旋律。

作为直接面向高端旅客的服务窗口单位，厦门机场贵宾室代表着美丽厦门、花园城市的窗口形象，每年承接着多项国际、国内重大会议嘉宾航班保障任务。2021年，厦门机场贵宾室梳理会议保障的经验流程，升级推出了大型会议贵宾服务保障的订制化服务。厦大百年校庆会议保障期间，团队糅合了经典的厦大文化元素，设计了充满浓郁校园情怀的专属厅房；中国电影金鸡奖盛会期间，精心选用了一间厅房进行布置，为组委会专设了金鸡会议指挥部，为抵离机场的艺术家们设置了光影留念的环节，同时在贵宾室播放金鸡奖题名作品的各类背景音乐，营造浪漫的氛围，让大客户群体在差异化中感受到贵宾服务的多面性，在个性化中感受专属体验。2021年厦门机场贵宾室共保障九八会议、海峡论坛、金鸡百花会议、厦大百年校庆等大小会议达9类，为其提供了优质、贴心的订制式会议服务保障。

（二）韧性成长培训私人订制

厦门机场贵宾室拥有着一支专业化、高素质的服务团队，在探索服务品牌"走出去"的道路上，团队以服务品牌、服务文化、服务能力建设及差异化服务设计为内核模块，形成了系统化的礼仪服务品牌输出的产品模型，先后面向元翔（厦门）空港快线有限公司、厦门市快速公交运营有限公司、轨道交通集团、厦门市火车站等进行了贵宾服务的系统化培训输出，将礼仪服务的文化底蕴与团队能力建设等核心要素融入其中，跨行业的专业知识通过创新的互动培训模式获得了优良的授训效果，得到了学员的高度评价；在与厦门轨道交通集团有限公司的知识分享会上，双方就贵宾服务品牌进行了深入的交流，共创服务提升，实现"航空与轨道"间的跨界联动；针对厦门市火车站岗位特性提供的服务礼仪培训受到了参与人员的高度认可，进一步加深空陆交通体系的互动交流，共同助力行业服务提升；为厦门轮渡有限公司量身打造的礼仪服务培训课程，连接了空海两扇航运服务的大门。如图2所示。

图 2　礼仪服务品牌

（三）破圈升级厅房私人订制

后疫情时代，厦门机场打破常规，深耕贵宾厅房流量价值，盘活厅房空间资源，顺应当下的互联网效应，与企业进行跨界合作。盛夏六月，厦门机场贵宾室携手华为，在贵宾厅房内开展了线上线下共同畅享的会员先锋探索日活动，厦门建发集团酒业公司亦鼎力相助，在当日同步开展了品酒会，来往的嘉宾与旅客在感受最新数码科技的同时，品尝琳琅的美酒，而该场活动也通过视频的方式进行了传播。除了数码行业、酒业之外，厦门机场贵宾室多次跨界合作，与交通银行、携程、筹乡文化驿站等企业开展深度展示合作，完成了多场厅房活动的发布，充分利用贵宾室的自有高端流量平台优势，使用贵宾厅房进行高端礼品、手机数码、酒类、旅游产品、艺术培训等线下活动及线上直播，在共赢中实现厦门机场服务品牌的传播。如图 3 所示。

图 3　破圈升级厅房

四、服务效果

（一）经济效益

2021 年，新机场贵宾室会员发展突破 198 家，全员营销达 290 万元；订制的公务机 T4 贵宾室通道，年收入达 1 206 万元，效益显著提升。

（二）管理效益

2021 年，厦门机场贵宾室持续以知识管理平台为依托，在与各界进行成果交流的同时，完成了包含市公安局、佰翔酒店等数十家单位礼仪培训方案的订制化培训输出。

（三）社会效益

2021 年九八会议保障结束之际，厦门市对外服务中心送来了锦旗，称赞厦门机场贵宾室为"厦门之窗，礼宾楷模"；相关服务案例获得全国贵宾协会大会服务案例二等奖；参加厦门市质协质量品牌故事大赛获得三等奖。

"私人订制"服务，是厦门机场贵宾室在深耕民航及关联产业市场、打造差异化服务、促生新型关联业态的一项成果，更是对开放市场探索的一个良好开端。在国家加快推动构建国内大循环为主体、国内国际双循环相互促进新发展格局的引领下，厦门机场贵宾室将以带动关联行业的发展为己任，积极投身民航服务产业发展的开拓工作。

厦门机场"一站式流程"服务案例

元翔（厦门）国际航空港股份有限公司

一、案例简介

开发背景：2021年7月，冯正霖局长强调，要对直接接触国际旅客、货物的保障人员实施封闭管理，严格落实"四指定""四固定""两集中"要求。厦门高崎国际机场（以下简称厦门机场）响应该政策并做出相应措施，成立国际专班小组，安排指定特定人员、特定场所、特定车辆等保障特定航班，确保国际航班正常运行保障。

二、服务需求发现

在国际疫情形势的严峻驱动下，国际货运包机的需求量明显占比增长，厦门机场作为福建地区重要的货物运输口岸之一，各家外航均在厦门机场踩点开航。但面对"四指定""四固定""两集中"的政策要求，各航司无疑都有痛点：① 航线、时刻不固定，货包机保障流程不完善；② 无法实现人员固定、场所固定；③ 人力、物力成本增加，人员防疫业务知识薄弱；④ 相关防疫要求无法落到实处。如此一来，对于各航司来说，整个货运市场开辟受阻。这些痛点引发了地勤团队的思考，结合地勤国际专班小组的成立，地勤国际客服部提出承接各航司国际航班接机、机组服务、联检检查协助等方面业务，并推出了"一站式流程"服务项目。

三、服务方案设计与落地

目标群体：针对无法满足"四指定""四固定""两集中"政策要求的航司。

方案设计：地勤国际客服部通过自身的过硬技能、优良品质，树立良好的业内口碑，打造信得过的专业品质申报，亦希望在常态化疫情下，为航班复航、新航司开航提供服务支持，以至深至善的精神，对自己高标准、严要求，打造"最具客户维系力"部门，建立机场、航司、机组、联检是一家的合作氛围，主要体现在以下几点内容。

（1）"一站式专业咨询"。针对各外航货包机代办经验不足、疫情后流程繁杂等情况，精钻各项防疫流程，拓宽防控及其他边缘知识，为新开航或复航航司提供"一站式专业咨询"服务。

（2）"一站式专业代办"。实现从航前联检沟通、备案，到航班落地联检登临服务、机组服务、现场异常处理，航后数据统计汇总等全方位代办服务，拓宽公务机、客运、货运包机代理权限，与航司、机组、联检客户群建立长期顺畅的合作渠道。

（3）"一站式温馨体验"。针对疫情境外机组不入境、不下机、无接触下的机组服务感受弱化，通过申报员"多语言设计"——多国问候语言、"厦门机场特色有形问候"——地勤卡通人物防疫提示卡、手写祝福，推出"暖心战疫包"。

（4）"一站式服务交接"。优化进港接机及出港送单流程，创意性设置申报单据交接箱环节，达到与境外机组无接触交接；畅通信息渠道，与各航司建立微信信息对接平台，安排专员对接、发布航班保障信息，跟进航班保障进程。

（5）"一站式真情协助"。开展航司代办本场防疫课程培训，打造"疫情宣传大使"品牌形象。

服务成效：厦门机场作为"外防输入"重要口岸，精准把握客户需求，暖心推出各种特殊时期真情服务，用专业坚守服务底线，用严谨守住安全红线，用品质支撑品牌，并为打赢疫情防控歼灭战作出了积极贡献，成为机坪行走中的"最美逆行者"。

（1）经济效益：通过"一站式流程"服务举措，每月创造 15.4 万额外营收，实现航司地面全代办 5 家，为每家航司每月节约 3.9 万元人力成本，同时节约各家航司人员培训成本。

（2）管理效率："一站式流程"的有力推进，拓宽了公务机、客运、货运包机发展渠道，在为各家航司创收的同时实现了 2021 年"防疫零感染""服务零投诉""代办零差错"的目标。2021 年，厦门机场荣获CAPSE"2021 年度最佳机场奖（千万级）"、华信航空"年度最佳合作伙伴奖"。

（3）社会效益："暖心战疫包"微创新获得中国民航网、中国民航报、东南网等各家主流媒体跟踪报道，获得社会和行业广泛认可和较高美誉度。"无接触交接箱"及相应申报流程，深受航司代表、联检单位的广泛好评，先后获得了各航司授予的锦旗和表扬信，实现了流程促进服务联动，服务联动实现服务闭环，是厦门机场高效优质服务"最佳代理人"！

武汉天河机场"送遗失物品回家"服务提升案例

湖北机场集团有限公司

一、背景介绍

近年来，旅客遗失物品问题逐渐成为全国机场服务的典型痛点问题，受到了民航局重点关注。航站楼失物招领处大量遗失物品堆积，一是给旅客造成财产损失，部分电子产品、金银首饰等失物，价值不菲；二是降低了旅客出行体验，失物对于失主可能有着重要意义，在乘机中遗失，必然会降低其对民航服务的整体评价；三是增加现场管理投入，失物保管期要求至少一年，库房内大量存放遗失物品，给现场管理工作带来难度。

二、事件经过

2022年，按照"民航服务规划实施年"主题活动部署，围绕深入践行"真情服务"理念和推进"我为旅客办实事"常态化，武汉天河国际机场（以下简称天河机场）航站区管理部秉持"不以物小而不为"和"即小见大"服务价值理念，持续深化"楚天情"服务品牌建设，以减少旅客丢失物品为切入点，以提高遗失物品归还率为目标，通过建立三项联动机制（机场与航司、地面与机组、民航与公安）、打通三个查询平台（民航遗失物品统一查询平台、武汉天河机场旅服平台、武汉市公安局拾遗物品招领管理平台）、完善三类标准制度（公司层面、航管会层面、岗位操作层面），开展了"送遗失物品回家·物归原主"专项行动，推进机场服务领域高质量发展。

三、面临的问题

我们结合民航行业环境、公司组织机构设置、业务管理模式和现场运行实际，分析旅客遗失物品服务管理面临以下问题：① 服务现场提示力度不够；② 一线操作人员标准不统一；③ 个别工作人员责任心不强；④ 错过查找失主的黄金时间；⑤ 失物招领宣传力度不够；⑥ 信息发布渠道不够丰富；⑦ 联动机制未有效建立。通过本次"送遗失物品回家"服务提升专项行动，将相关问题予以解决。

四、解决方案

（一）建立遗失物品管理责任制，做到"三个明确"

一是修订《武汉天河机场旅客遗失物品管理规定》等2项服务管理标准，明确遗失物品服务的"首办责任制"，要求各服务保障单位积极履行"查找失主第一责任人"职责。二是建立考核机制，将遗失物品管理纳入机场公司年度重点任务清单，将目标任务细化分解，并通过每周生产运行讲评会进行督办，进一步提高各单位工作积极性。三是建立三项联动机制（即：机场与航司、地面与机组、民航与公安），通过建立微信群、对讲机等方式，打通机场与航司、地面与机组的联动渠道，并将遗失物品信息录入武汉市公安局拾遗物品统一查询平台，畅通民航与属地公安机关的联动渠道。

（二）全力压降旅客物品遗失率，做到"三个强化"

一是强化服务现场提示力度，针对客舱环节，协调航司机组加强机上广播提示，目前驻武汉的基地航司均已实现机上广播提示服务；针对航站楼内服务环节，要求现场服务人员在保障结束时，主动提示旅客，保管好随身物品。二是强化规范意识，针对安检区、座椅区等旅客遗忘物品的高发环节，进一步完善旅客服务流程，修订了值机、安检、登机口等 5 项岗位操作手册（SOP），统一规范现场服务话术。三是强化信息提示，在失物高发环节增设温馨提示标识牌，增设 50 余处提示标识，强化旅客对自身物品的保护意识。

（三）全面提升遗失物品归还率，做到"三个紧盯"

一是紧盯失物招领"黄金"时间，以捡拾旅客遗失物品的 1 小时为标准，充分利用离港系统、航班起飞两个节点，最大限度找寻失主；调整航站楼失物招领人员工作时间，建立全天候遗失物品收领机制。二是紧盯遗失物品返还流程。针对客舱失物，建立航司协查程序，通过座位信息及订票系统，主动查询失主信息；建立绿色通道，针对安检环节丢失物品的，安排安检服务大使将临近登机旅客失物送至登机口。三是紧盯遗失物品现场管理。创新引入旅客遗失物品"二维码"，旅客通过扫一扫，就能知道物品的遗失日期和外观特征等；加强湖北发布、平安武汉等社会媒体平台招领信息发布，进一步拓宽认领渠道；开通遗失物品"代寄"服务，提高旅客认领的便利性。

五、实践效果

经统计，截至 2022 年 10 月，天河机场旅客物品遗失率平均万分之 6.78，最低万分之 4.72，压降率 35.14%；遗失物品返还率平均 40.11%，最高 45.74%，提升率 122.77%，失物库房存量大幅下降，有效解决了长期困扰武汉机场一线管理的实际问题。

六、创新点 / 价值点

旅客关于民航服务的体验已不仅局限于对传统乘机流程的感观，更多的是对民航单位的服务理念和价值观的认同感，遗失物品管理虽然是旅客服务链条上的单一环节，却最能体现民航"真情服务"的价值理念。

（1）提升了旅客出行体验。专项行动开展以来，天河机场旅客遗失物品返还率持续提高，贵重物品返还工作持续重点推进，广大旅客体验明显提升，截至10月底，武汉机场失物招领服务获得表扬信350封，网络好评170余次，并获40面锦旗。

（2）树立了良好的社会形象。天河机场"送遗失物品回家"专项行动受到了媒体的广泛关注，湖北日报和长江日报将武汉机场"送遗失物品回家"专项行动列为城市精细化管理典范进行了重点宣传，为天河机场乃至民航树立了良好社会形象。

（3）提升了现场标准化管理水平。对失物管理关键岗位和流程进行了梳理，确保风险隐患可控；进一步优化失物代寄、逾期处置等工作流程，各项工作台账记录规范严谨、记录清晰；制定了遗失物品暂存管理规定、逾期失物处置办法等制度，进一步细化现场操作标准，促进遗失物品管理更加规范严谨。

（4）专项行动经验值得推广。一是将遗失物品管理纳入属地公安机关统一管理，可有效发挥公安系统查询效能，同时超过一个月无人认领后由公安进行统一保管和处置，可大幅降低现场管理投入；二是建立了航司、机场、公安的联动机制，极大提高了工作效率，提升了失物返还率，以上两项经验值得民航机场借鉴推广。

七、案例思考

结合天河机场组织开展的"送遗失物品回家"专项行动实际情况，我们认为依托民航旅客遗失物品全国统一平台，加大"人脸识别"、人工智能等新技术在失物管理工作上的应用，通过"大数据＋云计算"驱动的新技术运用解决方案可为民航运输单位解决运营痛点，将遗忘在机场或航班上的遗失物品快速归还旅客，是未来民航旅客遗失物品管理的发展趋势。

消防演练用飞机火灾点火系统研发

湖北机场集团机场管理公司

    飞机是现代化的空中交通运输工具，具有快捷、安全、高效等特点，它虽然是最安全的交通工具，但国内外飞机火灾事故时有发生，而且一旦发生火灾，往往会造成重大人员伤亡和财产损失，因此，掌握飞机火灾的特点，研究和探索扑救飞机火灾的措施，是所有民航机场消防部门的一项重要课题。武汉天河国际机场是华中地区首家 4F 级民用国际机场和中部国际航空门户枢纽，武汉天河国际机场消防救护支队作为一支专职消防救援队伍，以保护国家财产和人民生命安全为己任，致力于打造一支能打胜仗的消防铁军。在消防建设方面，消防救护支队大胆创新，建造了国内机场首个以波音 737-800 型航空器为原型的第一代仿真应急救援实训航空器。如图 1 所示。

图 1 实训航空器

在实训过程中，为了模拟飞机起火、冒烟等效果，会将装有燃油和助燃物的火盆摆放在飞机各个部位，然后逐一点火。可在实训操作过程中，我们发现给火盆添加燃油和助燃物时往往会花费大量人力、物力和时间，甚至有时还会危及点火人员的人身安全。如图 2 所示。

图 2 模拟起火

为了解决模拟飞机火灾时准备工作耗时长、效率低、人员安全等问题，消防救护支队抽调骨干成立技术创新小组，将工作目标设定为研制出一套真火模拟装置。小组成员大都是技术专家或技术能手，有着很强的工作能力，大家根据自身专业特长进行分工，通过不断的沟通、探索和试验，解决了一个接一个的技术难题。在研发过程中，我们在遇到知识盲区时会通过查阅大量资料和文献来进行补充和学习，有时还会因为一个方案而发生分歧，争得面红耳赤。如图 3 所示。

图 3　技术创新小组开会

在研发的 300 多个日夜和 300 余次点火试验里，我们不断完善方案和调整参数，使用利旧和翻新方法节约经费。正是因为有着对民航事业的热爱和执着，我们才克服和战胜各种困难，在仅花费 3 万多元研发经费的情况下成功研制出"消防演练用飞机火灾点火系统"，与专业机构的研发报价相比，节约经费近百万余元。该系统能够全天候在飞机模型实训上运用，模拟出飞机发动机起火、冒烟、喷火等 19 种火灾应用场景，也实现了从人工点火到自动启动的飞跃。此项创新技术走在民航消防救援工作的前列，该项成果获得湖北省第 31 届质量成果三等奖和湖北省优秀质量管理小组荣誉，在全国民航机场尚属首例。如图 4 所示。

图 4　领导现场调研

　　全国民用机场建造飞机模型、研发火控系统用于应急救援真火实训都是武汉天河国际机场消防救护支队的首创。正是通过这次自主创新研发，我们的应急救援真火实训更加逼真、训练效果更加贴近实战。在紧张而逼真的环境下训练，战士们的业务水平突飞猛进，大幅提升了航空器救援队伍的凝聚力和战斗力。如图 5 所示。

图 5　训练场景

　　栽下梧桐树，引得凤凰来，这样一套仿真航空器和点火系统的创新实训效果，吸引了中国民航科学技术研究院前来合作。在双方共同努力下，2017年底全国首套航空器真火训练项目在武汉天河国际机场研发成功并建成投用，这是真正具有国际先进水平的航空器真火实训系统。该系统填补了我国在全尺寸航空器真火实训系统上的空白，有效助推了我国航空器灭火救援能力的快速提升。2018 年 4 月，中国民航科学技术研究院和湖北机场集团公司机场管理公司消防救护支队成功举办了首期真火实训系统培训及汇报演练，"飞机模型＋火控系统"成功模拟了飞机火灾仿真环境，逼真的效果、紧张的氛围让参演队员如临实战，民航局公安局、民航各地区管理局、民航相关院所及全国 35 座机场主要领导观摩了此次演练，并给予充分肯定和高度评价，中央电视台、湖北电视台、武汉电视台等 20 多家媒体全程报道了整个演练过程，引起较大社会反响，获得业内一致关注和好评，完成了从"纸上谈兵"到"沙场亮剑"的蜕变。自 2018 年真火实训基地开设真火实训培训班以来，已成功举办培训班 41 期，累计培训学员 1 600 余人次，其中针对军队系统举办培训班 16 次，学员 360 余人次，为全国军民用机场培养储备了大量具有实战能力的消防专业技术人才。消防救护支队闪电班组不断创新发展，不断超越突破，在工作上取得了突出的成绩，先后获得"全国工人先锋号"、中国民航局"青年安全生产示范岗"、"全国民航示范班组"、湖北省"工人先锋号"及湖北省青年安全生产示范岗等荣誉称号。武汉天河国际机场建成的航空器真火实训系统是目前全国首家也是唯一一家可以开展消防救援实战培训的模拟系统，在未来的发展中，我们将以习近平新时代中国特色社会主义思想为指导，围绕民航局"三基"建设总要求，继续秉持持续创新理念，把打造中国一流民用航空应急救援工作研究、试验和培训基地作为发展总目标，为湖北机场集团四型机场建设和中国民航安全发展作出贡献。如图 6 所示。

图 6　航空器真火实训系统

武汉天河国际机场"经汉飞·乐易转"品牌打造生态中转服务链条

湖北空港航空地面服务有限公司

武汉天河国际机场（以下简称天河机场）通过"通程平台""中转平台"等智慧化平台的应用，并通过打造"经汉飞·乐易转"中转服务服务品牌，为中转旅客提供了多样化、个性化的全方位需求，全面实现了"一次支付、一次值机、一次安检、行李直挂、全程无忧"的智慧化中转服务。

一、案例背景

行业内普遍的中转再值机、再安检、再托运流程，严重影响了中转效率和便利性，影响了旅客出行体验，便利化、数字化中转已成为中转旅客出行的首位需求。

经过湖北机场集团的不懈努力，2021年武汉机场成为"通程平台""中转平台"双智能平台首批试点单位。

二、服务落地与实施

（一）服务流程设计

（1）打造优质"灌溉"系统，成立以湖北机场集团董事长为顾问的专项领导小组，领导小组负责制定工作方案，确保中转服务达到行业标准；

（2）完善天河机场中转旅客全流程，服务流程从"被动式"向"主动式"中转服务转型，将 MCT 从 120 分钟缩短至 60 分钟；

（3）完善中转旅客动态流线标识标牌。

2021 年天河机场在旅客通道上加强中转标识的密度，目前 T3 内中转标识在 200 个以上。

（二）服务资源保证

（1）成立"中转运行指挥岗"信息团队，确保双智慧平台信息及时有效传递至每个保障单元（如图 1 所示）；

图 1　中转信息岗

（2）开通天河机场中转服务专线 027-96577 转"3"（24 小时服务），为中转旅客提供一站式信息咨询平台；

（3）为确保急转服务效率，新增急转旅客转运车辆1台及急转行李转运车辆1台（如图2所示）；

图2　急转保障车辆

（4）新建中转旅客集中休息区域及4处中转旅客临时休息区，满足不同中转时间旅客安全休息和舒适感的需求。

（三）服务检测改进

1. 定期开展市场分析调研

2021年天河机场联合恩施开展为期15天的"精品航线服务品质调研"。调研前后以数据为基点进行效果提升。

2. 定期通过旅客问卷开展调查分析

每年2月份至10月份通过"问卷星"开展调查问卷分析，并制定周分析、月度分析机制，并确保顾客意见改进100%、顾客意见满意度100%。

三、案例实施效果

1. 旅客出行便利化大幅提高

中转旅客初次申领一个服务产品时间由之前的4分钟缩短至1分钟，完成产品二维码并核销，仅需2~5秒。

2. 工作人员操作便利化大幅提高

工作人员操作便利化提高，始发站值机员可自动获取中转旅客信息，直接将旅客将行李转运到下一航段航班，简化了工作流程。

3. 创新打造 11 款中转服务产品

围绕旅客个性化需求，创新打造"五免六优享"共 11 款中转服务产品，满足中转旅客多样化、个性化的全方位需求。

4. 打造"经汉飞·乐易转"中转服务品牌

开展系列品牌宣传活动，包含直播、订制口罩、设计中转旅客专属登机牌、为中转车辆粘贴特制 LOGO 等，形成"每一位员工均是中转代言人"的流动广告宣传体。如图 3 所示。

图 3　直播现场

5. 将天河机场打造成为中部地区重要的门户枢纽及区域性综合交通枢纽

以"一带一路"及"长江经济带"等国家重大发展战略为依托，全面实现空空、空地等多种交通方式的顺畅高效衔接，将天河机场打造成为中部地区重要的门户枢纽及区域性综合交通枢纽。

四、创新价值及特点

（1）一体化中转服务。

天河机场中转将国航、东航、南航等基地航司中转业务整合一体化保障，由天河机场地服公司全面代理保障经武汉中转旅客服务。

（2）"同航司"中转的基础上全面扩展到所有国内航线"跨航司"中转。

在基地公司（国航、东航、南航）"同航司"中转的基础上全面扩展到所有国内航线"跨航司"中转，2021 年，天河机场国内中转客流量达到 152.39 万人次，较 2020 年上升 177.61%。

（3）中转旅客可通过天河机场中转服务专线电话"96577 转 3"预约或即到即办"一次安检、行李直挂"服务。

（4）不限航司、不限舱位、不限平台，但凡经武汉中转未顺利乘行后续航班的旅客，即可享受"乐易转"免费退改签增值服务产品。

（5）打造精品航线，为精品中转航线旅客提供旅客服务优先、行李服务优享、中转时效优化、增值服务优免、中转票价优惠的"五个优"服务。

五、目标实现与展望

随着更多机场启用"通程平台"及"中转平台"双智能平台，未来发展可进一步减少人工中转柜台的使用，减少机场数字化成本的投入，实现多式中转服务预约。

武汉天河机场国际出发旅客
"出境无忧"创新服务提升案例

湖北空港航空地面服务有限公司

湖北空港航空地面服务有限公司国际客运室结合科室实际,精心"打磨"工作方法,改进了服务方式,策划、设计、创新服务流程,推出国际出发旅客"出境无忧"创新服务提升项目。

一、背景与起因

疫情以来,受目的地国家不断变更的出行政策影响,许多国际航班旅客因证件材料不全、提供不及时或不符合疫情防控政策要求而无法顺利成行;且旅客在办理乘机手续时需查验及填写留档的材料文件大幅增多,容易产生焦虑、无助、急躁等负面情绪,影响旅客出行体验。

根据不同目的地防疫政策及入境政策要求,国际出发旅客在办理值机手续的时候需要核验各类证明材料及入境文件,疫情之前每位旅客办理值机手续只需要 1~3 分钟,疫情期间由于核对证明材料等内容,每位旅客值机办理时间延长至 10~20 分钟,旅客等候值机办理手续排队时间过长导致出行体验不佳。

国际航班出发旅客中的相当一部分外籍旅客,以及智能手机操作不熟、微信小程序使用困难、对填写内容难以理解等的老年旅客,他们都难以自主完成海关出发健康申报,导致无法正常通关的问题。

现有超规行李转运流程因涉及需先行至海关 X 光机处进行海关查验,再转运至国际出发行李超规处,对于旅客来说转运路线复杂难懂;超规行李普遍为超大超重行李,女性旅客及老年旅客难以完成行李在海关及超规安检处 X 光机处的搬运工作;超规行李旅客会同正常出发通关旅客进行混流导致海关统计通关人数不准确。

二、做法与经过

围绕以上国际出发旅客服务痛点,湖北空港航空地面服务有限公司国际客运室以优化国际旅客服务流程、创新服务举措为抓手,精心"打磨"工作方法,结合科室实际,聚焦运行保障中的困难,积极开展创新工作,弘扬创新精神,推出国际出发旅客"出境无忧"创新服务提升项目。围绕国际出境旅客服务流程中的操作程序、方式方法和规则体系进行了系统性的梳理总结,结合现场的实际保障情况,最终确定了国际出发旅客"出境无忧"创新服务提升项目内容。

(一)"出境无忧"之"证无忧"

为提高国际航班出发旅客成行率,安排专人根据航班出发旅客人数及航司现场要求以指定区域或流动的形式,对代理航司排队旅客的出境证件材料进行预先检查。同时,为提高柜台值机效率,考虑到在疫情常态化影响下国际航班旅客对于出行手续的疑虑,对旅客所持证件及附属材料进行逐项核查,以确定旅客相关证件符合成行要求。同时将证件预审相关内容添加完善至航司保障注意事项中,并进行动态维护更新。如图 1 所示。

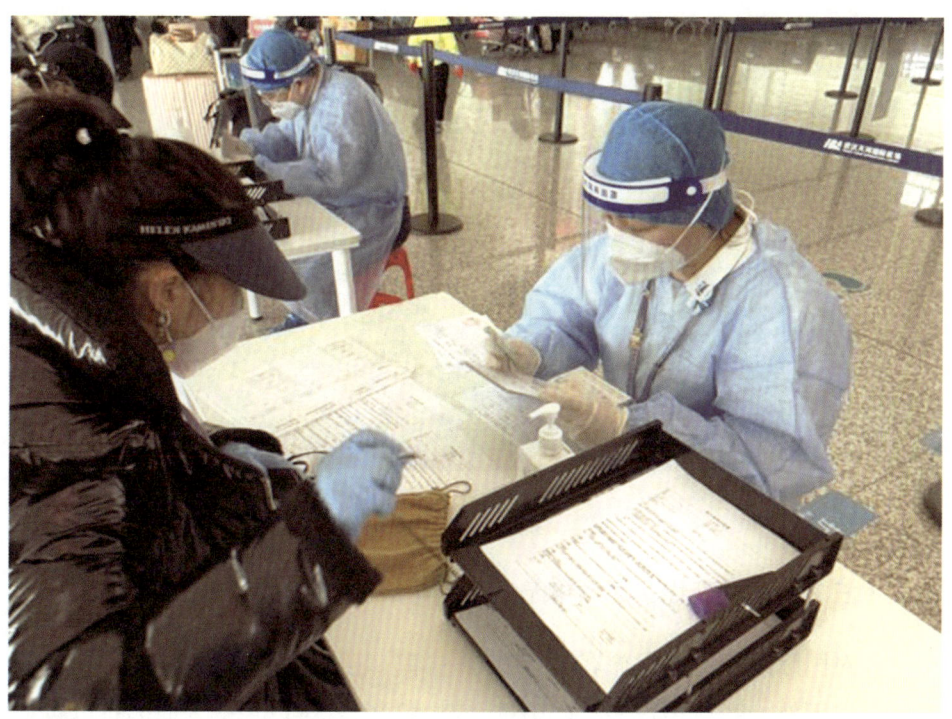

图 1　为旅客提供证件预审服务

（二）"出境无忧"之"等无忧"

围绕国际出发旅客因等候值机办理手续排队时间过长导致出行服务体验不佳的情况，安排专人根据保障航班出发旅客人数、旅客最终目的地及旅客是否为转机旅客，对代理航司办理值机手续排队旅客进行发号及叫号服务。当值机柜台前隔离阵内排队旅客占隔离阵一半以上、等候时间较长时，启动排队旅客发号服务，让旅客在就近的休息区域进行等待休息，待隔离阵内排队旅客值机手续办理完成时，启动叫号服务，按照发号顺序提醒旅客依次按序进入隔离阵内进行出发值机手续的办理工作。如图 2 所示。

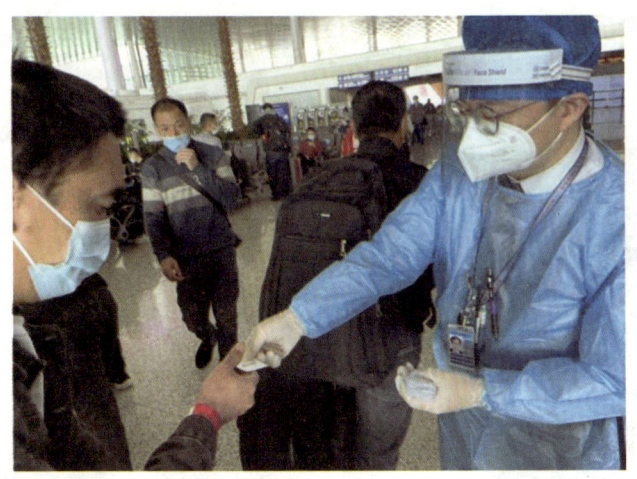

图 2　为排队旅客提供发号及叫号服务

（三）"出境无忧"之"申无忧"

针对国际航班的出发旅客中有相当一部分外籍旅客，且老年旅客因智能手机操作不熟、微信小程序使用困难、对填写内容难以理解等原因难以自主完成海关出发健康申报导致无法正常通关的问题，安排专人成立了海关健康申报引导小组，一对一耐心协助旅客线上填写海关申报信息并进行核验，帮助其顺利通关。如图 3 所示。

图 3　协助旅客填写海关申报信息并进行核验

（四）"出境无忧"之"转无忧"

针对超规行李转运流程烦琐不便的情况，安排专人成立了超规行李转运小组，负责将积压行李于海关规定开检时间在值机柜台进行人工转运，避免造成旅客二次排队，帮助旅客将超规行李进行海关及国际超规安检处的转运。如图4所示。

图 4　帮助旅客将超规行李进行转运

三、成效与反响

湖北空港航空地面服务有限公司国际客运室 2022 年度已为 16 919 名出境旅客办理乘机手续，完成了 20 783 件行李的托运手续，通过国际出发旅客"出境无忧"创新服务提升项目，节省旅客出境手续办理时间，将节约出来的时间裕度留给旅客去处理出境环节可能涉及的证件缺失、文件不合规、防疫文件不符合要求等情况，帮助材料不符的旅客争取更多的时间补全资料、顺利出行。

国际客运室实实在在为旅客解难题、办实事,积极践行真情服务理念,在提高旅客出境成功率的同时,努力提升国际旅客出行满意度,2022年度已收到38封旅客表扬信及12通致电表扬,得到了武汉天河机场国际出发旅客一致好评及点赞。如表1所示。

表1　总结服务提升改进前后可量化的关键指标

指标名称	核心指标值		
	提升前	提升后	行业现状
提供证件预审服务后,完善出境材料成功出行旅客人数在出发旅客人数中的占比	0%	5.6%	因国际疫情形势不断变化,普遍存在国际出发旅客因证件或文件缺失、不合规及不符合入境国防疫政策要求而被航司拒绝出行的情况
2022年度为旅客预审出境材料并提供海关出境健康申报协助服务人数	0人	16919人	国际出发旅客,尤其是老年旅客、首次乘机旅客因多方面原因难以自主完成海关出发健康申报导致无法正常通关
提供国际超规行李转运服务后,每位旅客平均节省通关时间	0分钟	10分钟	现有武汉天河国际机场国际超规行李转运流程需占用旅客通关时间

国际客运室始终坚持对照国际化标准,奋斗在武汉天河机场国际航班保障的最前沿,积极主动与航司沟通交流,结合航司政策及目的地国家入境政策动态变化,实时调整"出境无忧"创新服务提升项目内容细节,在坚持疫情常态化防控工作要求不松懈的基础上,积极加强与航司沟通,满足各航司差异化服务要求,得到了代理航司的一致认可与好评,成为航空公司优质的地面代理服务提供商。

四、经验与启示

(一)经济效益

"想旅客之所想,急旅客之所急",湖北空港航空地面服务有限公司国际客运室紧抓服务品质提升,全力夯实服务品质提升基础,主动作为,将国际航班旅客乘机受目的地国家不断变更的出行政策影响,许多旅客因证件材料不全、提供不及时或不符合疫情防控政策要求而无法顺利成行的情况尽可能地进行压降，减少旅客因此类情况进行票务的退改签操作，降低旅客出行成本。

（二）社会效益

国际客运室将总结好的经验和做法，固化为相关服务程序和机制，优化国际旅客出行环境，进一步完善国际旅客服务标准，为国际旅客出行提供更大便利，着力增强国际旅客航空出行的获得感、幸福感和安全感。积极践行中国民航"真情服务"理念，为人民群众提供"平安、便捷、贴心"的出行体验，打造湖北民航真情服务的亮丽名片。

（三）管理效益

对于本单位己具有指导性质一线保障的服务更新、技术更新、方法更新，总结提升思路，运用管理模型进行分析，形成其他岗位可以借鉴的服务思维。武汉天河机场的南航等基地航司在国际航班保障中同样学习借鉴"出境无忧"创新服务提升项目，项目在实际工作应用中得到了基地航司的充分认可及效仿，并积极与国际客运室进行学习探讨。

武汉天河机场客改货航班客舱（拆座椅）保障服务案例

湖北机场集团航空物流有限公司

一、案例背景

受新冠肺炎疫情影响，客改货航班保障需求持续增加。较全货机航班，客改货航班保障需要更多保障资源，尤其是在客舱装载时，需要人力传递搬运货物，并完成货物在客舱内的组装工作。项目组通过一段时间的实践与探索，在如何提高客改货航班的保障效率，提高客舱装载率上创新工作方法，取得了较好的工作效果。

二、案例实施

（一）创新保障方式，提高保障效率

对于客改货航班客舱的货物装载，普遍的保障方式是选择使用传送皮带车对接客梯车，装卸人员将货物传递至客舱来进行装载。如图 1 所示。

图 1　普遍保障方式

受限于传送皮带车升降高度，传送皮带车只能对接到客梯车楼梯高度的 2/3 处，且货物只能逐件地传递，此装载方式造成客梯车需要装卸人员为 5 人，加上机下传递 2 人，保障一架客改货航班最少需要装卸员 7 人，保障时长为 5~6 小时。

经过项目组成员的认真研究与尝试，改变客舱装载方式为使用平台车对接客舱门，将数十上百件货物直接升至客舱门高度，减少人工传递操作，缩短货物传递时间。此装载方式仅需装卸人员 2 人，保障时长为 3~4 小时。如图 2 所示。

图 2　改进的保障方式

（二）加强沟通协调，提高客舱装载率

根据保障的货物与机型客舱的装载要求，认真进行数据分析计算。

1. 航司客舱装载数据测算

OB 区：1.55 米 × 1.36 米 × 1.5 米 × 12 板 =37.944 立方米

OC 区：1.55 米 × 1.36 米 × 1.5 米 × 12 板 =37.944 立方米

合计：75.888 立方米 ≈ 76 立方米

下货舱 + 散舱 =101 立方米（固定值）

整个航班可装载货物：101+76=177 立方米。

2. 实际货物装载测算

抽取其中一票货物尺寸为 60 厘米 ×40 厘米 ×40 厘米，按长 60、宽 40、高 40 码放 3 层，高度只有 1.2 米。

客舱 OB + OC 区客舱实际理论装载方数：

1.55 米 ×1.36 米 ×1.2 米 ×24 板 ≈ 61 立方米

客舱实际装载为：

106.9 立方米（配载）–45 立方米（拉货）=61.9 立方米。得出结论与实际装载相符。

根据前期装载经验，客舱货物实际装载高度达不到航司给出的 1.5 米理论装载高度：货物码放 3 层，装载高度为 1.2 米，增加一层（4 层），高度达到 1.6 米，板高超出 1.5 米限制，客舱空间浪费较多。如图 3 所示。

图 3　客舱实际装载

经过认真测算，项目组对装载方案进行调整。

（1）调整货物包装尺寸。

建议代理商将客舱组装货物包装尺寸从原有的 60 厘米 ×40 厘米 ×40 厘米，改为 72 厘米 ×40 厘米 ×28 厘米，装载行李架的货物尺寸变小，从原有的 54 厘米 ×45 厘米 ×35 厘米（只能装左右 2 侧，中间无法装载），改为 45 厘米 ×45 厘米 ×40 厘米，行李架使用率明显上升。如图 4 所示。

图 4　行李架装载

（2）改变货物码放方式。

客舱 PKC 板装载方法改变，货物边长可打探板（倒梯形）；

综合两种方案客舱装载率提升至 205 立方米左右。如图 5 所示。

图 5　改变货物码放方式

湖南空港实业股份有限公司
"惠及员工，打造满意食堂"案例

湖南空港实业股份有限公司航空食品服务分公司

　　湖南空港实业股份有限公司航空食品服务分公司 T2 员工食堂于 2017 年 11 月启用，主要为长沙黄花国际机场（以下简称长沙机场）驻场单位员工提供餐食服务，食堂视食品安全为生命线，践行"惠及员工"的理念，以员工满意为目标，凭着一颗爱心一片诚心"调众口、合百味"，用优质美食和贴心服务，努力提升机场员工的获得感、幸福感、归属感。近年来，通过主动作为，精准挖掘员工需求，转变工作方式，将产品和服务进行迭代。匠心品质，筑牢安全基石；暖心服务，营造温馨港湾。

一、注重需求侧，打通价值链

　　为进一步提升员工满意度，精准挖掘员工需求，以数据为导向，分公司以发放满意度调查问卷的形式，收集员工意见，通过调研分析，综合现状、需求、产品、服务等维度，多措并举出实招，在推进"三满意工程"之"员工满意食堂"工作中持续发力，2021 年以来开展了以下几个方面的工作。

（一）场地扩容，环境更舒适

由于长沙机场 T2 航站楼员工食堂用餐人数较多，用餐环境及设施设备日趋老化，环境品质亟待提升。航食分公司从 2021 年 4 月 15 日开始启动提质改造工程，历时 40 天，先后投入 272 万元，食堂面积由原来的 662 平方米增至 1 069 平方米，添置了新的桌椅、热水器、洗手台、洗碗池等设施，极大改善了用餐环境。以现代、温馨、惬意为设计主题，以实用性和舒适性为设计目标打造航空五星级员工餐厅，就餐环境整洁优美、舒适惬意。

（二）增设窗口，就餐更快捷

通过此次改造，打餐窗口由原来的 5 个增至 8 个，明档区同时增设 7 个窗口，极大地改善了就餐高峰期员工用餐急、等待时间长等问题，使员工满意度再提升。

（三）研发新品，美味更增效

为满足员工就餐需求，挖掘内部价值，以湘食云端创新工作室为依托，在增加食堂餐食品种和质量方面下功夫，带动员工进行新品研发，集思广益推动产品创新。食堂增设的明档区有煲仔饭、粉面、南北面食、西式简餐等 4 个系列，每一款美食散发着诱人的香味，让人垂涎欲滴。自明档区开设以来，累计服务员工 5 300 余人次，带来收益 9 万余元。加大产品研发力度，优化现场服务，供应的是美味餐食，带来的是效益增长。

二、匠心保品质，产品常惠员

（一）原料把关严格化

对所有原材料实行集中采购和三方联合验收，建立了采购验货制度，分类分品种制定原材料验收标准并纳入供货商合同。验收时，肉禽类供货商需提供检验检疫证明，其他类供应商按年度提供检测合格报告。此外，建立原料采购信息管理平台，食材采购、验收、存储、领用等程序均有电子台账录入。

（二）工作流程标准化

坚持定期梳理食品工作流程，严格管理，并通过班前班后会、日周月检和各类专项行动扎实监管、规范奖惩，建立起一套通过海关检验检疫质检标准的操作流程及 4D 厨房管理模式。同时，不定期举办各类培训和应急演练，大大提升了人员的应急处置能力，夯实了安全基础。

（三）台账管理规范化

为严格把控食品安全，坚持做到事事有记录、人人有责任，将各类台账进行细分，做到一事一记、一人一记、一日一毕、专人专管；不断完善细化《岗位手册》，并实行动态管理、实时更新，有据可查。

（四）餐食留样常态化

对每批次餐食成品进行留样，每个品种的留样量不少于 125 克，使用清洁的专用容器和专用冷藏设施进行储存，留样时间不少于 48 小时。分公司设置有专业的食品质检室，定期对食堂各类餐食进行检测，以确保餐食安全可溯源性，重点对易滋生或感染致病原的食品进行突击检验，从根本上杜绝食品安全事故的发生。

三、线上新赋能，美味在云端

数字经济时代的语境下，数字化赋能既关系到食品餐饮企业的生存，更关系到企业和品牌的差异化竞争与持续化增长，空港实业利用"掌上空港"App，整合机场资源，打通线上线下渠道，用数字化赋能运营、数据、营销、管理。

（一）线上服务工具化

将产品和服务延伸到线上，纵享足不出户的便捷，既方便用户即时浏览下单，又方便数据收集管理，为员工描绘个性化的饮食健康画像，提供基于大数据的健康膳食建议。下单支付，安全便捷，一键即可完成；就餐使用人脸识别支付系统，在 App 认证后，员工不到 5 秒即可完成交易。

（二）线上场景社群化

充分利用自身资源，通过 App 平台，丰富产品种类，同步建立云端美食分享群社群，让美食走近员工，促进互动交流。社群服务既是分享美食的社交聚集地，又是高频触达用户的私域触点，促进云端产品销售增长。

四、党建促品牌，服务铸口碑

（一）党建引领品牌建设

部门成立党建品牌建设小组，明确分工，全面开展党建品牌创建工作；采取多种形式，认真组织宣传工作，营造良好氛围，发动广大党员群众积极参与到党建品牌创建活动中来，严格落实"三会一课"制度，确保各项工作落实到实处，党员干部做好责任分区，带头做好学习培训、宣传教育，让全力支持、积极参与党建品牌建设成为每名党员干部的思想自觉和行动自觉；明确党员责任分区，成立安全监察小组，通过"齐抓共管"，环环质控，为保障"舌尖上的安全"系紧"安全带"。

（二）优质服务赢得美誉

以创建全省"百优食堂"为抓手，以打造"满意食堂"为目标，以员工需求为中心，用航空餐食制作标准，围绕安全营养、丰富多样、就近便捷、环境优美、质优价廉等方面，通过"扩容、丰品、提质、延时"，竭力打造员工满意食堂，把让"员工吃好"这件小事做到极致，不断提升职工的获得感、幸福感、安全感。以优质的餐食和服务，受到红网、工人报、湘工 E 家、湖南机场公众号等媒体平台的报道，引起良好的社会反响，树立了口碑信誉。

通过全体成员不懈的努力，工作得到了上级领导和广大职工的认可和好评。在实现创效增收的同时，食堂满意度也得到了明显提升，从一季度的 79.66% 提升至三季度的 91.26%。在过去的一年里，分公司荣获长沙机场爱卫会"保洁示范单位"、被授予湖南省"百优食堂"等荣誉称号。

服务工作没有最好，只有更好。未来，航空食品服务分公司 T2 员工食堂将为持续做好长沙机场后勤保障工作继续努力,食堂将会陆续启用自助餐、水吧台、烘焙坊等区域,最大限度地满足员工多元化、个性化的就餐需求,切实提升员工获得感、幸福感,为员工谋福祉、为企业聚人心。

美兰机场"学在其中"安检心理智库情景剧服务培训案例

海口美兰国际机场有限责任公司

安全检查站作为各大机场的重要一线部门，往往存在人数多、管理难、员工水平参差不齐等共性问题。在海南自贸港建设如火如荼之际，海口美兰国际机场以"人文机场"作为切入点，通过创新安检服务培训方式进一步提升安检服务质量。

一、背景介绍

随着自贸港建设的稳步推进，海口美兰国际机场（以下简称美兰机场）力争打造面向世界的现象级服务窗口，以崭新面貌接待天南地北的旅客。作为旅客年吞吐量超两千万的一类机场，美兰机场麾下的安全检查站（以下简称安检站）员工数量超过千人，正面临着如何进一步提升服务质量的难题。

面对服务质量提升难题，安检站以"人文机场"为切入点，结合党建引领工作成立服务攻关小组，客观总结近 3 年的服务投诉案例，从中寻找服务培训的新思路、新办法。2022 年 3 月，安检站邀请受民航局委托的心理学专家组开展案例智库调研和摄制工作，通过寓教于剧的形式，将安检现场较为频发的服务诉求、旅客聚焦的典型问题以及"疑难杂症"的优秀解决办法等内容，萃取形成案例微视频情景剧，并纳入全国民航"安检案例智库"。

二、面临的问题

根据服务攻关小组对近3年的服务投诉案例的梳理分析，安检站的服务提升工作存在以下4个方面的难点：一是安检员工作劳动强度高，难以长时间维持高质量的服务状态；二是安检员职业性质与传统服务思想存在矛盾，员工无法在安全和服务中找到平衡点；三是传统服务培训方式单一、缺乏吸引力，占用员工大量休息时间，实际应用效果不强；四是"候鸟旅客"、婴幼儿旅客等特殊旅客对服务需求度较高，既是机遇也是挑战。

三、解决方案

（一）服务培训方式创新前奏

在确定服务提升痛点后，安检站结合日常的服务培训效果，多次召集员工召开服务研讨会，积极收集员工的意见，经统计分析得到改进服务培训工作的思路：一是减少培训时间，弱化培训工作对日常工作中休息时间的影响；二是减少文字类培训，寻找适合员工的培训方式，加强员工的感同身受以提升培训效果；三是提高服务沟通技巧在培训中的占比，以解决现场的实际问题为目标，首先让员工深切地感受到培训的作用体现。

（二）安检心理智库情景剧拍摄启动

为使服务培训方式的创新更加专业化，安检站积极对接民航局专家，召集站内管理人员、业务骨干等十余人，共同组建"安检心理智库情景剧专项工作小组"，开展为期一个月的视频拍摄工作。

拍摄前期，小组采取边会议边撰写脚本的方式召开头脑风暴会，对安检站服务攻关小组统计的近3年的服务投诉问题进行梳理讨论，开展广泛交流。

以"解决实际问题、提高员工服务意识"为目标导向，深入挖掘"如果旅客是我的亲人，我会给他提供什么服务"这一工作思路，对共性服务问题及典型服务案例进行总结提炼，积累了大量的优质素材。

拍摄中期，为了提升短视频的趣味性，迎合年轻员工的心理，达到"寓教于乐"的效果，拍摄小组首先确定拍摄主基调：在真实场景下放大夸张成分，以诙谐幽默的表演带动剧情发展，强化服务培训的趣味性。拍摄过程中，拍摄小组不断地根据剧情需要对脚本进行优化，增加真实度，给受训人员带来沉浸式体验。如图 1 所示。

图 1　拍摄小组开会讨论拍摄内容

拍摄后期，拍摄小组引入智慧官讲解环节，对拍摄的故事内容进行提炼总结，在原视频上设计节目效果，引出案例内涵的问题并进行正确做法说明，同时引导员工对案例进行深度思考，开发员工的自主思考能力。在各成员分工明确的高效配合下，拍摄小组先后完成了《不能说的"第一次"》《汹涌而来的尴尬》《爱心增加一百米》《机场赌神》《裤子掉了你负责》等 14 个微视频心理剧。如图 2 所示。

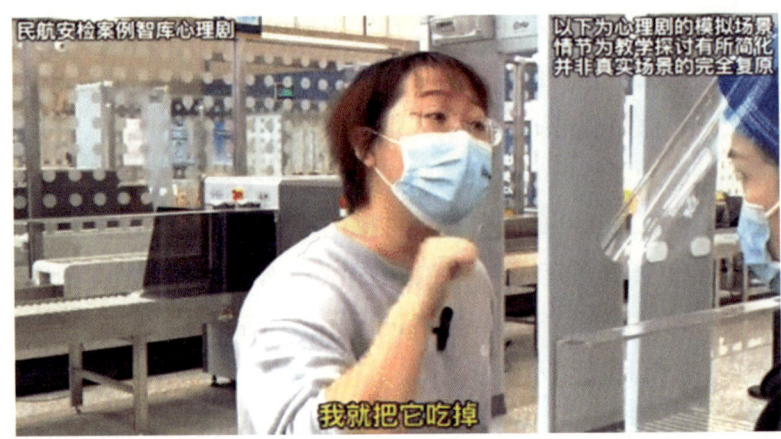

图2 情景剧《机场赌神》截屏

（三）情景剧的应用及延伸培训

针对安检心理智库情景剧的配设内容，安检站设置专员将情景剧与近期性质贴合的安全服务案例进行联合改编，撰写微缩文字版学习材料，将实际问题、问题产生原因、整改措施、服务技巧等详细列出，供员工分析思考。截至6月底，安检站共根据情景剧及实际案例改编制作自制服务培训视频3部、情景还原案例教材33份。除此之外，安检站还根据情景剧视频的内容动态更新岗位服务应答口径并下发到一线业务大队，规范安检服务应答标准，截至6月底，安检站已梳理汇编出应答口径4个类别共55条。

一线业务大队方面，通过对培训场所的培训设施进行全面更新，引入电视机、投屏等智慧设备，组织员工集中观看"心理剧"，同时将文字版学习材料以纸质及电子版形式发给员工，要求员工一边观看"心理剧"一边对照学习材料进行理解。观看完情景剧视频后，以班组为单位，开启情景还原，互相模拟练习，以实操强化员工印象及肌肉记忆。同时安检站鼓励一线班组长以班组为单位自主开展服务研讨会及头脑风暴会，加强员工对如何提升服务技能的自主思考，并在旅客量低迷期间设立"温故服务培训"环节，要求各班组长每班次利用航班间隙任选前期学习的服务案例进行复习，强化员工记忆。

四、实践效果

美兰机场"安检案例智库"的建立，不仅推动安全检查站形成了"认知调整＋行为改变＋习惯养成"的创新型培训模式，更好地关注和满足员工情绪需求，增强员工的职业使命感和幸福感，帮助员工快速有效识别旅客情绪，精准采取服务措施，而且以开展行为训练的方式培养职业化行为，更加益于养成职业化习惯，助力搭建安全文化体系。在 6 月 22 日美兰机场举办的"安检案例智库心理剧"首映发布会上，民航海南监督管理局副局长许彦指出美兰机场安检站拍摄的情景剧代入感强，能构建起生动的活动场景，对推动安全管理和服务质量具有很强的指导意义。

五、案例思考

本案例的核心思想在于如何在一个大体量的部门中推陈出新，打破僵化的固有思维，通过引入新概念，与旧的做法中精华部分进行糅合，创建出匹配度更高的新模式。主要思考集中在以下两点。

一是学会承借时下风头正盛的四型机场建设潮流。深层次、全方位、重实际地持续推动建立"认知调整＋行为改变＋习惯养成"的创新型培训模型，强调以"人"为培训核心，充分考虑员工年轻化的特点，帮助员工提升自身心理健康、增强幸福感，同时以开展行为训练的方式培养职业化行为，养成职业化习惯，用人文强服务，以服务促安全，通过完善硬件设施、提升服务软环境，打造出强服务、抓安全、创品牌的美兰机场人文安检服务特色。

二是考虑更加长远的发展前景。在完成新体制、新模式创建后，将不断创新优化员工培训教育形式，将现有的经验系统化、标准化地进行陈述性总结，通过融合管理学、心理学等多项学科，从"心理赋能"角度推进员工关爱，将原来"要员工培训"升华为"员工想培训"，最大化提升员工对于培训的主观能动性，培养员工积极向上的健康心态、增强幸福感，同时也能使其快速、有效识别旅客情绪，从细微之处提升服务质量，以优质服务促进安全运营，进一步夯实美兰机场服务质量和安全水平。

大连机场"托运无忧"进港行李提速服务案例

大连国际机场集团有限公司

一、背景介绍

近年来,随着生活质量不断提高,人们在旅途中更加注重出行品质,逐步向"方便快捷、安全舒适"方向发展。我们也发现,受疫情影响,航班量锐减,旅客吞吐量下降,同时航班延误、行李运输、登离机服务等问题的投诉率居高不下,尤其是旅客针对机场行李运输问题反映较多,需求较为强烈。

二、面临的问题

通过民航行业服务质量测评、网络舆情监控及旅客投诉处理等方面分析,机场行李服务问题主要集中在3个方面:行李服务效率、完整性(易破碎)、安全性(错漏丢失)。其中,"进港行李等候时间较长"问题比较突出,成为当前行李运输方面的焦点问题。如何解决行李服务效率低、进港行李等候时间长等实际问题，是大连周水子国际机场（以下简称大连机场）乃至全国各大机场亟须解决的"难点"和"痛点"。

三、解决方案

为克服新老机场过渡期保障资源不足等问题，大连机场在航站楼内设备、场地、人员均保持不变的情况下，依据现有服务保障条件，通过加强工作作风建设、量化各个环节标准、优化人员车辆分配、倒查跟踪找准问题、再造行李保障流程等方面，最终确定采用机下"六分钟"保障方案，确保有效提升进港行李提取速度。

（一）前期数据测算

行李提速就是与时间赛跑，操作标准严苛到以分钟计算，每个环节节省一分钟，整个保障链条就能更加高效。为做到数据的客观准确，对 600 余个航班进行实地数据测算，汇总各个航班旅客到达行李提取厅、机下保障及行李到达分拣大厅时间，通过甘特图体现行李保障全流程的各个时间节点，找出差距和原因，缩短进港行李从卸机、机坪运输到行李交付各个环节的保障用时。

（二）加强人员工作作风

在航班落地前，所有保障人员、车辆、设备提前 5 分钟到达指定机位，装卸员、监装员、驾驶员进行业务交接，掌握舱位、行李件数、需要行李斗数量等卸机信息，分拣大厅内增设进港行李休息区，提前启动传送带，做到"人等行李"，全力缩短行李进入分拣大厅等待的时间。同时每个航班将有不少于 3 名行李分拣人员上传行李，避免航班密集时造成分拣大厅内车辆及行李斗积压。如图 1 所示。

图 1　加强人员工作作风

（三）明确各环节标准

优先开启、接靠装有行李的舱门，特种车驾驶员配合机下装卸员，减少设备接靠时间，方便装卸人员卸机保障。装机长负责统计卸机行李件数并计时，确保停靠廊桥航班，6 分钟内或卸机 30 件行李后首斗行李运输至分拣大厅；远机位航班，6 分钟内或卸机 50 件行李后首斗发车，最大限度保证了行李卸机及运输速度。

（四）优化资源分配

动态调配人员、车辆，随时根据机坪运行情况选择最优保障方式，以缩短运输用时。针对旅客、行李较多的航班，提前预判、合理配置车辆。对于两车以上行李斗，要求头等行李必须挂在第一个行李斗，必须放在斗最外侧，头等舱行李条必须朝向斗外面，进港行李单必须交由第一斗行李司机带走，确保在行李提速的前提下不影响服务质量。如图 2 所示。

图 2　行李服务

（五）完善保障流程

优化工作标准及结果，重点明确各环节标准。为圆满完成行李提速攻坚任务，大连机场全面优化行李装卸、运输及提取保障全链条，共计八大类23小项内容，涉及机坪装卸、分拣、特种车及调度等5个分部，深挖内部潜力，向规范化的操作、高效率的联动抢时间、要效率，以此提升旅客乘机体验，提高旅客满意度。如图3所示。

图 3　行李分拣

（六）专项监督检查

大连机场在每天早、中、晚三个高峰时段，通过现场巡视、监控抽查等手段，抽查行李保障效率和作业质量。对于进港行李保障超时的航班，根据行车记录仪、监控录像等记录，发现改进的重点和方向，形成相应的提升措施与计划，及时对保障效率的差距进行调整与修正，确保达到"第一件行李旅客等候时间不超过 4 分钟、最后一件行李旅客等候时间不超过 8 分钟"的目标。

四、实践效果

开展行李提速后，大连机场进港行李提取整体工作质量有了显著提升，岗位管理也日趋规范。数据显示，目前首件行李旅客平均等候时间 4 分钟、末件行李旅客平均等候时间 8 分钟，远超"首件 10 分钟、末件 40 分钟"的行业标准，大连机场的进港行李保障时间由行业的"及格线"达到了"优秀值"，旅客体验度和满意度均大幅提高。

自推出"托运无忧"服务品牌以来，大连机场解决了困扰旅客的行李提取等待时间过长的顽疾，让旅客真正感受到"最快捷机场"乘机的便利，获得了社会各方面的好评和认可。在 2021 年度民用机场服务质量评价报告中，大连机场荣获年度千万以上量级"服务质量优秀机场"称号；旅客满意度测评得分在千万级机场中排名第 3 位；全年航班放行正常率达 92.3%，在全国同量级机场名列第 4 名。大连机场将加快推进服务管理"理念、方式和效能"3个变革，持续创新行李提速攻坚行动，提升运行品质和服务质量，以"最快捷机场"建设推动服务高质量发展，以高质量发展引领机场"新速度"，力争建设成为"人文机场"新标杆。

呼和浩特机场国产客机 ARJ21 机型升级靠桥保障案例

内蒙古自治区民航机场集团有限责任公司呼和浩特分公司

呼和浩特白塔国际机场（以下简称呼和浩特机场）发挥主观能动性，通过创新方案解决国产客机 ARJ21 机型无法靠桥保障的问题。"登机桥过渡踏板"的投用打破了 ARJ21 机型无法靠桥的局面，降低廊桥"安全靴"高度的优化方案，使 ARJ21 机型可直接靠接所有廊桥，提高了安全裕度和保障效率，提升了旅客出行体验。

一、背景介绍

2019 年，呼和浩特机场开始保障国产客机 ARJ21，但因为本场廊桥活动范围小、无适用的机位停止线、靠桥刮蹭航空器风险高等因素，该机型停放在远机位保障，造成旅客步行距离延长、进出港时间延长，保障资源未有效利用等问题，影响到旅客出行体验感与保障效率。为解决该机型靠桥保障问题，2021 年，呼和浩特机场主动创新，采取在廊桥桥头地板与航空器舱门地板之间搭"登机桥过渡踏板"的办法，实现了 ARJ21 机型可靠接廊桥保障。如图 1 所示。

图 1　登机桥过渡踏板

二、面临的问题

随着 ARJ21 机型靠桥保障次数的增多，2022 年 5 月，保障人员反映"登机桥过渡踏板"的搬移步骤烦琐、工作效率低，并且存在由于旅客观察不到位而滑倒的隐患。

如何解决员工频繁搬移设备的问题，确保旅客出行安全性，是呼和浩特机场亟需攻克的难题。

三、解决方案

呼和浩特机场先后多次组织航空公司、设备制造商、机场各保障单位进行研讨。根据机场机位图、登机桥参数、ARJ21 机型参数等数据，提出并制定了降低廊桥"安全靴"高度的优化方案；同步与设备制造商联合攻关，制定了升级改造方案，对廊桥 PLC 控制逻辑程序和配套电路等进行匹配性改造。如图 2 所示。

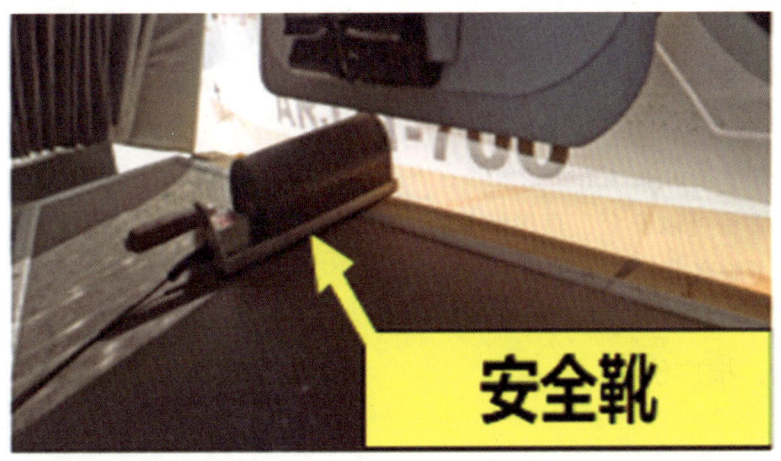

图 2　廊桥"安全靴"

在对廊桥改造的过程中，不断开展风险评估，针对发现的风险点制定风险控制措施，明确了风险控制措施落实方案和风险控制措施实施监控计划，项目安全评估初步结论认为项目安全风险可控。

2022 年 6 月 15 日，呼和浩特机场开始对全部廊桥进行 3 个月的试运行工作。在持续跟进 ARJ21 靠桥试运行工作中，廊桥维保部门实施跟桥保障，靠桥保障部门对运行期间的靠接数据进行记录分析，针对发现的问题随时沟通解决。在保证提高靠接安全性与旅客出行满意度的同时，提高机场整体航班靠桥率及航班保障效率。

四、实践效果

降低廊桥"安全靴"实现了呼和浩特机场所有廊桥在没有"外力"支持下，均可任意对接 ARJ21 机型，改变了之前仅能在远机位和新建指廊停靠 ARJ21 机型的保障流程，缩短了旅客行走路程，据统计可为旅客节约 9 分钟的进出港时间；解决了使用"登机桥过渡踏板"时，由于观察不到位造成旅客不慎摔倒的安全隐患，确保旅客出行安全；降低了廊桥驾驶员劳动强度和使用"登机桥过渡踏板"的风险系数、增强了航班保障的安全裕度；航班靠桥率和航班保障效率得到极大改善和提升，提升了旅客出行体验感，提高了机场服务品质。

五、案例思考

呼和浩特机场以主动服务的意识，探索创新，不断地将"不能"变为"能"，使所有廊桥可以安全、直接地靠接 ARJ21 机型，提高了运行保障效率，显著提升了旅客出行服务体验。

六、推广价值

ARJ21 机型能够很好地适应高原环境，在西部航线和西部机场具有很强的适用性，在布局从中心城市向周边中小城市辐射型航线网络中，将来会更多地投入到国内航空市场运营。对于全国各地的机场来说，都可能面临该机型无法直接靠桥保障的问题，购买该机型的专用客梯车，每台动辄几十万元，投入产出比差，因此，本案例对全国各机场都具有极大的借鉴意义和推广价值。

呼和浩特机场 "让遗失物品找旅客" 服务案例

内蒙古自治区民航机场集团有限责任公司呼和浩特分公司

呼和浩特白塔国际机场(以下简称呼和浩特机场)失物招领工作秉承"人民航空为人民"的行业宗旨,从旅客需求出发,打破原有失物招领工作模式,更新再造失物招领保障流程,让遗失物品找旅客。呼和浩特机场在不断优化流程、更新模式中践行着"中国服务、礼尚青城"的服务承诺,让旅客在草原空港安心出行。

从原来旅客焦急等待迟迟得不到信息反馈,到现在根据旅客遗失物品的区域,直接与责任区负责人联系,精准寻找物品;从原来的抱怨投诉频发,到现在锦旗、感谢信、表扬电话等纷至沓来,失物招领流程再造和工作人员的真情服务暖心。

一、案例背景

呼和浩特机场原失物招领流程在实施过程中逐渐表现出信息传递链条长、寻找遗失物品效率低、物品找到率低、寻找遗失物品的员工积极性低等弊病。为此,我们从方便旅客的管理思维出发,对失物招领全流程进行梳理,更新再造了失物招领保障流程，让遗失物品找旅客。新流程采用网格化管理模式，实现了失物招领与找寻失物负责人直接沟通，压缩了信息反馈时间，进一步细化了遗失物品公示信息，建立了员工激励机制等，显现出了可以更加高效、便捷地服务好每一位旅客的优势，旅客满意度得到大幅提升。

二、案例详情

旅客在机场或飞机上遗失物品后，内心着急，如丢失身份证等重要资料，更是耽误旅客行程或重要事宜。机场如能快速帮助旅客找寻到遗失物品，可极大缓解旅客焦急心理，避免耽误旅客行程和重要事宜安排。

（一）机场失物招领原有流程

原服务流程在帮助旅客寻找遗失在飞机上或航站楼内物品时，表现出如下问题：一是信息传递链条长，需要跨越2个部门和2个合约商，经过10次的信息传递，寻找遗失物品的反应效率很低；二是没有专人负责寻找旅客遗失物品，当旅客表示物品遗失在登机口等区域时，只能临时派工作人员去寻找，物品找到率较低；三是员工寻找和上交旅客遗失物品属于额外工作，员工的积极性不高，时常出现员工捡到遗失物品后，不能及时上交的情况。如图1所示。

图 1　原失物招领流程

（二）机场失物招领流程再造

为了更好地服务旅客，更高效地缓解旅客遗失物品的焦虑情绪，提升旅客出行感受，呼和浩特机场通过流程再造和服务管理创新，精简流程，加强客户思维，摒弃方便管理而不方便旅客的保障流程。如图2所示。

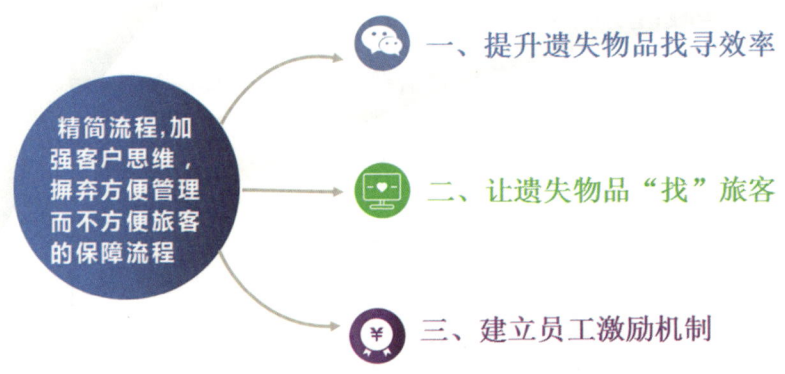

一、提升遗失物品找寻效率

二、让遗失物品"找"旅客

三、建立员工激励机制

精简流程,加强客户思维,摒弃方便管理而不方便旅客的保障流程

图 2　更新再造失物招领流程

1. 提升遗失物品找寻效率

（1）情况一：旅客物品遗失在飞机上。

打破部门壁垒，建立起失物招领处工作人员与机上保洁负责人直接沟通的渠道，采取"微信沟通群＋电话提醒"服务，5 分钟之内即可响应并找寻遗失物品。信息沟通扁平化，有效解决了原有信息反馈冗长的弊病，提升了遗失物品找寻效率。

（2）情况二：旅客物品遗失在航站楼内。

应用网格化管理模式，将航站楼划分为若干网格单元作为旅客遗失物品找寻责任区，明确各区域责任人，实现了精细化管理、精准寻找，让为旅客寻找物品由"帮忙"变成"责任"。失物招领处工作人员与航站楼内各责任区保洁负责人直接沟通，采取"微信沟通群＋电话提醒"服务，显著提升遗失物品找寻和上交效率。

2. 让遗失物品"找"旅客

失物"招"领已逐步转变为失物"找"领，每日将旅客遗失物品在旅客服务平台及时公布，公示信息进一步细化，让遗失物品精准"找"旅客。根据旅客需求，失物招领处可为旅客邮寄遗失物品，提供多家快递公司供旅客自由选择，邮寄费用同城同质同价，并确保 100% 当日发出快递。如图 3 所示。

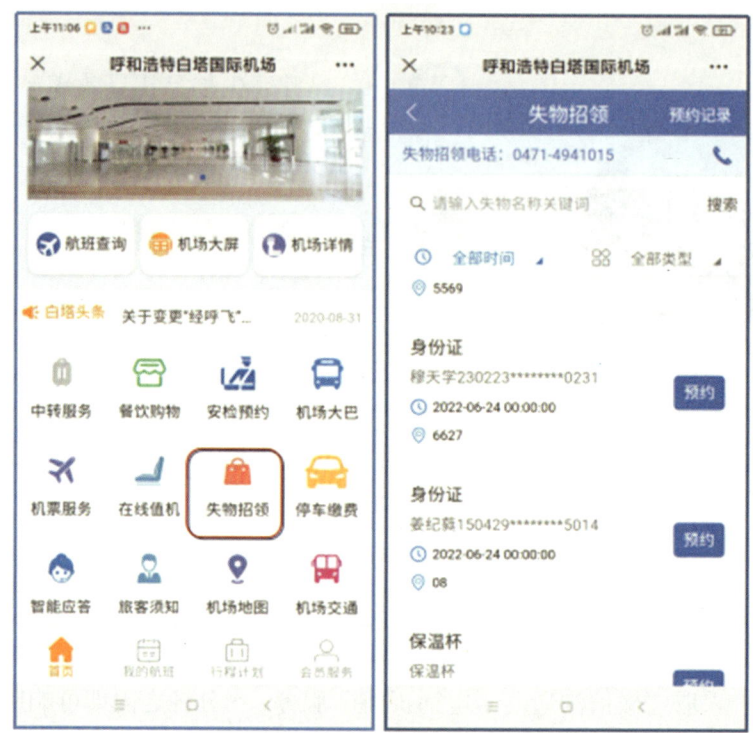

图 3　旅客服务平台公示

失物招领处工作人员在收到遗失物品时，除了做好详细的信息登记工作外，还会为有信息提示的遗失物品主动尝试联系失主，通过主动寻找失主的服务，让遗失物品真正"动"起来，进一步实现遗失物品"找"旅客。

3. 员工激励

飞机上和航站楼内的保洁人员是遗失物品找寻队伍的主力军，原来的失物寻找工作对于忙碌的保洁人员来说更多的是一件帮人悦己的事情。现在通过建立激励机制，对积极找寻、及时上交旅客遗失物品的合约商员工予以奖励，有效提升了员工主动服务的积极性。

（三）服务创新、再造流程达到的效果

通过流程再造和服务管理创新，一是极大地提高了旅客遗失物品找寻效率，旅客遗失物品找寻响应时间由之前的 30 分钟缩短至 5 分钟，并且旅客遗失物品找到率提升至 90% 左右；二是实现了由旅客找遗失物品到遗失物品找旅客的转变，并提供旅客遗失物品快递到家服务；三是旅客满意度大幅提升，失物招领处由之前的旅客投诉大户转变成旅客表扬大户，流程再造后不仅没有旅客投诉反而收到多起旅客表扬。失物招领服务流程的优化，加上工作人员热情温暖的服务、尽职尽责的工作态度，赢得了旅客的不断好评。

三、案例价值

服务流程再造是深刻理解"服务无止境"工作理念、把服务工作做实做细的具体表现。呼和浩特机场强化服务旅客思维，再造失物招领流程，尽最大努力、以最快响应，搭建起"失主"与"失物"连接的桥梁。该案例从服务旅客的细微处入手，打破了原有模式，深挖了管理服务的潜能，在行业内有一定的推广价值。

呼和浩特机场百灵班组
构建服务型监管模式

内蒙古自治区民航机场集团有限责任公司呼和浩特分公司

  呼和浩特白塔国际机场百灵班组主要承担着航站楼内运行安全、服务质量工作的监督巡视检查职责。因班组成员偶然听到驻楼单位人员称其为"狗仔队",这引发了班组全员对工作方式的深思。他们转变工作方式,改变单一的巡视检查,将角色转变成为旅客、驻楼单位、机场公司三者的服务者,构建形成一套服务型监管模式。

一、案例背景

  "之前你不是叫我'狗仔队'吗?见之则躲,现在如此积极,是不是又需要帮忙呀?"

  "怎么还提这事儿呀,你们可不是'狗仔队',现在全靠你们解决困难呢。"

  这是组员与驻场单位员工的一段日常对话。因百灵班组承担着航站楼内的监督巡视职责,以前组员每天会在航站楼内"抓拍"各岗位员工的违规情况,一经发现,立刻处罚,所以被称为"狗仔队"。但现在相反,各驻楼单位遇到困难，会第一时间找百灵班组帮其解决。反差如此之大，正是基于百灵班组一年来巡视检查工作思路、方式方法的转变。

二、案例策划与执行

百灵班组将服务好旅客，服务好驻楼单位，服务好机场公司，从而形成一套良好的服务型监管模式，作为班组的工作目标。

（一）服务好旅客，广泛听取旅客意见，以旅客需求为中心

之前班组在巡视过程中，使用的检查单是基于各类文件而设计的，在实际工作中存在以下问题：一是部分规章制度的更新无法满足旅客需求变化，二是旅客重点关注的问题和巡视重点检查的问题易出现偏差。为做好以旅客需求为中心，转变管理者思维，班组创新地将巡视工作与旅客投诉和旅客满意度数据相结合，定期将旅客抱怨、投诉的集中问题与旅客满意度较低的项目列入巡视检查项中，并作为重点检查项目。此方式有效地解决了旅客服务需求与巡视重点项目两层皮、偏差大的情况。例如：班组通过满意度调查问卷获知"充电设施不能正常使用"的情况，立即启动充电设施专项治理行动，排查、评估各区域充电设施的充足性，协调保障单位补充和优化；建立充电设施检查标准，组员每周对楼内充电设施进行一次全面排查，检查方式是自带手机等用电设备，逐一试用充电线或充电桩，发现不能正常充电的设备，第一时间联系维保单位修复，满足旅客实时充电的需求。

航站楼是旅客出行的重要场所，确保旅客人身、财产安全是班组的首要工作职责，在做好自身风险识别、评估、控制的基础上，我们时刻关注其他机场、相关行业已经发生的安全服务问题，开展排查，及时控制风险。例如由于商场防护措施不当，组员看到其他孩子在玩耍中把头磕破，敏锐意识到航站楼是否也有类似安全隐患，于是立刻开展全楼地毯式排查，排查出易磕碰、绊倒旅客的地方达60多处，在积极整改的同时，要求各单位建立长效管控机制，树立风险意识，要求在施工、购置设施设备时充分考虑人员磕碰风险。

（二）服务好驻楼单位，帮其排忧解难，提升服务品质

班组逐步转变成为驻楼单位的帮助者和服务者。例如：航站楼内施工人员容易违章，鉴于施工人员安全文化水平较低，常规安全教育培训方式收效甚微，于是班组将规章做成生动的视频，培训效果显著提升，违章情况大幅下降；根据驻楼商户管理特点及日常检查发现的问题，为每家商户量身订制培训材料，切实提升商户运行风险意识和服务品质；班组成员在巡视过程中会不定期与驻楼单位调研访谈，充分了解工作中遇到的问题并展开分析、评估，及时予以解决。2022年，班组推出航站楼服务管理"分层级网格化"思路，按照部门、岗位归属划分旅客服务管理最小单元，激发驻楼员工发现问题、解决问题的主动性，至此，旅客抱怨、投诉现场服务问题的数量明显下降。

（三）服务好机场公司，提供详实的运行服务数据，为实施决策提供依据

机场公司是重要战略的实施者，百灵班组的重要任务之一是及时、准确地提供运行服务数据。组员每日全楼检查至少4次，"微信运动"数据经常名列前茅。通过数据统计、分析，为机场公司在开展服务项目、打造服务品牌、解决服务问题时提供重要依据和支撑。例如：机场公司在建设旅客服务平台时，班组对平台全功能进行测试，并广泛征求旅客和各单位使用意见，为旅客服务平台的上线和优化作出贡献。旺季期间值机柜台饱和，会出现排队超时情况，班组将每日高峰期旅客排队时间、值机柜台使用效率等详细数据提供给机场公司，机场公司便立刻采取优化值机柜台分布、自助值机数量和位置等措施。目前，百灵班组每周进行航站楼运行数据统计分析并形成周报，为机场公司服务规划提供基础数据支撑。

三、案例价值

一句"狗仔队"让百灵班组转变工作思路、创新工作方法，得到了旅客、驻楼单位、机场公司的充分认可。"监管"与"服务"看似毫无关联甚至有些矛盾，百灵班组却将二者有机结合，创新建立起"服务型监管模式"，并

取得良好的实际效果。该案例以小见大，深挖管理潜能，在监管工作中融入服务理念，在行业内具有一定的推广价值。

航班正点，"行"之有效

——南昌机场客舱行李登机口卡控模式探索与实践

江西省机场集团有限公司

一、案例摘要

江西空港航空地面服务有限公司（以下简称江西地服）自 2017 至 2021 年，通过建立"机型 – 托运行李"预测模型、成立 QC 质量控制小组，运用塑料打包膜、栓挂优先行李条、定制行李标贴等系列措施，解决了登机口卡控行李"同机运输"、客舱行李摆放空间利用率等问题，提升了旅客登机口行李托运配合度，实现了登机口旅客行李的有效卡控，优化了旅客乘机体验，在确保空防安全的同时有效提升了航班正常性，为登机口行李卡控这一行业"难题"提供了解决问题的思路。

二、案例背景

航班正点是民航局真情服务的一项重要内容，近年来，全行业为提升服务品质，大力开展了航班正常性整治工作，但各大机场和航空公司在航班正常性管理方面依然面临着巨大压力。随着出行无纸化程度和航班客座率的逐年提升，旅客随身携带行李超规、超件现象不断增多，加上客舱行李架容量有限，因登机口及客舱临时处置旅客随身行李导致的航班延误数量随之不断攀升，旅客随身行李问题已经成为影响航班正常性的痛点之一。

三、项目过程

（一）寻找出路却处处受阻

在 2017 年，江西地服根据不同机型行李架容量、客座率等 5 个维度，建立了"机型 – 托运行李预测模型"，在一段时间内实现了登机口卡控行李为"0"的理想状态。如表 1 所示。

表 1　机型 – 托运行李预测模型

序号	机型	旅客人数	客座率	托运行李基数（X）	客舱托运行李数
1	B737–800 机型（167 座）	150–167	90% 以上	55	55–B
		133–149	80%–89%	49	49–B
2	A319 机型（128 座）	115–128	90% 以上	43	43–B
		102–114	80%–89%	37	37–B
3	A320 机型（158 座）	142–158	90% 以上	52	52–B
		126–141	80%–89%	46	46–B
4	A321 机型（194 座）	177–194	90% 以上	64	64–B
		155–176	80–89%	58	58–B
5	A330 机型（214 座）	192–214	90% 以上	71	71–B
		171–191	80%–89%	63	63–B
6	ERJ 机型（106 座）	因机型限制，当航班客座率超过 80%（人数超过 84）时，登机口拉杆箱均需托运			
7	MA60（52 座）	因 MA60 行李架限制，登机口拉杆箱均需托运			

但在 2020 年底，受自助值机、无纸化比例不断提升影响，值机柜台前端卡控模式逐步失效，江西地服在原有的保障模式下采取新的措施对行李卡控进行了"加固"。通过成立 QC 小组、定制差异化行李刻度尺等方法对超规行李进行卡控，临时托运处置效率有所提高，但航班保障超时现象仍时有发生，旅客随身行李托运问题的投诉量还在不断攀升。如图 1 所示。

图1 托运行李

通过分析发现，除了受自助值机率上升的影响外，登机口超规行李的卡控虽然更加完善，但是大部分旅客的行李均为合规行李，如何让合规行李的旅客能够配合我们的工作，尽量给航班保障时间留出裕度成为问题的关键。针对此情况，通过对各年龄层次和不同时段航班的900名旅客的市场调研，发现73.6%的旅客拒绝登机口托运的原因是登机口卡控的行李无法同机运输。

没有移动安检设备，又要实现行李"同机运输"，那就必须确保登机口卡控行李要在最短的时间内完成"二次安检"。为此，江西地服登机口服务员联动机坪装卸、监装监卸、行李牵引车司机、行李分拣、配载、安检行检等多个保障模块，将"同机运输"的流程所需时间进行了测算，得出：最迟在航班起飞前50分钟启动联合保障程序（30分钟行李截关），可以完成卡托行李的"同机运输"，也就意味着登机口卡控的行李从登机口运输至行李分拣完成三级判图仅有20分钟保障时间。为此，江西地服将登机口卡托工作提前至航班起飞前70分钟，使得卡控的行李不晚于50分钟交给机坪装卸，由行李牵引车司机快速拖至行李分拣重新安检判图后再运回机下装至腹舱。

本以为实现"同机运输"后能有效解决问题，但因北京等公商务航线旅客在登机前分布在航站楼商业、餐饮及贵宾区域，未集中在登机口候机，服务员巡视卡控难度大，加上大部分旅客以自己是合规行李或以托运后目的地等待提取时间长不方便、托运过程会弄脏或是损坏行李箱为由拒绝托运，旅客配合度低，一个航班最多也只能卡下 8~10 件行李，该问题仍未有效解决。

（二）抽丝剥茧、开拓新路

基于此，江西地服通过栓挂航空公司优先行李条，使用行李塑料打包膜，并通过二次安检和人工搬运（不通过行输系统），让行李最大限度减少破损，塑料薄膜在雨天也可防止行李淋湿，既能缩短旅客行李等待提取时间，又能让旅客有一种"贵宾式"的感受，旅客"看得见"，自然就愿意托运，旅客配合度得到大幅提升。如图 2 所示。

图 2　塑料薄膜打包行李

虽然登机口行李卡控成效明显，但因小件行李数量多，乘务员长时间整理客舱行李架行李仍然极易导致晚关舱门情况。

（三）精准"下药"、搭桥铺路

江西地服开始尝试提醒和引导旅客将背包、小包、手提袋等行李放在座椅下方，但客舱乘务员却总是反馈旅客依然将行李放置在行李架上。通过对旅客逐一询问了解到，原来旅客怕把放地上的行李弄脏了。于是，江西地服尝试采购多种型号塑料袋，将旅客小包、背包、软包等随身行李罩上塑料袋，并贴上"行李请放置座椅下方"标贴，让旅客不用担心客舱内地毯是否干净，是否会把行李弄脏，这一做法得到了客舱乘务员的高度认可，旅客配合度大幅提升，小件行李的摆放为行李架节约了一定的空间。如图 3 所示。

图 3　为行李罩上塑料袋

四、案例结果

通过一系列举措的实施，南昌机场客舱行李卡控效果明显，客舱行李临时托运情况不断降低，近期已降至个位数甚至实现了 0 件。这不仅有效解决了客舱行李临时托运造成航班保障超时的风险，为航班正点提供了助力，同时也进一步提高了行李运输品质，降低了托运行李破损率，缩短了行李提取等待时间，加大了行李运输宣传，为"真情服务"的落实起到了关键性的作用。此类方法为国内同层级机场提供了解决行李卡控的一些思路。同时，我们也在不断学习和思考新的方式方法，一是在登机口设置小型安检机，或购置移动安检机，能更有效实现登机口卡控行李同机运输；二是将行李卡控业务外包，外包公司人员负责在旅客进入候机厅办理值机手续时和安检口进行行李托运引导及卡控，外包费用来源于机场与航司分摊收取的行李托运费。

但旅客投诉率势必会大幅提高，如何解决上述问题，江西地服还在为此不断努力探索。

五、案例分析

理念转变是前提。在安全的前提下实现快速"二次安检"其实是流程的升级问题，只要适当地转换概念，升级流程，就有实现安全、服务共赢的可能。

精准管理是保证。根据有效、科学的方法进行卡控行李数量的预测和评估，准确推测是否会有客舱行李托运的情况发生，从而提前调配保障资源，有效地解决客舱行李临时托运的难题，进一步确保了航班正常、有序进行。

创新管理是出路。此案例的成功实施，很大部分原因也是由于打破了思维的壁垒，实施时涉及的各保障单位通力合作，推倒"部门墙"，以航班准点为共同目的，站在整条服务保障流程链上通力合作，这才使得问题迎刃而解。

丽江机场行李系统导包防翻滚装置领先国内中小机场

云南机场集团有限责任公司丽江机场

一、案例背景

　　行李系统作为机场航站楼中最为复杂的系统之一，其运行效率与质量直接关系着机场运营期间对旅客的服务承载能力，在保障机场航班正常运营和提升服务品质中发挥着至关重要的作用。

　　行李在过了安检机后一直到行李分拣环节，都是在行李系统输送线内输送。在实际运行过程中，安检机为了更好地扫描图像，一般要求行李箱侧放，因此，从安检机出来后注入收集段的行李大部分处于侧放状态，加上行李箱、包的外观、型号不一，行李系统（下坡段）在实际运行过程中，行李箱、包因与带面接触面积不够、重心偏移，极易发生翻滚、冲撞输送机侧板等现象，从而导致行李（贵重、易碎物品）破损、冲出输送带或造成设备损坏引起堵包故障等，引起影响设备运行及服务质量等一系列问题。后续造成的旅客投诉与索赔，降低了机场的服务质量，增加了运营成本。

　　如何避免行李在运输过程中因翻滚而导致损坏、丢失，及其导致的行李不能同机抵达等问题，是行业内没有在行李系统中使用框系统的中小型机场面对的一个难题。

二、行李导包防翻滚装置研发

针对这一行业内的"痛点和难点"，丽江三义国际机场（以下简称丽江机场）航站区管理部于 2018 年便开始构思并做了初步设计，2021 年度通过了集团创新课题立项计划，成立课题研究小组，通过小组成员集思广益和通力协作于 2021 年底完工。从设备的现状出发，兼顾研究产品的实用性，设计制作了行李系统导包防翻滚装置。该装置由一台电机和辊筒以及固定支架组成，前后增加了两个光电管及控制电路，当前一个光电管检测到行李经过，3 秒后，若后一个光电管未检测到行李经过，则电机转动将辊筒抬起放行行李。此外，导包辊筒倾角大小可控可调，确保所有行李能被有效放倒，且设备控制保护上设堵包检测、自动调节连锁保护功能，当检测报警时，导包角度还可自动调整收回，避免发生堵包故障，有效解决了因行李损坏影响机场服务质量的问题。

三、成效

自 2021 年 12 月投入使用以来，导包效果显著，达到了预期的使用效果。在现有设备上加装该装置时，施工难度小，成本较低，原有设备的程序无需改动，硬件改动小，收效明显，性价比很高。该装置能够将 95% 以上的侧放行李平放到输送机带面上，增加行李与带面的接触面积，有效降低旅客行李因翻滚引起的破损，很大程度上解决堵包、卡包等现象，提高了行李系统运行保障能力。如图 1 所示。

图 1 导包装置

2021 年 10 月 22 日，丽江机场航站区管理部对导包装置申请"行李输送系统导包防翻滚装置"实用新型专利证书，国家知识产权局于 2022 年 4 月 5 日颁发了实用新型专利证书并对该专利进行授权（专利号：ZL 2021 2 2549147.4）。

四、案例价值

该装置下一步可在行业内的中小型机场大规模推广。中小型机场的出港行李输送一般都是人工分拣，没有自动分拣功能，因此不会有行李框系统，行李箱包无法搭载框系统，都是直接进入系统托运，很容易发生行李翻滚等情况，如增加行李框系统存在一系列问题，如建筑空间受限、成本增加等。行李系统导包防翻滚装置能有效解决这一难题，在全国中小型机场行李输送系统中具有很好的推广价值。

丽江机场防翻捡垃圾桶案例

云南机场集团有限公司丽江机场

一、案例背景

丽江三义国际机场（以下简称丽江机场）作为滇西北重要的交通枢纽，每天要为成千上万的旅客提供服务，是丽江市有名的窗口单位。改善硬件设施、做好服务工作、提升机场形象，为出行旅客提供干净、卫生、舒适的候机楼环境，一直是机场的一项重要工作。

垃圾桶是旅客在候机楼等公共场所使用频率最高的服务设施，是开展好爱国卫生运动的重要保障，是影响旅客服务体验的重要环节。丽江机场出发大厅、高架桥上下层、迎客厅、停车场等开放区域经常有外来人员翻捡垃圾桶，捡拾废品，对公共区域造成二次污染，影响了环境卫生及机场形象。对于翻捡垃圾桶的人员机场管理难度较大，在日常管理工作中为避免发生冲突，都以劝导为主，但效果不佳，外来人员翻捡垃圾的现象时有发生。

二、防翻捡垃圾桶的研发

为从根本上解决这一问题，营造平安、和谐、卫生的机场环境，丽江机场组织工作人员集思广益，对公共区域垃圾桶的结构进行研究，发挥创新思维，几经思考终于绘制出了草图，经过多次修改，垃圾桶设计图终于成型。随即着手实施制作，查找联系确定厂家，对接设计效果图，确定款式并最终发明出了"防翻捡垃圾桶"。防翻捡垃圾桶外观大气且符合候机楼整体环境，垃圾桶内采用双片相对徐徐向下的构造，垃圾"Z"字形落入垃圾桶，垃圾口垃圾只能进不能出，人手无法伸入。通过推广使用，有效地解决了外来人员在公共区域翻捡垃圾桶从而影响环境卫生及机场形象的问题。

三、成效

防翻捡垃圾桶在设计制作并推广使用后，便取得了较好的经济效益和社会效益。垃圾桶独特的内部设计，有效防止了人员翻捡、垃圾溢出，外来人员进入机场捡拾垃圾桶内物品的现象得到杜绝，大大改善了机场公共场所的环境卫生，巩固了爱国卫生运动成果，提升了服务质量和机场形象。

2019 年 1 月 23 日，"防翻捡垃圾桶"申请了"一种防翻捡垃圾桶"实用新型专利证书，国家知识产权局于 2019 年 11 月 1 日颁发了《"一种防翻捡垃圾桶"实用新型专利证书》（专利号为：ZL 2019 2 0110771.4.）。

四、案例价值

该发明专利经历了方案确定、图纸设计及优化、市场调研分析、实物制作改进、专利撰写及申请等一系列过程。经过反复琢磨、仔细推敲、多次试验，凝聚了部门领导和员工的聪明才智和汗水，最终设计出了方便、实用、有效的防翻捡垃圾桶。

在机场及各类公共场所，拾荒人员翻捡垃圾桶造成环境污染的现象屡见不鲜，单靠管理措施很难取得实效。防翻捡垃圾桶的推广使用能有效阻止拾荒人员翻找废品，也能避免在管理过程中造成的冲突，有助于保持良好的环境卫生，解决了公共场所环境卫生管理的一大难题。

阿克苏机场"平安行"中转服务发展潜力优秀案例

——疆内环起来，进出疆快起来，致力于打造疆内次枢纽

新疆机场（集团）有限责任公司阿克苏机场

一、背景介绍

G54022（和田—阿克苏）转机 G54618（阿克苏—西宁），航线衔接时间小于阿克苏红旗坡机场（以下简称阿克苏机场）（MCT）最短衔接时间，通过充分发挥"平安行"中转服务便捷性，圆满保障 11 名转机旅客顺利登机。

二、事件经过

5 月 11 日 G54022 和田—阿克苏（计划到达时间 15：10，当日因第三方用户延误，实际到达时间 16：45）。14：03，阿克苏机场接到华夏航空该航班有通程航班 G54022（和田—阿克苏）中转 G54618（阿克苏—西宁），通程旅客 11 名，托运行李 4 件，G54618 计划起飞时间 17：20。按起飞前 15 分钟关闭登机口的要求，航班衔接时间仅有 20 分钟。旅客服务部提前将该

情况报告现场运行监管，按照中转旅客"不讲条件，做好准备；边实施，边决策"的保障原则，协调将通程的两个航班分别安排在5号、9号最近的相邻机位。旅客服务部提前将11名旅客后续航班登机牌打印出来，并加盖验讫章。

16：51，待G54022在5号停机位停稳后，现场运行监管发布启动"机坪中转"保障流程，中转接机员手持转机旅客名单，核对完毕后，由摆渡车摆渡至9号廊桥机位组织11名通程旅客完成G54618登机（实现"舱门对舱门"）。行李分拣岗完成了托运行李的机下挑拣和栓挂（实现了"机位对机位"）。17：04，该11名通程旅客完成了登机，托运行李完成了装机。17：07，G54618舱门关闭等待滑出。17：20，G54618按计划时间起飞。

三、阿克苏区位优势

地处南疆中心，区位独特，邻五地州接吉尔吉斯斯坦、哈萨克斯坦两国，500公里半径辐射喀什、和田、克州、巴州、伊犁，是沟通天山南北的关节点、向西发展的前沿地。2019年11月华夏航空建立阿克苏基地，开通疆内环飞、串飞航线13条，初步建成了"疆内成网、四通八达"航线网。

四、面临的问题

（1）基于阿克苏地理和区位优势，疆内航线与原有疆外航线初步形成航线网，逐渐衍生出旅客对"中转服务"的需求，且中转市场需求量逐步增大，还没有中转服务保障流程。

（2）如何解决前序航班延误中转后续航班旅客的困惑？

五、解决方案

（一）创建"平安行"中转品牌

2019年8月，以阿克苏特色产品"苹果"为代表主题元素，形成了苹果轮廓航线构想，创建了"平安行"中转服务 LOGO，整体勾勒出构建阿克苏为中转枢纽机场的意义所在（如图 1 所示）。

图 1　　"平安行" LOGO

（二）中转服务群体识别

针对"疆内转疆外、疆外转疆内、疆内转疆内"三类中转旅客，衔接紧密的航线网、便捷的中转流程、贴心的中转服务，培养了旅客的中转习惯，赢得了固定的中转客源。

六、实践效果

通过紧扣以阿克苏地域文化为主导，围绕广大旅客对中转服务体验和出行的需求，全力打造具有阿克苏特色的"平安行"中转服务品牌，并设立"疆内环起来，进出疆快起来，致力于打造疆内中转次枢纽"的中转服务目标。

（1）"平安行"中转在通程服务要求的基础上，推出"五免、四享、三优、两快、一易购"延伸服务产品。如图 2 所示。

五免：免二次安检、免二次托运行李、免费客票变更、免费隔夜住宿（含酒店至机场间地面运输）、免行李寄存。

四享：专人引导、专用中转通道、专用机坪中转摆渡车、专用休息厅。

图 2　中转服务

三优：优惠购物、优惠就餐、优先登机。

两快：旅客急转、托运行李急转。

一易购：轻松购地方特产。

（2）通过中转服务保障经验积累将《"平安行"中转服务保障流程》升级为《"平安行"中转服务保障规范》（2.0 版本）。

升级后的中转柜台内容更精确，旅客更易识别，可提供信息查询服务功能，中转航班衔接时长告知、后段行程值机、后段行李托运、后段逾重行李费用等信息服务；专用中转休息厅；提高中转保障效率，缩短 MCT 时间，对前后段航班实际衔接时间小于 MCT 时间的通程航班，推出"机坪中转"保障流程（针对急转旅客推出"舱门对舱门"；针对急转行李推出"机位对机位"；针对急转货物推出 1 小时流程）。

七、创新点 / 价值点

（一）启用中转摆渡车，让中转跑出"加速度"

阿克苏机场为"T1+T2"双航站楼运行模式，对前后段航班实际衔接时间小于 MCT 的通程航班，启用"机坪中转"服务保障流程，中转摆渡车用于机坪"廊桥机位与远机位、候机楼与远机位、远机位与远机位"机坪中转旅客的短途接驳，实现"旅客舱门到舱门 + 行李机位到机位"的转机体验，切实跑出了机坪中转服务的"加速度"，为打造"更高质量、更高效率、更加舒心、更加便捷"的机坪中转服务圈奠定了坚实的基础。

（二）通程服务开启中转新业态

2022 年阿克苏机场被民航局列为通程航班试点单位，以推进"平安行"中转服务为导向，通过强化与华夏航空合作开发通程航班产品，以阿克苏机场始发、中转的通程航班产品为重点，上线了"华夏航空 + 深航""华夏航空 + 川航""华夏航空 + 厦航""华夏航空 + 河北航""华夏航空 + 海航""华夏航空 + 西藏航"等 80 条航线（其中含始发 30 条、中转 37 条、到达 13 条），奋力提升了阿克苏机场航线的通达性和衔接度，满足后疫情时代人民群众出行需求。据统计，阿克苏机场加入通程航班管理平台后共保障通程旅客 1 549 人，位居全国第 4。

进入 7 月，将迎来暑运、生产旺季，日均中转旅客可达 230 左右。

八、案例思考

阿克苏机场被新疆机场集团列为"快线 + 环线 + 机坪中转 + 隔离区签转"试点单位，将持续发挥"平安行"服务品牌引领作用，通过"环环相扣、手手相接"解决转机旅客服务痛点，如因特殊情况造成航班错失，机场和航司合力提前制定最优的中转方案并传递给旅客，形成"平安行"中转服务的闭环管理。

机场加强与各运营航空公司的深度合作以及积极引进新的航空公司进

驻阿克苏航空市场，实现资源共享，以发展"平安行"中转服务为导向，织牢织密"支支 + 干支"航空网络布局。还将进一步利用更完善的信息化手段、智能化设备提升中转服务保障；拓展创新性的中转产品和中转增值服务；不断延伸和拓展中转服务品牌的深度和广度，为中转服务品牌赋予新的服务保障内容，惠及中转旅客航空出行链条，刷新"平安行"中转服务给旅客带来的品牌效应。

下一步阿克苏机场将持续升级"平安行"中转服务保障流程 3.0 版本；在 OTA 平台，宣传"平安行"中转服务，让旅客体验机场中转服务的便捷性；借力 OTA 平台以"优惠大礼包"的形式，向旅客发放旅游景点优惠门票等，充分推广阿克苏的旅游资源；加强与地方政府沟通，OTA 平台可联系协议航空公司开一场线上旅游推介直播。以发展中转旅客为导向，通过"航空 + 旅游""航空 + 物流"等领域的广泛合作，提高航线及航班等资源地利用率，拉动机场以及附近区域的经济发展，共同构建阿克苏机场成为更有意义的中转枢纽。

恩施机场航班延误服务补救七步法

湖北机场集团恩施机场有限责任公司

恩施许家坪机场（以下简称恩施机场）充分利用民族特色、旅游特色，运用极具巴文化特色的"巴韵情"服务品牌，通过航延期间表演具有土苗特色的歌舞、工间操、网红快闪、红歌等形式，牵动旅客共情；同时在主动对接、及时发布、面对面保障旅客期间，针对特殊旅客细化服务措施，采取"一对一""手把手"交接服务，不断强化对特殊旅客的人文关怀，缓解旅客焦躁忧虑情绪，落地恩施机场"服务有情、航延无忧"品牌承诺。

一、背景

航班延误一直是民航业不可避免的焦点，也是关系旅客出行体验的重要因素。除了最常见的天气原因外，流量控制、军事活动、公共安全、机械故障、航司计划原因等导致的航延处置已经成为航空业的常态，更是机场服务中的"痛点、难点"。

二、典型事例

充分落地"巴韵情"品牌举措，旅客畅享恩施机场民族特色服务。

在航班延误时间较长时，服务人员身着民族服装在候机楼内为旅客表演具有土苗特色的歌舞及快闪，转移旅客注意力，带动旅客情绪，同时放松旅客心情。2021年以来，在航延时为旅客表演土家摆手舞、工间操、网红快闪、红歌表演等共8场。其中2021年6月的一场表演让人印象最为深刻，航班长时间延误后，地服工作人员一首《映山红》引起了近300位旅客的共鸣，随着音乐声响起，人群中一位老人拿出自己心爱的口风琴跟着旋律吹了起来，彻底激发了大厅所有人的爱国情怀，没有组织没有编排，大家纷纷跟着音乐合唱出了对祖国的无限热爱，延误后的候机大厅瞬间变成理解包容的欢乐场。如图1所示。

图1　众人合唱《映山红》

三、面临问题

近3年来在恩施机场的旅客投诉中，旅客对航延或其处置不满意占比近60%；此外，由于自媒体的迅猛发展，广大旅客纷纷通过微信朋友圈、微博、抖音短视频等表达自己对航班延误的不满，对航延后的食宿安排、机票退改签、信息告知、服务态度等进行诟病，甚至用网络文字、图片、视频等方式通过各类平台广为传播，引发舆情危机。

四、解决方案——航班延误服务补救七步法

制定航班延误服务 SOP 手册，围绕旅客关切推出航延服务举措，解决旅客后顾之忧，个性化服务满足特殊旅客需求。

一是地服部建立信息联络机制，通过组建与航司、协议酒店、协议航延用车单位、现场指挥中心、后勤保障部门的专用航延保障联络群，确保所有信息能快速准确地发布至各保障单位，实现最快的速度响应。

二是地服部积极与航司、空管塔台、现场指挥中心对接，第一时间通过航显、广播、展板等形式向旅客发布精准的、统一口径的航延信息以及后续安排及服务内容，并每 20 分钟向旅客动态更新播报最新消息。

三是根据航班延误班次及旅客滞留人数增加服务人员，对旅客进行分散的面对面的服务，减少旅客聚集，解决主要矛盾，化解航延危机。

四是提前预判延误航班，主动向航司申请为旅客发放餐食、饮料、点心等，并第一时间告知旅客，打消旅客担忧。如图 2 所示。

图 2　向旅客发放点心

五是协助旅客解决后续中转航班问题，通过"经汉飞"干支结合业务，与武汉天河机场中转部对接，对中转旅客在本站提供一次值机、行李直挂、一次安检等服务，解决旅客赶不上后续航班的后顾之忧。

六是针对老人、儿童、残疾人等特殊旅客，细化服务措施。航班延误后分别指定专属休息区域，残疾人由专人全程陪伴送达登机，个性化订制儿童"一对一""手把手"交接服务，加强特殊旅客人文关怀；同时针对老年人、孕妇等行动不便旅客，航延后安排专人在电梯处进行安全提示和现场疏导，免费提供毛毯、垃圾袋、干/湿纸巾、口罩等，切实保障特殊旅客的航空出行需求，缓解焦躁忧虑情绪。如图3所示。

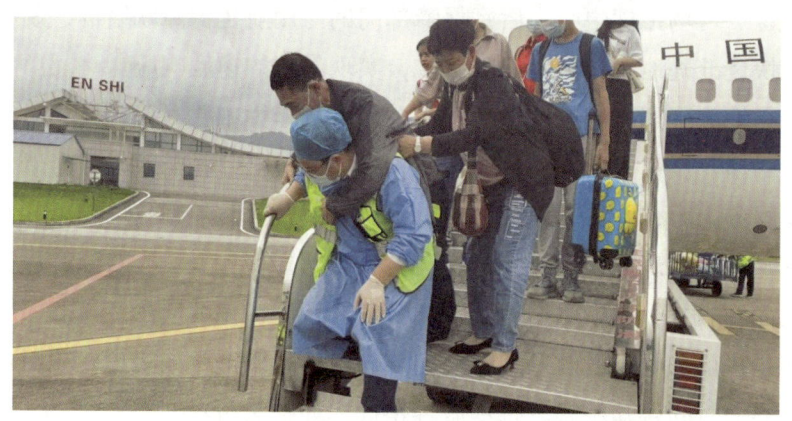

图 3　特殊旅客服务

七是航延后提前了解旅客禁忌和民族习俗，为旅客分类安排餐食点心，比如为回族旅客安排特色餐食、为素食主义者提供全素食品等，个性化服务满足了广大旅客需求。

五、实践效果、价值及社会、经济收益

（一）经济效益

通过航延后的多频次品牌化服务，地面服务部优化保障流程，提升了航延协议酒店、航延用车的整体效率，降低了机场保障成本；精准服务减少了航延投诉，摒弃了航延后"人海战术"解决问题的传统模式，节约了人工成本。

（二）社会效益

"服务有情、航延无忧"推出后，促进了服务提档升级，同时又升华丰富了"巴韵情"服务品牌的内涵。2020年恩施机场荣获中国旅游协会民航

专业委员会颁发的"支线旅游机场示范单位"称号，2021 年荣获民航重大运输保障工作先进集体，先后被代理的东航、南航、桂林航等多家航司评定为"最佳代理保障单位"；为旅客带来了更舒适的出行体验，为机场创造了良好的服务口碑和满意度，2022 年未发生关于航延服务的投诉，因此，服务品牌"巴韵情"的社会美誉度和传播率得到极大提升。如图 4 所示。

图 4　社会效益显著

六、案例思考

1. 案例核心及关键

恩施机场地服部充分发挥旅游区位、民族特色优势，缔造丰富创新服务产品，通过土苗特色舞蹈、快闪、经典歌曲合唱等形式，转移旅客焦躁情绪，引发共情，同时通过"一对一""手把手"的细致化服务措施，持续创造包容、欢快的航延后候机氛围。

2. 未来思路及发展前景

恩施机场位于湖北省恩施土家族苗族自治州，地处鄂、湘、渝三省交汇处，区位优势明显，恩施是近年来全国旅游新发现，更是旅游打卡网红热地。受民族特色、旅游特色加持，恩施机场打造了极具巴文化特色的服务品牌——

"巴韵情"，在"平安、真情、人文"的品牌核心价值引领下，更是机遇无限。恩施州素有"鄂西林海""华中药库""烟草王国""世界硒都"等盛誉，机场代表着恩施窗口形象职能，更是土家族、苗族、侗族、蒙古族等 28 个少数民族特色文化的宣传载体。"巴韵情"特色的服务品牌不仅承载着恩施民族立州、旅游立州的文化导向，更肩负着对外民族文化交流、国际特色文化交往的使命，在"文化先行"的时代浪潮下，以"巴韵情"服务品牌为切入点，推广恩施机场民族特色文化唱响全国、走向世界。

吉安机场"安检自动回传系统"助力安全服务大提升案例

江西省机场集团有限公司吉安机场分公司

一、项目背景

吉安井冈山机场（以下简称吉安机场）位于风景秀丽的中国革命摇篮——井冈山脚下，为4C级军民合用旅游支线机场。2019年旅客吞吐量突破87万人次，2020年旅客吞吐量56.3万人次，2021年机场已开通国内通航城市20个。机场在快速发展，人民群众出行需求也在不断攀升，许多乘机旅客携带的液态物品及大件行李，不仅给机场安检带来了很大的难度，安检人员对需要开包行李和物品的搬运负荷在增大，而且可能影响到飞机的安全正点。尤其作为红色支线旅游机场，如何为旅客提供安全、舒适、快捷、便利的服务，切实解决工作环境、旅客服务需求、员工关心关爱等共性需求和普遍问题，是我们研发此项目的初衷。

二、策划与设计

众所周知，国内机场每条安检通道都会配备一台X光机，每当需要复检箱包或开包检查时,开包员都需要把这个箱包从设备的上方交给前引导员。如此反复,加之有些箱包确实比较重,岗位人员经常会感觉力不从心。以本场2019年安检数据统计,安检员每天需要搬运复检的行李都在2 600件以上,劳动强度可想而知。尤其是这两个岗位,若是安检女员工,一天工作下来腰酸背痛,员工的负面情绪也随之而来,极大地降低了安检工作效率,而且行李在搬运过程中极容易散落包内物品,难免造成旅客投诉和抱怨。

当前民航业内运行的回传系统大多是大型回传设备,对于中小机场而言,主要存在占用面积大、投入费用高、回传效率低、后期维护成本大等缺点,只适用于大型机场。而中小机场每条安全检查通道长度在13米,宽度在4米,基本采用单门单机的模式开展民航安全检查工作。由于受安检通道面积限制,无法放置各种大型回传设备,由此研发适合中小机场的"安检自动回传系统",来提升支线机场的安全服务水平很有必要。

三、落地与实施

（一）内涵

为解决这一难题,结合通道有限的空间,通过以机械传动代替人工搬运的方式将行李传送到指定区域,在安检流程上进行优化,缩短旅客等待行李复检时间。同时根据通道长度来确定设备具体尺寸,从缩短有效传动距离来提高传动效率,以此节省行李回传时间,这样就可以极大提高安检工作效率,减轻安检人员劳动强度。

（二）创新的整体思路

1. 研发设备创新机制

课题组研究了行业内现行的回传系统的工作模式,比较了齿轮式传动、皮带式传动以及链轮式传动的优缺点,综合考虑现场实际使用环境以及安装维护难度,最终选择以链轮式传动作为本设计的传动方式。并结合安检通道长度以及民航运输行李尺寸的要求,确定了设备长度为5.4米,恰好为开包员和前传员都舒适的尺寸;宽为40厘米,为旅客随身携带行李的标准尺寸(可根据自身场地实际来调整尺寸大小)。

2. 建立业务保证机制

紧跟民航局"三基"建设步伐，编写了设备使用规范，同时纳入岗位操作手册，通过全员培训，掌握设备日常使用方法，提高设备操作人员的熟练掌握程度，同时建立"一机一档"设备档案，落实每日巡视检查、每季度维护保养，从而保证设备长周期运行，做到了人人都是设备管理员，降低了设备使用故障率。

3. 启动风险评估机制

课题组根据观察试运行期间出现的问题以及使用者反馈的实际使用情况，从使用者的角度出发对本设计进行优化与调试。并在设备投入运行前开展风险评估，主要对设备本身的风险、设备运行风险、外界条件对设备影响的风险进行分析研究，制定具体措施进行安全管控，以保证设备自身的稳定性和可靠性。

4. 总结完善工作机制

课题组持续跟踪设计成品的使用情况，对出现的问题及时记录和改进。为做到实用创新，课题组成员分头走访本市机电生产厂家，了解回传设备取材和汲取工艺制作经验，再进一步对设备外观、内部细节进行了全面打磨和改进，为下一周期设备生产安稳长优运行打下良好的基础和前提。

（三）重点创新内容的实施

为了精益求精，又增加了光束感应停止的功能和调速器，实现自由设置传动速率和报警功能，设备功能也进一步得到提升和完善。经过课题组的不断努力，实现了以机械传动代替人工搬运的方式，优化了安检流程，缩短了旅客过检时间，提高了安检工作效率和服务品质。

四、效果或收益

（一）实施后解决的问题

（1）开包员只需将复检的行李放于该装置上，行李轻松回传到前端便可快速完成行李复检工作。一方面降低不必要的财产损失，避免了不必要的纠纷；另一方面解决了视觉盲区可能带来的漏检风险。

（2）该系统的应用优化了安检流程，降低了安检人员的劳动强度。从原来复检每个箱包需要 30 秒的时间，缩短至 8 秒，节约了旅客过检时间，降低了行李物品掉落的风险，极大地提高了安检工作效率和旅客体验满意度。

（二）其他收益情况

（1）旅客过检体验得到提升外，检查效率也有所提高，每名旅客平均检查总时长减少约 30%；

（2）2019 年获得新型专利证书，2020 年获得全国设备管理与技术创新成果优秀奖；

（3）民航业内和同行十分关注，纷纷致电了解详情和前来参观学习。2021 年获得 CAPSE 创新奖，有力地促进了支线机场智慧民航建设步伐。

五、探讨与启示

该安检回传系统结构简单，费用成本低，稳定性好，占地面积小，节省传送时间，提高了工作效率，适合国内各中小机场，为日常安全检查工作的开展提供了极大的便利。但该行李回传仍有持续改进的空间，例如怎样解决将需要复检的行李和箱包自行传送到安检回传设备上，无需人工的搬运和放置，真正在中小机场实现全流程自动化、智能化，这是我们思虑和努力的方向。

乌兰浩特机场标准化通程服务案例

内蒙古自治区民航机场集团有限责任公司乌兰浩特分公司

为积极落实民航局"我为群众办实事"的工作要求，进一步提升兴安盟及其周边地区航空通达性，乌兰浩特义勒力特机场（以下简称乌兰浩特机场）在内蒙古自治区民航机场机场集团有限责任公司的大力支持下，依托华夏航空航线网络和呼和浩特机场区域枢纽建设，通过跨航司航班组合的方式，建立了"通程航班"这一新的旅客出行产品。

一、背景介绍

乌兰浩特机场作为兴安盟及其周边地区对外交通连接的重要窗口，肩负着促进地区经济社会发展的重要职责，但限于地方经济发展状况，市场需求分散、开通后运行压力大、航司运营成本高等现实问题，本地区直达通航城市航线偏少。通程服务启动前，乌兰浩特机场仅有北京、呼和浩特等方向的点对点航班。但当地旅客在其他通航城市需求上仍以现有点对点通航城市进行中转，在时刻选择上存在局限性。为提升本场航空通达性和百姓出行便利度，机场以通程航班和优质服务推动地方客流、物流以点带面互达互通，助力地区经济社会发展。

二、事件经过

2021 年 12 月 16 日，乌兰浩特机场启动全国首家标准化通程服务，通过跨航司航班组合的方式，使乌兰浩特机场的飞抵城市由原来的 15 个快速提升至超过 100 个，其中 50 多个城市能够实现当日达。如图 1 所示。

图 1　全国首家标准化通程服务·机场运行启动仪式

三、面临的问题

（1）通程服务的最终目的是什么，应该要达到什么样的标准？
（2）如何直观地区别通程旅客和中转旅客？

四、解决方案

（1）根据旅客流向从进港保障、出港保障及中转保障 3 个方面进行流程梳理，制定了《乌兰浩特机场通程航班服务手册》《乌兰浩特机场通程驿站作业指导书》《乌兰浩特机场通程值机作业指导书》等规章制度。根据各级《通用基本服务规范》要求，结合通程航班服务特点制定了《乌兰浩特机场通程航班服务标准》，使标准化通程服务有法可依、有规可循。如图2所示。

图2　乌兰浩特机场工作人员帮助通程航班旅客办理值机

（2）通过对系统和设备的积极探索，联合中航信开发了通程值机系统，该系统是在局方"一次值机"这个要求的基础上做出了进一步的创新，打印一张直达目的地的登机牌，通程旅客可以在始发站到目的站凭借一张登机牌走完全程，真正实现对标直飞、经停的旅客服务，让通程旅客也可以享受"一票到底"的乘机体验。

五、实践效果

（1）极大地拓展了乌兰浩特机场航空通达性，使乌兰浩特机场的飞抵城市由原来的15个快速提升至超过100，其中50多个城市能够实现当日到达，极大满足了旅客个性化出行需求，有效缓解了地方百姓出行难题，破解了本地区通航点较少、旅客个性化出行需求不断增加的难点，解决了地方百姓出行难、中转难、时间难等问题。

（2）创新破解旅客经停中转办理乘机手续的复杂性，通过"通程航班"服务，提供"一次支付、一次值机、一次安检、行李直挂、无忧中转"5项标准服务，实现了通程一个航班号、实名接机引导、呼和浩特中转无需再次办手续可以直接转机，有效提升了旅客出行效率及体验。

六、创新点 / 价值点

（1）"一票到底"：将两张不同航段的登机牌合成一张，登机牌上航程信息按顺序依次排列，座位号、登机时间等关键信息清晰、醒目，不仅方便旅客关注和掌握航班信息，也简化了值机流程。同时，通程旅客在不同航段间不再需要更换登机牌，真正实现了"一票到底"。如图3所示。

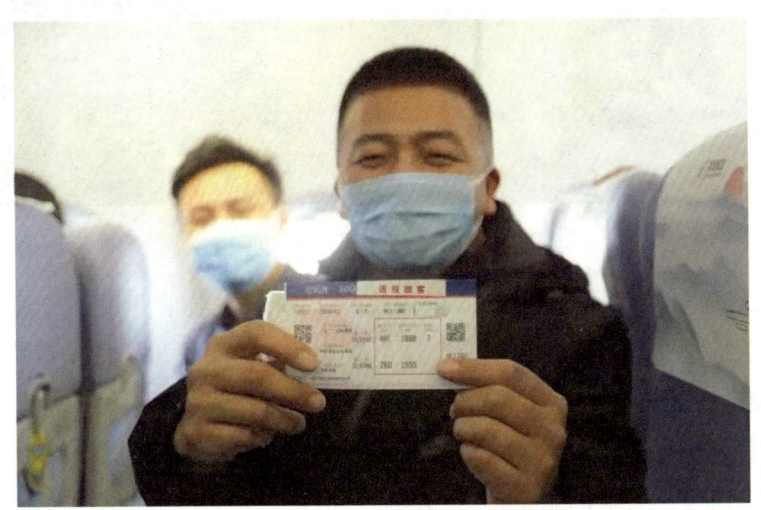

图 3　拿到通程航班登机牌的旅客

（2）"专属优享"：在候机楼内打造通程驿站，配备专职服务人员，增加通程航班航显，为通程旅客提供12项服务权益，即五享（专享柜台、一次值机、行李直达、转机引导、专属客服）；四优（优先值机、优先前排座位、优先安检、优先登机）；三免（专属驿站免费休息、20千克免费托运行李额、非自身原因航班不正常免费退改签）。

（3）"全程无忧"：根据离港系统，实时跟踪旅客航班动态及旅客出行情况，及时主动接入通程航班异常情况，并根据实际情况，为通程旅客提供解决方案，主要包括"航变无忧"、紧急转机等服务，确保旅客顺利出行。如图4所示。

图 4　乌兰浩特机场通程驿站

（4）"衔接便利"：在乌兰浩特机场办理值机手续、行李托运、安全检查后，在中转机场无需出站、无需重复办理行李托运、无需二次安检、无需到中转柜台确认下一段行程，大大提升了旅客整体转机效率。

七、案例思考

（一）案例核心和关键

通过创新标准化通程航班服务产品，简化旅客购票环节以及无需自己费力组合航班，依托呼和浩特区域枢纽，以旅客便利出行为出发点，优化保障流程，升级服务标准，提供更加便捷的航线选择，提升通达效率，简化旅客出行手续，提升出行服务体验。

（二）未来思路和发展前景

开通通程航班业务，不仅为中小机场特别是通达能力较弱的偏远地区机场解决当地旅客航程需求分散、通达性不足的问题，还对提升航线网络覆盖布局面，具有可借鉴、可复制的重要意义，使"我为群众办实事"真正落地落实，便利老百姓出行。

二连浩特机场"建设光伏车棚助力绿色发展"案例

二连浩特赛乌素机场管理有限公司

光伏组件代替车棚的顶面实现发电功能,既能为过往旅客的爱车提供遮阳防雨场所,又能通过光伏方阵将太阳能转化成电能(直流电),经过电缆传输到逆变器,逆变器采用 MPPT(最大功率跟踪)技术跟踪最大发电功率,通过逆变单元将直流电(DC)变成交流电(AC),输出符合电网要求的交流电能,再接入用户电网。这可谓一举多得,是践行绿色低碳理念、助力绿色机场建设的行动体现,可实现社会效益和经济效益双丰收,有效提升旅客服务体验。

一、背景介绍

近年来,随着光伏等清洁能源的不断发展和国家"双碳"目标对社会节能减排、绿色环保的需要,如何将新能源产业建设融入城市景观和大众生活当中将成为至关重要的研究课题。二连浩特地处内陆,属中温带大陆性季风气候和干旱荒漠草原气候。项目场址水平年总辐射量为每平方米 1 735 千瓦时,以太阳总辐射的年总量为指标,进行太阳能资源丰富程度评估。根据《太阳能资源评估方法》（GB/T 37526—2019）年水平面总辐照量（GHR）等级划分，项目场址属于 B 类地区，即太阳能资源很丰富区，适合建设光伏发电项目。二连浩特赛乌素机场(以下简称二连浩特机场)顺势而为、主动作为，积极联系地方政府和二连浩特京能新能源有限公司商洽光伏发电项目事宜。

二、事件经过

二连浩特市属于边贸城市，人员流动量较大，过往旅客中大多数为经商人员，据统计，2020 年疫情前国际航班（二连浩特 ⇆ 乌兰巴托）和国内多个航班的旅客经常驾车到机场，把车停在停车场后前往各自目的地，部分旅客停车时长达半个月、一个月甚至半年之久，二连浩特常年风沙较大、气候恶劣，车辆在停车场长时间日晒雨淋，旅客较为心疼车辆。二连浩特机场以实际行动践行"人民航空为人民"理念，充分利用原有场地，采用光伏车棚，既能发电又能起到遮阳防雨的作用，为旅客的爱车提供"避风港"。

三、面临的问题

（一）如何选择组件类型

商用的太阳电池主要有以下几种类型：单晶硅太阳电池、多晶硅太阳电池、非晶硅太阳电池、碲化镉电池、铜铟硒电池等。这就存在如何选择组件类型的问题。

（二）如何选择晶硅类电池

晶硅类电池又分为单晶硅电池组件和多晶硅电池组件。这就存在选择哪类电池的问题。

四、解决方案

（一）选择组件类型

单晶硅、多晶硅太阳电池由于具有技术成熟、产品性能稳定、使用寿命长、光电转化效率相对较高的特点，被广泛应用于大型并网光伏电站项目。非晶硅薄膜太阳电池由于其稳定性较差、光电转化效率相对较低、使用寿命相对较短的原因，在兆瓦级太阳能光伏电站的应用上受到一定的限制，且非晶硅薄膜电池在国内产量很小，目前没有大规模生产。而碲化镉、铜铟硒电池则由于原材料剧毒或原材料有稀缺性，规模化生产受到限制。因此，本工程选用晶硅类光伏组件。

（二）选择晶硅类电池

单晶硅和多晶硅两种组件最大的差别是单晶硅组件的光电转化效率略高于多晶硅组件，也就是相同功率的电池组件，单晶硅组件的面积小于多晶硅组件的面积。目前大功率的太阳能电池板组件类型均为单晶硅组件。

单晶硅组件的转换效率比多晶硅组件略高为 1%~2% 左右，且弱光下的光电转换效率较高，在多年使用条件下衰减率少于多晶硅组件。通过对比，结合本工程实际情况，选用单晶硅电池组件。

五、实践效果

本项目所占场地面积约 28 000 平方米，东西向长 234 米，南北向长 120 米，场地内有两块现有景观，将整个场地分为 3 个停车区，总车位数 384 个。其中光伏车棚停车位 96 个。

3 个停车区内共含 2 组光伏车棚，每组车棚宽 11 米、长 72 米。每组车棚由 12 跨钢结构支撑，上覆光伏板，每 2 个车位为一跨，一跨 6 米，共 72 米。每跨均为单柱双向悬挑结构，双面布车位，车位尺寸为 3 米 ×5.5 米。光伏车棚的建设，让过往旅客的车辆可以无惧烈日、雨雪侵扰，拥有阴凉停车之所，还可实现大小车辆分区停放。

六、创新点 / 价值点

光伏车棚既能为过往旅客的爱车提供遮阳防雨场所，又能通过光伏方阵将太阳能转化成电能（直流电），经过电缆传输到逆变器，逆变器采用

MPPT（最大功率跟踪）技术跟踪最大发电功率，通过逆变单元将直流电（DC）变成交流电（AC），输出符合电网要求的交流电能，再接入用户电网。

七、案例思考

（一）案例核心和关键

本光伏工程主要任务是建设停车场车棚并利用车棚顶部建设分布式发电项目，所发电量自发自用（机场消纳），项目建成后，预计运营期内平均年上网电量为42.1万千瓦时，将为机场提供大量的清洁能源，减少化石资源的消耗，进而减少因燃煤等排放有害气体对环境的污染，年均减少二氧化碳排放350吨。

（二）未来思路和发展前景

本项目旨在围绕服务"碳中和""碳达峰"目标，积极推进绿色机场建设。二连浩特机场光伏项目一期工程计划建设20个光伏停车位。建成后将为过往旅客车辆提供安全舒适的停车环境，并将光伏电能计划用于非航班生产类供电，如空调、公共区照明等用途。

特殊旅客服务

西安咸阳机场"首乘"
最佳服务实践案例

西安咸阳国际机场股份有限公司

随着我国人民生活水平的不断提高，越来越多的人选择快捷的航空出行方式，但在航空出行的旅客中，很多经常坐飞机的人可能认为，只要按照标识指引，就能顺利登机，可对于一些不经常乘坐飞机或者第一次乘坐飞机的人来说，却有不少问题。乘机流程有哪些？在哪里值机安检？哪些物品可以随身携带？哪些物品必须托运？这些小问题总让人紧张害怕、不知所措，甚至耽误正常乘机出行。

去年9月，西北民航为践行"人民航空为人民"的宗旨、立足西北辖区航空服务水平和出行群体特点，安排部署了"为首次乘机旅客送温暖保畅通"的重要活动。西安咸阳国际机场（以下简称咸阳机场）以政治站位扛起"机场使命"，以最优服务体现"民航温度"。在民航西北地区管理局的指导和支持下，开展了首乘旅客服务活动，以提升首乘旅客满意体验为落脚点，将"首乘活动"与"服务质量标准建设年"主题活动、"我为群众办实事"活动紧密结合，把首乘活动列入年度服务工作重点，为首乘旅客推出以下服务举措。

一、凝聚共识，做首乘服务"先锋队"

此次活动是推动西北航空服务和地方经济发展的创新之举和务实之策，对于旅客尤其是首乘旅客来说，他们可能无法分辨在某个环节中提供服务的到底是机场还是航空公司，只能在脑海中产生一个整体印象，民航的服务是好还是不好。咸阳机场积极携手航空公司、OTA 平台，以服务一个群体、兑现一份承诺、创建一套体系、打造一个品牌为目标，推出一系列服务举措，根据咸阳机场预约渠道统计，自去年 9 月活动开展以来，共服务预约首乘旅客 6 348 人次，收到表扬信 26 封、锦旗 9 面、电话感谢百余次。

（1）服务一个群体：西安机场公司成立以党政主要领导任双组长的工作机构，各保障单位全程参与，从满足人民群众美好出行需要出发，以"假如我是一名首乘旅客"为思想共识，确保每一位员工都是首乘旅客服务专员，每一个环节都是首乘旅客服务起点，研究制定首乘服务流程、迭代升级服务产品，用首乘服务体现民航社会责任，带动航空服务管理能力再提升。

（2）兑现一份承诺：旅客的一次出行，涉及航空公司和机场甚至在线旅行平台（OTA）等各方，只有每个环节顺畅衔接，才能为旅客提供安心的乘机体验。咸阳机场协同相关保障单位拓宽首乘服务渠道，与航司开展首乘联动服务试点，深度对首乘旅客全流程保障、服务产品宣传及服务接力等方面进行沟通，签订"首乘服务公约"，打造空地一体化的服务保障绿色通道，以规范统一的服务标准、一体化无缝衔接提升首乘旅客服务品质。

（3）创建一套体系：统一首乘旅客服务色系、图标，制定《首乘旅客服务标准》，明确值机、安检、登机、航延等环节的服务细节，形成长效机制，确保服务一致、标准一致、标识一致、流程一致，让每一位首乘旅客都能获得咸阳机场的暖心出行体验。

（4）打造一个品牌：确定"首乘日"宣传制度和月度沟通机制，与航司在航站楼值机区域内进行首次乘机服务宣传、定期反馈首乘服务链条问题，打造"暖易行"现场服务品牌，全方位、多渠道开展宣传，使更多首乘旅客了解西北民航、享用个性化服务，让民航走进乡村、走进千家万户，以品质服务、品味体验打造西北民航特色服务品牌。

二、创新产品，做首乘服务"暖心人"

首乘服务既是传统"首问负责制"的延伸和优化，是特殊旅客服务的拓展和丰富，更是"人民航空为人民"真情服务理念的深化和升级，是西北民航人送给首乘旅客的"专属温暖"。咸阳机场具有多主体、大场景、多环节的枢纽特点，从首乘旅客需求出发，将首乘旅客服务融入咸阳机场"西悦行"旅客服务产品，确保首乘产品在机场找得到、看得见、用得好、走得顺。活动开展以来，咸阳机场联合航司共推出涵盖首乘旅客全程分段式引导、航延专属、安检便民、中转贴心、购物优惠、OTA 专享大礼包等九大类 20 项暖心服务。

全程陪伴：为缩短首乘旅客乘机流程的时间，保证首乘旅客高效抵离，充分发挥咸阳机场平台功能和主体作用，与各航空公司广泛对接产品，从首乘旅客出行的全链条着手，以专门色系、统一图标在航站楼旅客出行主流程设置爱心专属通道，为首乘旅客制作专属手环，多方位放置，首见首乘旅客发放，便于各保障环节工作人员快速识别并提供相应帮扶。从首乘旅客出行的全链条着手，密切上下游协同协作，提供全程分段式引导服务：一是在航站区内问询柜台增设首乘旅客服务岗，发放手环，引导至下一环节；如遇重大节假日或旅客生日，提供航空特色小礼品。二是在值机柜台设立首乘旅客爱心服务专柜，协助办理自助或人工值机手续，优先选定心意座位，行李拴挂首乘旅客优先标识，引导至安检通道。三是在安检通道设立首乘旅客爱心服务通道，耐心讲解安检信息告知，在遵守安检工作原则的基础上，对首乘旅客给予人性化安检服务，并指引登机口的位置。四是登机口视情安排首乘旅客优先登机，提示并协助带好随身行李，与客舱服务员做好服务交接。

通过全流程分段式指引，让首乘旅客享受"专人服务、专用通道、专区办理、专区托运，专人提醒"的五专服务保障，体验环环相扣、上下衔接的无忧之旅、满意之行。

安检便民：协助首乘旅客完成物品邮寄，提供免费暂存、"液体分装瓶"及"爱心储物袋"等服务。加强首乘旅客安检信息告知，通过线上线下宣传等多途径宣传安全乘机相关要求。

中转贴心：针对首乘旅客中转难题，提供首乘旅客中转贴心服务，完善现有中转服务产品体系，制作中转服务指引卡，加大对"首乘旅客产品"使用指导，全流程衔接指引旅客中转。为转机旅客留下西北印象，增强航线通达和服务通达竞争能力。

航延专属：聚焦痛点难点问题，考虑到首乘旅客可能遇到的特殊情况，针对秋冬季雾雪天气及航班运行特点，推行首乘旅客航延专属服务项目，明确专人协助首乘旅客妥善安排客票退改签、行李、餐饮、交通、住宿等问题，解决首乘旅客再服务的后顾之忧。

购物优惠：首乘旅客注册常旅客，首次加入常旅客计划赠送积分；首乘旅客注册商业会员，享受商业会员优惠权益。

OTA 专享大礼包：OTA 平台针对咸阳机场出港首乘旅客推出涵盖行游购等方面优惠的专享礼包。

"咨询"服务：029-96788 客服热线为首次乘机旅客提供预约、咨询等爱心服务。咸阳机场微信服务平台开设"首乘旅客服务指南"专区，方便旅客线上查询。

首乘旅客出行常识宣传服务：制作"首乘旅客乘机指南""首乘服务小贴士""首次乘机服务宣传短视频""旅客无接触式进出港流程宣传动画"及"首乘服务宣传彩铃"。

三、同心抗疫，做首乘服务"护航者"

自去年 9 月首乘旅客活动开展以来，咸阳机场常态化做好疫情防控，扎实开展旅客测温验码等工作。注意规范人员防护和区域消杀，定期开展环境随机核酸采样检测，为首乘旅客提供安全的出行环境。同时，针对首乘旅客特点，在咸阳机场微信小程序增设疫情服务专区，在 96788 服务热线中提供防疫政策咨询。首乘旅客到达机场以后，咸阳机场专人提供首乘旅客使用电子设备、防疫扫码和个人信息填报的帮助指导。在防疫政策变化叠加春运高峰的形势下，咸阳机场引导首乘旅客使用自助值机、自助托运、自助登机等"无纸化"便捷出行设备，保证首乘旅客安全出行。

特别是在春运前期，咸阳机场关注大学生首乘群体，充分对接省教育厅以及 66 所高校以收集乘机需求，联合高校与地方防疫部门明确政策要求，制定学生"点对点"运送、值机、安检、登机等全闭环保障流程，展现了咸阳机场共克时艰的家国情怀和守望相助的社会担当。春运期间，共运送来自陕西省内 31 所高校的返乡学生 12 520 人次，南方航空、海南航空、长安航空等 12 家航司参与承运学生包机 113 架次。先后收到省教育厅、市教育局、各大高校感谢信 20 余封。

首乘旅客服务保障，不仅是一次活动，也是民航服务理念和服务格局的创新，更是立足于供给侧结构性改革、满足畅通交通微循环的实践。据统计，2019 年、2020 年咸阳机场一次出行的旅客占比为 76.86% 和 75.89%，从数据中可以看出，推广首乘活动在进一步落实我为群众办事、提高旅客出行感受、促进民航发展等方面具有重大意义。

下一步，咸阳机场将从以下几个方面持续推进首乘服务。一是再接再厉、做强枢纽。深入贯彻"人民航空为人民"行业宗旨，发挥区位优势、拓宽发展平台，推动枢纽建设迈上新台阶，构建内畅外联通道的新发展格局。二是凝心聚力、打造品牌。加强航空公司和区内机场协同，树立精品意识，研究行业发展规律，找准产品研发着力点，加强资源融合、平台协同，统一标准，立足西北，将"暖易行"首乘品牌推向全行业。三是慎终如始、夯实基础。继续总结经验，推动成果转化应用，将首乘服务与服务体系建设、打造"最佳中转机场"一体融合，丰富"西悦行"服务产品和特殊旅客服务内容，深入践行"以人民为中心"的真情服务理念，为民航高质量发展贡献力量。

海口美兰国际机场"守护夕阳，温馨出行"服务实践案例

海口美兰国际机场有限责任公司

海口美兰国际机场（以下简称美兰机场）从老年旅客到达、办理乘机手续、引导登机等全流程开展的服务举措，有效解决了老年旅客乘机出行存在的困难，为老年旅客提供了便利、温馨的乘机体验。

一、背景介绍

海南凭借得天独厚的地理位置和自然环境优势，吸引全国各地旅客前来旅游，其中不乏来自五湖四海的老年旅客，他们季节性地往来海南岛，在这里度假、疗养、过冬，感受海南宜人的气候和优美的风景。因此，老年旅客成为美兰机场的重要客户群体之一。从 2020 年底，为做好老年旅客乘机出行，进一步解决老年旅客乘机困难，切实保障其出行服务基本需要，坚守真情服务底线工作要求，美兰机场着手研究针对性的服务流程优化和提升，并在 2021 年初成立课题攻关小组，2022 年围绕民航"十四五"服务规划进一步优化升级，以"我为群众办实事"为总指引，自觉践行"发展为了人民"的理念，通过不断打磨，推出了以"便捷随心、健康安心、快乐舒心、温暖

贴心"为特点的 9 项老年关爱服务举措，形成"守护夕阳，温馨出行"服务产品。

二、面临的问题

美兰机场研究小组通过问卷调研、现场访谈、案例分析等形式，充分研究行业经验，总结出老年旅客航空出行存在的两大难点：一是受限于信息接收能力，老年旅客对机场环境和乘机办理流程较为陌生；二是受限于身体情况，老年旅客行走、交流、提拿物品都存在一定困难。

三、解决方案

美兰机场围绕老年旅客两大出行难点，从老年旅客出行全链条挖掘 9 项服务举措，并通过制定服务流程、规范服务用语、升级设施设备等将举措落地实施，以此来满足老年旅客服务需求。

（一）设立老年旅客专属柜台

美兰机场不断升级老年人等特殊群体旅客服务软硬件设施，在值机区域设立特服接待专柜，一方面可缩短老年旅客往返不同区域的时间成本；另一方面可在值机专柜主动发现需要帮助的老年旅客，提供轮椅服务和全流程引导服务。同时在柜台放置便民箱，配有针线包、老花镜、驱风油等物品，真正做到特殊旅客出行便捷无忧。年度累计接待 4 363 名特殊旅客，其中包括轮椅旅客 3 189 人次、无陪旅客 747 人次，提供关爱引导服务 227 人次。

（二）打造独立、温馨的休息区

美兰机场为提升老年旅客的出行便捷，缩短通行各区域的距离，在出发大厅 3 号门旁选址打造独立的特殊旅客休息区，为老年旅客提供茶水、毛毯服务，营造温馨、优雅、舒适的候机氛围。如图 1 所示。

图 1　特殊旅客服务区

（三）设置老年旅客优先通道

为让老年旅客便捷出行，美兰机场在值机区域、安检通道、登机口均设有优检通道，老年旅客可以通过优检通道快速登机，有效提升老年旅客出行效率。

（四）升级服务设备

美兰机场从老年旅客的切身需求出发，并从承重、坐深、宽度、稳定性等多方因素考虑，购置轮椅作为老年旅客代步设备，同时针对海南烈日、雷雨的天气，在轮椅上安装雨伞装置，为旅客遮阳避雨、晴雨守护，让老年旅客感受到尊重、关怀的服务体验。如图 2 所示。

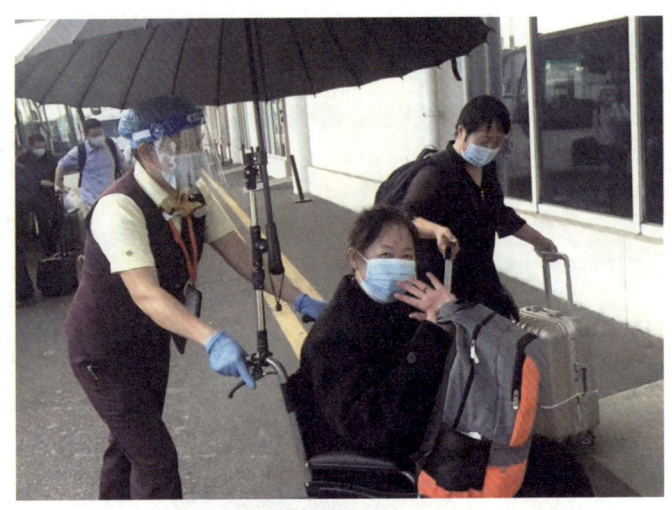

图 2　升级后的轮椅

（五）设置老年旅客健康申报区域

美兰机场为做好疫情防控期间老年旅客的出行服务，在出发值机区域设置扫码区，协助老年旅客进行健康申报；在到达设置人工申报通道，为无手机或携带老人机的老年旅客进行人工健康申报。

（六）建立"常旅客"档案

美兰机场收集往返海南频次较高的老年旅客信息，建立"常旅客"服务档案，档案包括旅客姓名、性别、电话、特殊旅客类别及特殊需求等内容。同时，设立常旅客服务热线 0898-69966714，常旅客可电话预约申请全流程引导，还可选择熟识的工作人员进行现场保障，提供更个性化、人性化的服务，年度累计收集 138 名"常旅客"信息。

（七）服务延伸陪护

美兰机场考虑到老年旅客轮椅服务需求较大，主动延伸服务范围，不再局限于飞机下、候机楼内，而是根据服务对象的实际需要，提前在出发厅、高架桥迎接；或是延伸到高铁站、停车场送别，尽可能实现出港车门对舱门、进港舱门对车门的循环服务动线，年度累计保障进出港延伸服务 62 人次。如图 3 所示。

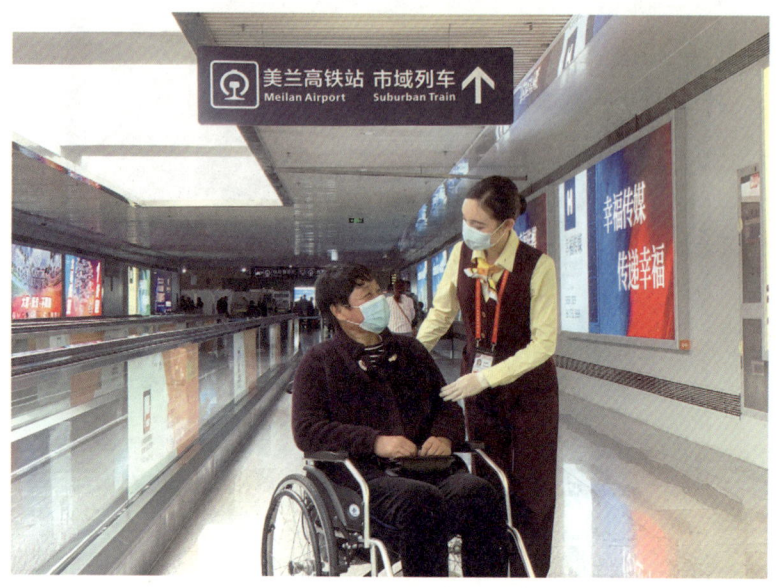

图 3　服务延伸至高铁站

（八）发放爱心贴标识

美兰机场针对老年旅客的出行特点，将"被动"服务变为"主动"服务。美兰机场志愿者主动为候机楼内老年旅客发放"爱心贴"，随后在值机、安检、登机过程中，老年旅客均可享受全程优先服务。如图 4 所示。

图 4　"爱心贴"标识

（九）行李爱心提取

美兰机场针对老年旅客进港行李提取不便的实际困难，在到达厅行李查询柜台旁开设爱心等候区，服务员在航班落地后引导老年旅客就座休息，全程负责进港行李查找、提取及核对工作，减少老年旅客长时间在转盘等候行李的不便。年度累计保障进港老年旅客 144 人次。

四、实践效果

自 9 项老年关爱服务举措实施以来，美兰机场有效解决了老年旅客从到达、办理乘机手续、引导登机等出行存在的困难，使老年旅客感受机场地面服务为其提供的便利、温馨的乘机出行体验，获得老年旅客的一致好评，累计收到表扬信 4 067 封、锦旗 13 余面。

五、案例创新点

一是设立特殊旅客专柜为老年旅客答疑解惑，并在出发厅设置特殊旅客休息区，为旅客提供舒适、私密的休息区域；二是从服务细节入手，建立"常旅客"档案，为轮椅旅客提供预约服务及延伸服务陪护，同时针对海南的雷雨、烈日天气，升级保障设备，在轮椅上加装遮阳伞，为旅客提供雨披及雨鞋，有效避免雨水淋湿及烈日的暴晒。

六、案例思考

美兰机场将继续聚焦特殊旅客群体，结合不同群体特点打造特殊旅客无障碍出行服务品牌，以"人文关怀和文化彰显"为建设主线，将"真情服务"做细、做实，全面推进人文机场建设，更好地满足人民对美好生活的需求，推动民航高质量发展。

牵手星星的孩子 体验美美的空港 贵阳机场首创且持续八年开展 "世界自闭症日"公益活动 服务案例

贵州省机场集团有限公司贵阳机场股份公司

一、服务背景

我们身边有这样一群孩子，他们不聋却对声音充耳不闻；他们不盲却对四周视而不见；他们不哑却不知如何开口；他们开心却不知如何微笑。

这群孩子是身患自闭症的儿童，自闭症又称孤独症，是一种广泛性发育障碍，已经成为中国儿童精神残疾的第一大"杀手"。但他们却是一个缺乏社会普遍关爱的群体，因此，这些"星星的孩子"迫切地需要来自各界人士的关心和帮助。

为履行社会责任，践行人文关怀，弘扬爱心精神，切实为特殊旅客群体办实事，贵阳龙洞堡国际机场（以下简称贵阳机场）自 2015 年起，携手贵阳市爱心家园，联合南方航空、多彩航空、多彩贵州极地海洋世界等多家单位，开展"世界自闭症日"公益活动，至今已持续 8 年，成为全国首家举办此类公益活动的机场。

二、服务介绍

（一）勇于创新，全国首创自闭症公益活动，具有开创性

自闭症孩子无法适应社会环境，不能像正常孩子一样走入社会，为解决社会难题，为自闭症孩子营造无障碍的就医、就学、就业等环境，作为贵州省大一型国有企业，贵阳机场主动创新、谋篇布局，在全国首创机场自闭症公益活动，在每年"世界自闭症日"，联合多家单位共同举办公益活动，让社会各界关爱、包容自闭症群体，通过带领自闭症孩子参观机场、介绍乘机流程、参观飞机起降、体验飞机模拟舱、游玩海洋馆等活动，为孩子们融入社会提供机会，在 2019 年还真正实现免费让自闭症孩子空中飞行的梦想。通过活动开展，孩子们不再害怕陌生环境，开始适应社会。

同时，通过自闭症公益活动的开展，机场员工提升了对特殊旅客群体的关注度，懂得换位思考，更加理解民航局"真情服务"的理念，提升了对特殊旅客群体的服务意识及服务水平，提升了贵阳机场特殊旅客服务品质。如图 1 所示。

图 1　全体人员一起放飞蓝色纸飞机

在全国孤独症服务机构负责人第七次联席会议在贵阳召开前夕，全国残联副主席黄悦勤一行到贵阳机场指导召开了"牵手星星的孩子·体验美美的空港"主题自闭症日公益活动交流会。会上，黄悦勤副主席指出：贵州机场集团在开展自闭症儿童走进机场活动及残疾人士救助工作方面的做法值得借鉴和推广。她表示将加大对机场集团做法的宣传，希望通过机场的窗口影响力吸引更多的公众加入到关爱残疾人的善举中来，应该学习贵阳机场和南航贵州公司的社会责任感和精神。

（二）担当作为，示范带动社会关注自闭症，具有贡献性

企业存在于社会之中，与社会紧密联系。贵阳机场率先垂范，主动担当，切实履行社会责任，通过8年的持之以恒，在行业内取得较好口碑，成功带动其他机场、航空公司、高铁、地铁等企业纷纷加入自闭症公益活动中，为自闭症活动公益事业注入了一股强有力的力量。

由于自闭症的影响，多数原本并不富裕的家庭雪上加霜。通过自闭症活动的开展，达到了一定脱贫攻坚的成效，很多自闭症家庭第一次乘坐了飞机、第一次游玩了海洋馆、第一次拍摄了家庭艺术照等，在社会各界的帮助和贡献下，他们对社会充满了希望，得到更多的帮助和关爱。如图2所示。

图2　参观南航模拟舱合影

（三）一以贯之，持续提升公益活动效果，具有实践性

为提升自闭症活动效果，满足不同自闭症孩子的需求，贵阳机场通过每年活动的实践，积极探索创新，总结经验，不断提升和扩大自闭症活动的规模。贵阳机场不断创新、探索、完善每年的自闭症活动，用不同的新形式，满足自闭症孩子的社会需要。同时也带动了多家单位以党建、团建、公益互助等不同主题和形式走入自闭症学校，开展自闭症公益活动，让活动在社会进行传播接力，共同为自闭症群体发声，一同传递爱心的火炬，让活动实践性不断加强。如图3所示。

图3　爱心单位代表们手拿相框准备与"星星的孩子"合影

（四）铸造品牌，以实力获得社会各界认可，提升影响力

8年活动的开展，形成了"牵手星星的孩子·体验美美的空港"这块"金字招牌"，在省残联的会议中，贵阳机场"世界自闭症日"公益活动也多次被提及和认可。在活动的影响下，贵阳市出租车师傅们还自发成立"幸福车队"，主动接送自闭症家庭参与活动，让爱心在城市之间穿梭。每年自闭症日当天，在贵阳机场宣传氛围的营造下，旅客们也纷纷加入活动当中，主动去了解自闭症群体，和他们一起参与活动，为自闭症孩子的"全生涯"教育保驾护航，帮助他们早日走出"孤独"，拥有"有尊严、无障碍、有品质"的社会生活。如图 4 所示。

图 4　贵阳机场工作人员体验听觉、视觉及本体觉项目，感受"星星的孩子"的世界

　　真情服务永远在路上，关爱自闭症孩子有起点，没有终点。

　　贵阳机场将一以贯之，持续向社会各界倡导关注自闭症群体，齐聚社会力量关爱自闭症儿童，共谋思路履行社会责任，力争通过"美丽空港"这个平台集聚更多爱的力量，帮助"星星的孩子们"走出孤独，少一份误解，多一份关爱，为他们创造一个就医、就学、就业、出行无障碍的环境，帮助"星星的孩子"更好地融入社会，用爱温暖他们的心，共同实现"让爱来，让碍走"的目标。

哈尔滨太平国际机场"无陪旅客"服务案例

黑龙江省机场管理集团有限公司

一、案例背景

"您好，110吗？我是机场急救人员，我们有个旅客突发疾病，他没有家属，现在医院无法接收，你们能来一下吗？""现在家属还没来，患者病情危重，需要做决定，怎么办？""我们已经垫付了医药费，已经开始检查了，请放心。""家属到了，我们现在准备返回。"这每一通电话后面都是我们民航急救人对于"无陪同旅客"无私的付出和帮助，是真情服务的具体体现。

国务院办公厅发布的《关于建立疾病应急救助制度的指导意见》中，仅对"三无患者"（无身份、无陪同、无支付能力）做了相关规定，社会各部门也进行了有效对接。但是，在我们日常工作中，接触"无陪患者"（有身份、无家属）的几率的确很高，机场作为每日客流量数万人以上的公共场所，旅客单独出行却突发疾病的情况屡见不鲜。此类事件存在不能及时找到家属、等待时间长、医院拒绝接收、抢救决策难以确定等问题，成为我们日常工作的一个难点。

二、案例经过

（一）无陪患者病危、无处接收

2021年3月20日，急救站接到通知。32号登机口有位中转旅客身体不适，医护人员到达后，发现患者意识清楚、双下肢无力、体温39.3℃，无中高风险地区旅居史，患者自诉要去卫生间。后病情突然加重，立即转送道里区人民医院，到达医院后，患者意识不清，联系家属，但最快需第二日才能赶来。由于患者虽无陪同但不属于"三无患者"，医院需要警察出证明才可接收，医务人员报警，又由于患者为机场旅客，机场有机场公安局，市内警察拒绝出警。经过医务人员不懈的沟通与努力后，医院才接收患者，在看到患者被救治后他们才离开。

（二）全面分析、制定流程

为了全力做好无陪患者的救治及转送工作，避免患者不被接收的情况再次发生，最大程度地救治患者的生命，急救中心立即组织全部医务人员，就本次案例遇到的情况和难点召开了专题讨论会，从接诊、处置、转送、与医院沟通方面进行全盘梳理，提出了12个法律方面的问题，通过规划发展部请集团法律顾问给予了解答，我们也总结并制定了《无陪患者处置流程》。主要原则有四：一是及时向机场公安报警，包括提示信息通报人报警，必要时到目的医院后再报市内公安；二是迅速正确处置，及时转送患者；三是全程视频记录；四是转送人员可以按照目的医院的要求留院等待。

（三）案例实践、流程验证

2021年5月11日8时40分，急救中心接到通知，有旅客心脏不适，飞机正在滑回，停于515机位，急救人员立即出诊赶赴现场。开舱后见患者大汗、意识模糊、血压已低于90/60mmHg，立即将患者转运到救护车上，进行心电监护、开通静脉通道等相关处置。经询问，患者并无家属陪同，由于患者病情危重，医护人员不等航空公司代办到来，就将患者接下飞机直接转往哈尔滨医大二院。在转送途中虽一直与家属进行联系，但由于患者家并不在哈尔滨市，赶来还需要一定时间。到达医院后，患者直接被送入 CCU 准备做造影，在家属无法到达、与死神抢夺生命的时刻，我们的医务人员秉承着敬畏生命的宗旨，又担负起患者临时家属的角色，不仅为患者挂号、垫付医药费，还一直陪同在 CCU 外等待。由于转运及时，医院采用最新的介入治疗方法，从患者的冠状动脉前降支取出一段血栓，旅客的病情得到彻底缓解，实现了真正的转危为安。患者家属当天下午 16 时才赶到医院，我们的医生整整陪护了 7 个小时。后来，患者家属送来了锦旗，对我们医护人员倾心救治、无私奉献的精神给予了肯定。

8 月 20 日，国内急救室转诊一位一过性晕厥患者，患者意识清楚，血压 201/108mmHg，为其监测生命体征，进行心电检查、吸氧、开通静脉通道等处置。患者病情危重，需要立即转往市内医院进一步检查治疗，但由于患者还未办理值机手续，并独自一人、没有家属，无工作人员陪同前往医院，出于对患者病情责任感，值班主任及医护人员均没有犹豫，立即将患者转往群力医大一院。到达后，护士一直为患者跑前跑后地进行挂号、付费，医生全程陪同患者进行 CT 等相关检查，直到家属紧急赶到医院，看到了病情缓解的患者。家属双眼含泪地握住医务人员的手一直说着"感谢"，感谢他们一路对患者的治疗与照顾，感谢一路与她交代患者病情，让她虽焦急却安心地赶来！

三、案例结果

经过急救中心的努力尝试与积极分析，从最初无人接管到患者得到快速接收与救治，我们整合了出诊－转送链条的完整度，提升了患者及家属对我们急救处置的满意度，最重要的是，通过优化流程的清晰度，降低了医务人员被投诉的风险。

（一）处置流程明确，缩短转送时间

由医生对患者病情及时、准确地进行判断，患者病情危重时立即启动《无陪旅客处置流程》，将患者立即转往市内医院，不必等候代办或者公安到场。这样大大缩短了在机场内处置及等待的时间，为患者的生命赢得了抢救时机。

（二）提高救治效率，获得家属满意

医务人员通过执行《无陪旅客处置流程》，让无陪患者在家属未赶到医院前得到迅速、及时、有效的救治，这不仅是对一个患者的负责，也是对一个家庭幸福生活的抢救，得到了家属的赞誉。

通过上述案例，消防护卫部急救中心有效落实"人民航空为人民"的行业宗旨，践行"真情服务"底线要求，促进服务工作提质升级，推动服务高质量发展，不断创新特色服务，持续提升旅客出行满意度。

三亚凤凰国际机场"环环相扣"（爱心手环）服务案例

三亚凤凰机场有限责任公司

近年来，随着国家经济社会发展，民航持续快速发展并逐步成为大众化的交通运输方式。在新的形势和环境下，为更好地落实民航局在提升适老化服务、特殊旅客检查方面的部署安排，三亚凤凰国际机场（以下简称凤凰机场）安全检查站聚焦特殊群体出行需求和服务痛点，创新思路，推出"环环相扣"（爱心手环）服务，让老弱病残孕等特殊群体旅客能够在安检过程中及时获取帮助，力求通过优质服务提升顾客满意度和忠诚度，树立优秀机场品牌形象。

一、背景介绍

随着旅游业发展，三亚凭借得天独厚的生态环境和气候吸引着形形色色的旅游群体，在日益增多的客流量保障压力下，如何做好特殊旅客的安全服务保障成为凤凰机场安全检查站必须要解决的问题。

"环环相扣"就在此时应运而生，它主要针对特殊旅客人群，可以为安检员快速地区分人群类别，并做出相应的检查措施，落实人文关怀，为旅客提供舒适便捷的服务。

二、案例详情

为持续落实"真情服务"要求，凤凰机场安全检查站结合《关于进一步提升民航服务质量的指导意见》《切实解决老年人运用智能技术困难的实施方案》、"我为群众办实事"等工作要求，成立课题攻关小组，就为老年旅客、孕妇、婴幼儿等特殊旅客提供舒适便捷的安检服务课题进行研究。

（一）起因

2021年4月19日，凤凰机场安检站接待了一名佩戴心脏起搏器的老人，老人在安检待检区踌躇徘徊，维序人员上前询问才得知，老人正在为因佩戴心脏起搏器而不知如何与安检员沟通而烦恼，安检志愿者立刻提醒安检通道人员为老人进行手工检查，帮助老人顺利过检。

"请问我身上有佩戴心脏起搏器可以过安检吗？""我是孕妇，可以不过那个安全门检查吗？""我家宝宝现在2个月，可以不扫那个手探吗？"这是旅客乘机时经常会关注的问题。凤凰机场安全检查站意识到特殊旅客的安检服务保障问题迫在眉睫，立即就此类问题开展头脑风暴，集思广益后制作爱心手环，帮助特殊旅客过检。

（二）开展调研与评估

凤凰机场安全检查站通过调研特殊旅客的需求，结合民航局有关规定和安检规章制度，提出多项服务提升工作方案，对各个方案开展全面评估，确保在保障安全的前提下可以提高服务工作质量，经过层层修改，最终定稿。

（三）设计过程

2021年4月20日，凤凰机场安全检查站就以特殊旅客群体为目标的安检服务创新项目召开研讨会，讨论各服务项目的可实施性与效果评估，结合特殊旅客的需求、民航局有关规定，以及安检现场的实际情况，最终确定了服务创新方案，并命名为"环环相扣"（爱心手环）。安全检查站挑选了一批拥有绘画特长的安检员进行头脑风暴，讨论图案设计，经过层层筛选，确定了设计概念：设计不同颜色、图案、文字的手环作为辨别旅客特殊需求的提示。

2021 年 4 月 25 日，完成了爱心手环的草稿设计，然后借助电脑软件在计算机上绘制了电子图案。

2021 年 4 月 30 日，凤凰机场安全检查站听取各方建议，先后经十余次修改，终于定稿，将设计图发送至广告商制作，2021 年 5 月 9 日制作完成 120 份，在安检现场正式配置使用。

（四）投入使用

"环环相扣"（爱心手环）是针对需要特殊服务的旅客推出的服务项目。爱心手环有颜色区分、有专属图标，针对婴幼儿、孕妇、心脏起搏器佩戴者等不同类型的特殊旅客进行区分。黄色手环代表旅客为孕妇，蓝色手环代表旅客是心脏起搏器佩戴者，红色手环代表旅客是婴幼儿。通过宣传服务项目进行推广，旅客可在安检咨询台处领取，安检工作人员通过辨别手环及时引导特殊旅客，根据其需求第一时间为其提供咨询、指引、手工检查等服务，帮助旅客节约时间，提高沟通效率和过检效率，避免耽误行程。如图 1 所示。

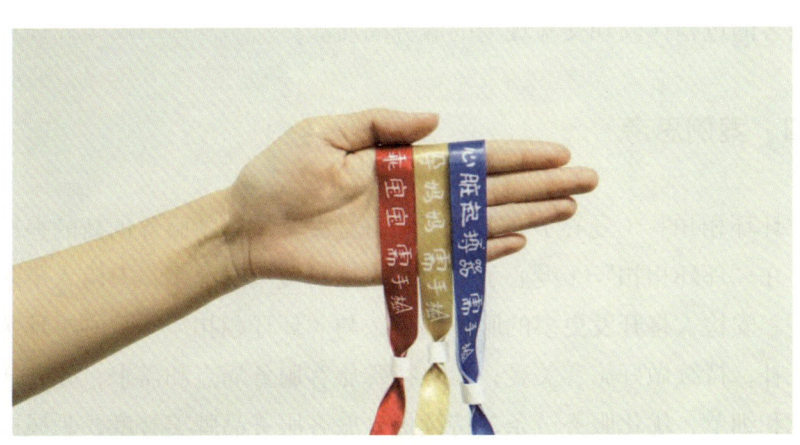

图 1　爱心手环

（五）服务延伸

为回馈所有奔赴在抗击疫情一线的医护人员与军人，凤凰机场安全检查站将军人和医护人员优先过检作为重要服务保障任务，计划针对这部分旅客提供特殊服务，继续对爱心手环"精雕细琢"，赋予它更多的使命。同时，三亚地处北纬18°，是一座风景优美的热带海滨度假之城，获得了众多外国游客的青睐，这部分外籍旅客也将被纳入特殊旅客服务群体，爱心手环将架起凤凰机场与旅客沟通的桥梁，同时还可作为打卡凤凰机场的文旅纪念品，大大提升了旅客的过检体验。

三、实践效果与亮点

安检人始终坚持落实"真情服务"，重视旅客服务和旅客的体验。自"环环相扣"（爱心手环）创新项目推出后，高效、贴心、周到的服务深获旅客好评。同时，"环环相扣"（爱心手环）创新项目的落实带动了每一位安检人开始思考怎样更好地落实"真情服务"理念，以主人翁的态度为旅客提供安全、温馨、便捷的安全检查。

此项服务创新方案是凤凰机场以实际行动践行民航真情服务精神的体现，不同岗位分工明确、标准统一，不仅充分满足特殊旅客需求多样化，提供人文化的服务产品，还避免出现反复询问、服务不到位的情况，进一步提升了旅客的过检体验和安检现场的服务品质。

四、案例思考

"环环相扣"（爱心手环）创新项目是安全检查站服务创新的一次有益尝试，在"环环相扣"（爱心手环）创新项目使用过程中，安检人不断反思和改进。安检人将开发更多的服务项目，与"环环相扣"（爱心手环）创新项目互补，持续做好旅客关爱，聚焦特殊旅客服务痛点和需求，完善产品服务功能和细节，优化服务链条，持续提升旅客服务品牌美誉度，为凤凰机场建设"人文机场"贡献力量。

宁波机场"阳光畅行"打造特殊旅客无忧出行服务案例

宁波机场集团有限公司

一、背景介绍

随着民航的普及，老年人、首次乘机旅客等弱势群体乘机越来越多。在日常服务过程中，老年人不会使用智能手机、首次乘机旅客不清楚乘机流程、轮椅旅客出行困难等问题时有发生。为此，宁波栎社国际机场阳光服务（以下简称阳光服务）践行民航真情服务理念，持续提升服务品质，积极探索服务创新，以服务品牌为依托，坚持"一心为您，一路阳光"的服务理念，从旅客实际需求出发，提炼汇总一系列切实可行的特殊旅客服务方法，以"畅行"为目标，从源头上解决特殊旅客乘机难这一痛点问题，深入贯彻"人民航空为人民"的宗旨。

二、事情经过

2022年5月2日，王先生拨打阳光服务热线，表示他工作较忙，没有时间送他母亲来宁波机场乘坐飞机，他的母亲目前已经到了机场29号门口，不知道该如何走，询问阳光服务是否可以帮忙。接到旅客电话后，阳光服务马上前往 29 号门外寻找老人，并为旅客办理了特殊旅客服务，全程陪同旅客乘机。服务结束后，王先生再次拨打了阳光服务热线，对阳光服务"急旅客所急，想旅客所想"的服务表示了感谢。

三、面临的问题

通过这个服务案例，结合实际旅客服务保障，我们发现特殊旅客群体乘机普遍存在困难，服务问题主要表现在：

（1）特殊旅客服务不够体系化；

（2）特殊旅客服务存在局限性；

（3）特殊旅客服务缺乏个性化。

四、解决方案

（一）从旅客需求出发，提供全流程暖心服务

特殊旅客服务的根本问题在于及时、有效。阳光服务通过整合各方服务资源，推进整个服务质量的提升，建立一整套特殊旅客服务流程，使服务质量有了根本的保障，从而维护了广大旅客的切实利益。

1. 以"暖心"建立轮椅旅客服务流程

在所有特殊旅客服务中，为无法独自行走的乘机旅客提供轮椅服务，协助他们安全舒适地上下飞机，无疑是最为常见也是最主要的工作。在实际工作中，大多数旅客不知如何向航空公司申请，来到机场后临时申请轮椅。面对这类旅客，阳光服务会帮助旅客联系航空公司客服申请。出于人性化考虑，阳光服务将特殊旅客服务的整个操作流程尽量简化，缩短了旅客的等待时间。如图 1 所示。

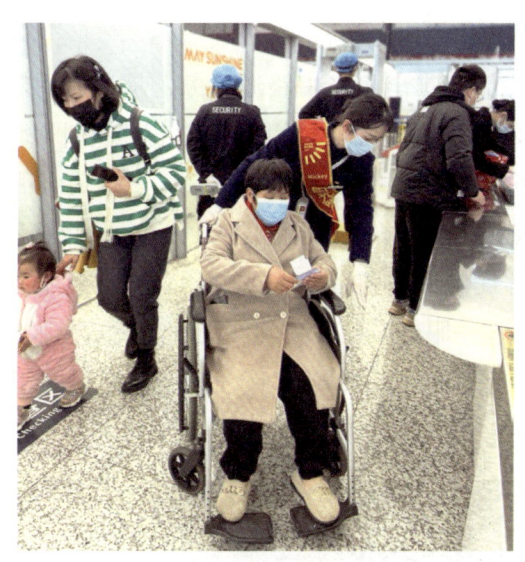

图 1　轮椅服务

2. 以"细心"建立无陪儿童服务流程

　　无陪儿童服务主要是帮助没有家长陪同的孩子安全乘坐飞机。当家长送小朋友们来机场坐飞机，阳光服务会帮助他们办理乘机手续。为了让家长放心，让孩子满意，阳光服务始终追求服务过程中的关爱与信赖。除订制了阳光无陪儿童袋，建立防错机制，在疫情期间给小朋友准备了儿童口罩和消毒湿巾外，在前往登机口的途中，还会和小朋友们讲讲民航小知识，拉近彼此的距离，消除他们独自乘机的恐惧感。如图 2 所示。

图 2　无陪儿童服务

3. 以"爱心"建立"阳光畅行 +"服务流程

2007 年，阳光服务推出阳光一路通服务，是为那些未达到航司申请特服标准的旅客以及首次乘机等需要帮助的旅客提供的针对性服务。2021 年，在阳光一路通服务的基础上，推出"阳光畅行"爱心手环服务，针对特殊旅客、老年旅客、晚到旅客，设计不同颜色的手环，机场各岗位工作人员通过手环识别，为旅客提供指引和帮助。2022 年，再次对服务进行升级，联动目的地机场，按照"一眼能看见、一问就受理、一站全服务、一路管到底"的"四个一"标准，推出"阳光畅行 +"服务，为首次乘机旅客提供全流程服务。如图 3 所示。

图 3 "阳光畅行 +"服务

（二）打破行业壁垒，实现空地无缝化服务

特殊旅客服务的核心问题是一个"帮"字。坚持以人为本，创造良好的服务环境，满足旅客不断变化的多样化需求，提高乘机体验，是构建阳光特殊旅客服务体系的根本出发点。为此，阳光服务及时响应旅客需求，推出了"阳光帮"服务。

2016 年 1 月，阳光服务连接宁波市交通服务的窗口，在"帮"字上做文章，与宁波市客运中心"衷心班组"、3561 汽车南站服务组、地铁二号线、出租车夏慧星车队等，在特殊旅客服务对接、公益项目互助、急难救助等项目上开展合作，实现空地间的无缝化服务。如图 4 所示。

图 4　空地间无缝化服务

（三）多样化服务措施，凸显人性化和个性化

1. "有困难，找阳光"服务落到实处

在宁波机场流传着这样一句话："有困难，找阳光。"这句话不仅只是说一说，阳光服务的团队成员们也是这样做的。为了让旅客能够及时找到我们，阳光服务热线 24 小时为旅客开通，宁波机场出发平台和到达平台设置了 4 个无障碍招援呼叫器，实时解决特殊旅客乘机过程中的困难。

2. 多渠道乘机指南宣传，保障特殊旅客乘机无忧

针对特殊旅客没有渠道了解乘机知识的问题，阳光服务通过多种方式，向公众普及乘机知识，从而化解特殊旅客乘机的忧虑和困惑。

阳光服务设计并制作了图文并茂的乘机指南，生动地介绍了乘机旅客最关心的问题。同时，推出了"空港阳光"电台播报服务，连接宁波 4 家广播电台，每天 8 个时段的频率，向公众播报航班动态和乘机知识。阳光服务的成员们每年深入农村、社区、学校、企业、媒体，开展"跟着阳光去旅行——民航'五进'活动"，将服务推向社会前沿，宣传民航知识和文明出行理念。

15 年来，阳光服务用多样化、多平台、多渠道的服务形式，实现特殊旅客便捷乘机的目标。未来，阳光服务将继续从"空中、地面、外延"3 个方面着手，聚焦特殊旅客需求，不断深化特殊旅客服务。

聚焦旅客乘机痛点
打造真情服务机场

——温州机场安检服务案例

温州机场集团有限公司

温州龙湾国际机场（以下简称温州机场）安检护卫部至臻班组通过在日常工作中对旅客需求的关注和调研，针对旅客乘机痛点，开展多项服务举措，并获得显著成效。班组紧紧围绕民航局"我为群众办实事"的活动方针，落实浙江省机场集团提升安检服务的工作要求，着力推进服务质量提升，打造真情服务机场。

一、背景介绍

近年来，随着民航业的高速发展，越来越多的旅客选择乘坐飞机出行，这无疑对安检工作提出了更高的要求。不同地域、文化、经历的旅客在安检的过程中会遇到各类问题，例如：部分旅客缺乏安检知识，携带违禁品出行，影响乘机体验；初次乘机旅客对流程了解不够，乘机时束手无措，差点耽误行程。温州机场至臻安检针对不同类型旅客，分析聚焦乘机痛点，围绕服务意识、服务能力，多措并举开展安检服务质量提升。

二、事件经过

63 岁的林女士独自一人搭乘航班看望外地工作的女儿，因老人不懂安检流程，在安检入口徘徊，安检员看到后，主动"搭把手"提行李，发现她的航班已在登机，即引领她至绿色通道快速过检。检查中，安检员发现她携带着 3 罐 500 毫升的蜂蜜，按照民航局的相关规定，液体不能随身带上飞机，托运也来不及了。一听到不能带，老人百感交集、满眼泪花，抱着蜂蜜说什么都不肯放手。安检员急忙安抚老人，协助其办理自主快递手续，并顺利将老人送至相应的登机口，交代给登机口的工作人员。

三、面临的问题

（1）如何将检查端口前置，让旅客在乘机前获取禁限带物品的安检知识？

（2）如何协助旅客处置无法携带又不愿弃置的限带物品？

（3）如何建立员工与旅客的心理链接，慢慢让员工理解旅客心态，从而转变服务态度？

四、解决方案

（一）创新智能服务——推出"民航安检通"小程序

为实现旅客在家轻松查询禁限物品，落实"最多跑一次"，2019 年，至臻安检自行研发"快安检"微信小程序，提供简单的线上咨询服务。2020 年，至臻安检在专家团队的指导下，参与升级版"民航安检通"的研发及推广，编写搜索词条 3 000 余条。为确保查询结果的权威性，专家团队协同全国各安检站的业务骨干组成审核队伍，对搜索词条内容进行审核。如图 1 所示。

图1　民航安检通

（二）深化暖心服务

1.设立"尊老爱幼爱心专岗"

老弱病残孕等特殊旅客在过检时存在一些不便之处，至臻安检关注到他们的顾虑，为协助他们舒心过检，在待检区入口设立"尊老爱幼爱心专岗"，主动"搭把手"帮助困难旅客提行李，引领老弱病残孕旅客至绿色通道快速过检，必要时将旅客送至相应的登机口，做好全流程服务。如图2所示。

图 2　"尊老爱幼爱心专岗"

2. 推出顺丰自助快递柜服务

针对旅客过检时被查出民航禁限物品，无法携带又不想弃置的问题，为旅客提供协助办理快递服务，共计 1 212 次。2021 年 9 月，创新推出自助快递柜服务，不仅在一定程度上避免了旅客损失，还抚慰了旅客在过检时可能产生的烦躁情绪。如图 3 所示。

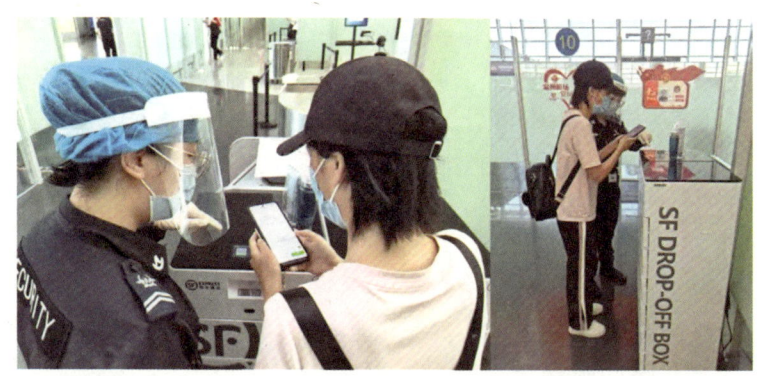

图 3　自助快递柜

3. 聚焦关爱女性，创建巾帼文明

至臻安检聚焦女性过检体验，为避免异性检查隐私物品的尴尬情况，2020 年 12 月起，推出女性安检专用通道。至臻安检选拔一批业务精湛、耐心细致的女性检查员提供服务，通道内进行针对性温馨布置，并配置女性应急包、防尘袋、儿童口罩、糖果等物品，打造温州机场党员初心站金字招牌。如图 4 所示。

图 4 温馨的布置

（三）赋能真心服务——拍摄案例智库心理剧

在岗位工作中，旅客与员工偶尔会发生矛盾冲突，这背后存在信息不对称、情绪没被"看见"等原因。近两年，受民航局委托的心理专家组协助安检部拍摄了"案例智库心理剧"，至臻安检成员收集总结与旅客沟通的典型案例，以自编自导自演的方式，还原更多有针对性、有教学研究意义的真实案例。视频中知识官剖析旅客心理活动，讲解推荐做法，帮助员工有效识别旅客情绪，为双方建立更多的心理链接。如图 5 所示。

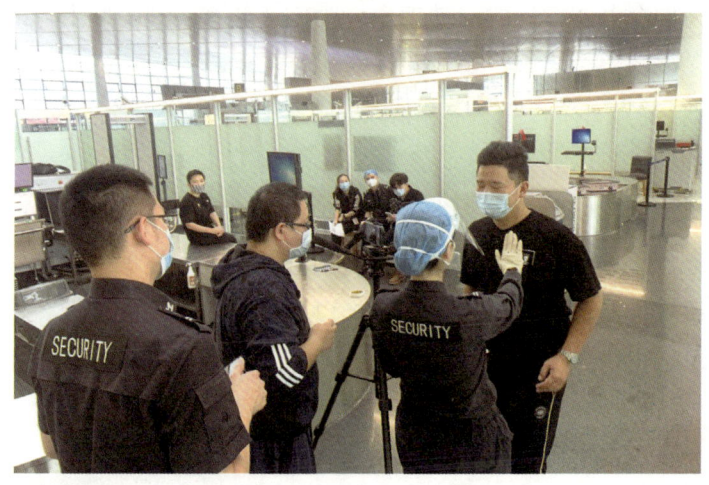

图 5 拍摄案例智库心理剧

五、实践效果

（1）"民航安检通"小程序自 2021 年元旦运行至今，已累计为旅客提供线上服务 1 947 897 人次。

（2）"尊老爱幼爱心专岗"自 2020 年 12 月至今，已累计服务困难旅客超 20 000 人次。

（3）自助快递柜服务已累计服务旅客超 6 000 人次。人民日报及多个省级媒体对自助快递柜服务进行宣传报道，予以充分肯定。

（4）女性安检通道自成立以来，已有 30 万余女性享受到该项服务。2021 年，机场以女性通道服务为背景，拍摄作品《与爱同行之蜜蜂篇》，被国务院国资委评为"优秀品牌故事"。

（5）心理剧拍摄还受到其他安检站的关注，通过探讨案例和优秀做法，至臻安检与兄弟单位相互促进、共同提升，相关报道由中国民航报、中国民航网进行刊载。

六、价值点

温州机场至臻安检着力于分析旅客所需，创新落实多项服务举措，深入践行"我为群众办实事"的活动理念，为广大旅客实现美好出行的愿景。

七、案例总结

温州机场始终坚持以人为本，践行真情服务，以"人文关怀和文化彰显"为真情服务建设主线，致力于在机场全领域、全流程发展中持续提升旅客的体验。至臻安检坚持"以服务换安全，以服务促安全"的理念，将持续深挖旅客的需求，把服务工作贯穿于安全工作总基调中，竭力推进温州机场高质量发展。

石家庄正定国际机场跨界服务融合空铁联运特殊旅客无缝隙换乘案例

河北机场管理集团有限公司

一、案例背景

2018 年至 2019 年，石家庄正定国际机场（以下简称石家庄机场）空铁联运旅客连续两年突破 100 万人次，占机场客流比例的 10%（2020 年受疫情影响客流量有所降低），选择空铁换乘的特殊旅客（老、病、残、孕）也在逐年增长，随之带来的特殊旅客空铁换乘服务保障问题越发突显，主要体现在特殊旅客服务信息不共享和服务保障衔接不顺畅两个方面。

（一）特殊旅客信息不共享

因铁路和民航之间票务信息不畅通，特殊旅客信息无法在高铁站和机场间进行共享，导致特殊旅客信息传递缺失或滞后，加之特殊旅客群体存在出行较少、行动不便等问题，容易造成特殊旅客换乘时间长、错过航班、错过高铁的情况。

（二）服务保障衔接不顺畅

铁路与机场属两个行业，虽然都有开展特殊旅客服务，但在服务流程和管理上相对独立，"铁转空"或是"空转铁"的特殊旅客，在离开高铁站或机场后特殊旅客服务即终止，旅客需自行寻找下一换乘点，铁路和机场方工作人员处于被动等待旅客"找上门"的状态，旅客整体服务体验不佳。在打造全流程、高品质旅客服务上存在服务流程割裂的问题。

二、案例策划与实施

为解决以上问题，石家庄机场于 2021 年初成立专题小组，针对特殊旅客换乘服务进行专项提升。通过对空铁换乘特殊旅客服务蓝图分析和对高铁站方工作机制、业务流程的深入调研，项目小组结合石家庄机场空铁联运实际，以打破行业壁垒、跨界融合提升为目标，以管理创新为突破口，研究制定了空铁服务共享机制和无缝衔接保障流程，并总结提炼"望闻问切"四心工作法，有效提升特殊旅客空铁换乘保障服务水平，获得旅客广泛好评。

（一）跨界融合提升，建立服务共享机制

石家庄机场与高铁站方建立全方位、深层次服务共享机制，机场专门组建空铁联运服务保障团队，在正定机场高铁站设立办公区域，为方便旅客换乘，还在机场航站楼和高铁站间配置免费机场大巴，延伸航站楼服务区域，实现服务场景的融合共享；为解决特殊旅客服务信息不共享的问题，机场与高铁站建立特殊旅客服务信息传递机制，安排专人进行对接，提前准备，实现特殊旅客服务信息融合共享；轮椅是特殊旅客最常使用的服务设施，每次特殊旅客换乘时都需要更换轮椅。为进一步提升旅客服务体验，机场与高铁站统一使用机场提供的更加舒适的轮椅和其他特殊旅客服务设备，实现服务设施的融合共享；机场与高铁站建立业务轮岗交流机制，定期组织双方工作人员岗位互换，深入交流学习对方行业的特殊旅客服务保障业务知识，提升特殊旅客服务水平，实现服务业务的融合共享。如图 1 至图 2 所示。

图1 石家庄机场与高铁站开展业务交流

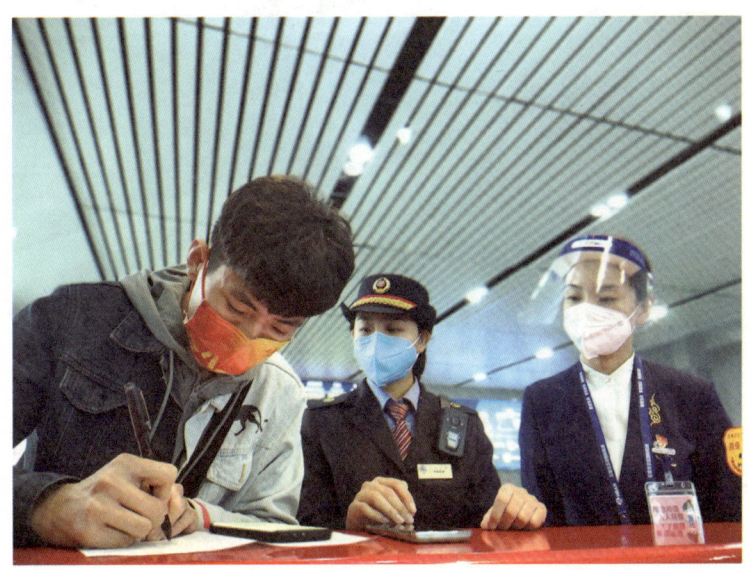

图2 高铁站与石家庄机场交接聋哑旅客

（二）打破行业壁垒，优化服务保障流程

按照原有特殊旅客服务流程，旅客离开高铁站或机场后特殊旅客服务即终止，在流程衔接上存在断点，不符合空铁联运的全流程服务理念。机场空

铁联运服务保障团队充分发挥纽带作用，打破行业壁垒，制定"点对点、人跟人、车门到舱门、舱门到车门"的全流程无缝隙特殊旅客服务保障流程。依托特殊旅客服务信息传递机制，当收到高铁到站特殊旅客信息后，空铁保障团队安排专人上站台等候旅客，并全程陪伴旅客至值机柜台办理手续与机场特殊旅客服务保障专员进行交接，实现高铁车门到飞机舱门的无缝隙保障；当收到航班落地特殊旅客信息后，空铁保障团队安排专人在机场出口等候，与机场工作人员进行交接，全程陪伴旅客，直接护送上高铁，实现飞机舱门到高铁车门的无缝隙保障。如图3所示。

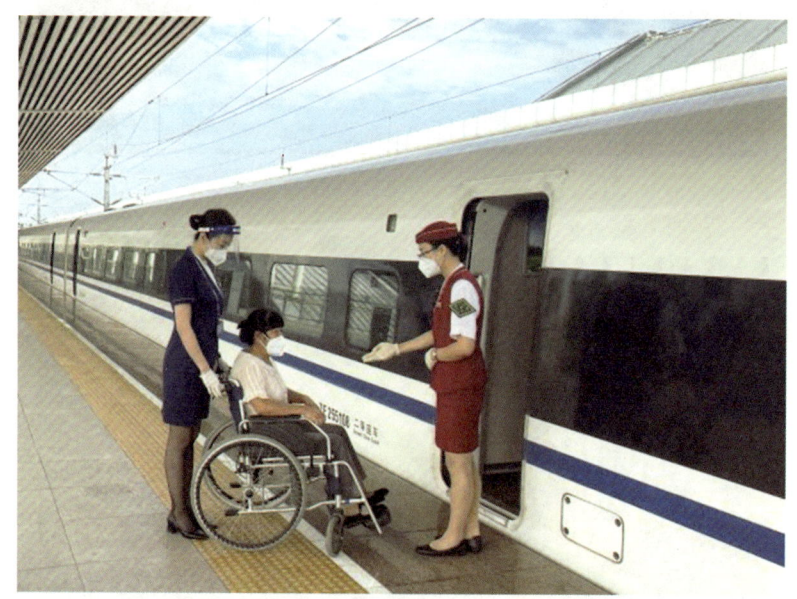

图3 轮椅旅客舱门到车门无缝衔接

（三）践行真情服务，提炼"望闻问切"四心工作法

为进一步提升特殊旅客服务，石家庄机场结合特殊旅客心理特征和出行面临的问题和需求，总结提炼出"望问闻切"特殊旅客服务工作法。"望"，细心识别特殊旅客，以精细化分为抓手，践行首见负责，主动服务；"闻"，耐心倾听特殊旅客心声，结合特殊旅客心理特征和出行问题，满足特殊旅客需求；"问"，热心询问特殊旅客面临的困难，关注特殊旅客需求与不便，进行有效沟通；"切"，真心真意对特殊旅客进行帮助，不断完善特殊旅

服务细节,以真情服务做好特殊旅客空铁换乘保障。并与高铁站方进行交流培训,联手全面提升特殊旅客空铁换乘服务体验,让特殊旅客服务更温馨、更高效,打造服务品牌标杆。

三、案例效果

1. 效果1:大幅缩短特殊旅客换乘时间

对于不熟悉换乘流程的特殊旅客,茫然寻找换乘路径被全程陪伴所取代,有效缩短了换乘时间。经测算,特殊旅客中转换乘时效在15分钟以内,较原有流程提升50%。

2. 效果2:有效提升特殊旅客换乘体验

自实施跨界服务融合——空铁联运特殊旅客无缝隙换乘模式以来,所有行动不便、不擅长操作智能设备的特殊旅客都得到了温馨、周到的服务,获得旅客高度认可和一致好评。据统计,2021年特殊旅客换乘保障服务满意率达99.8%,较2020年满意率再提升4.8个百分点。如图4所示。

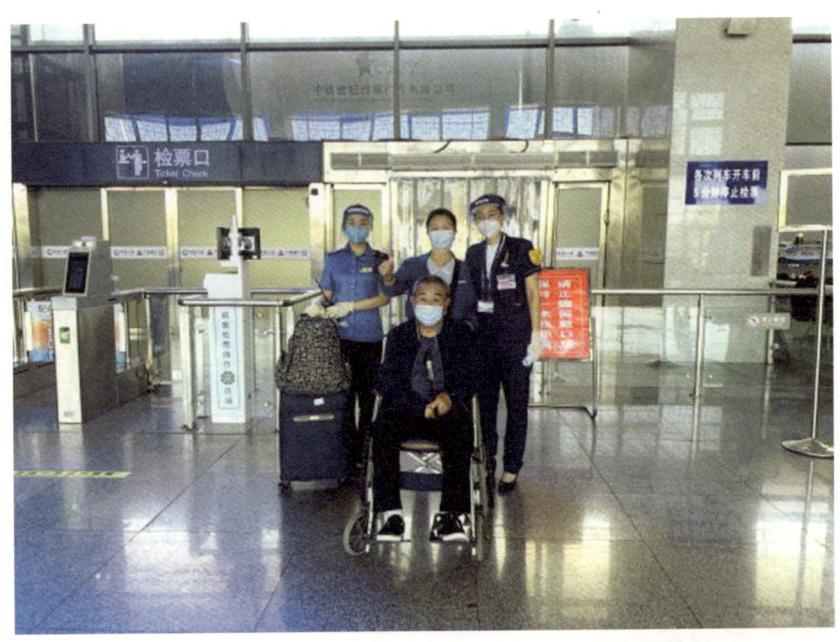

图4　旅客对空铁联运特殊旅客服务给予高度肯定

四、案例启示

行业可以有区分、组织可以有边界，但为旅客服务不应有障碍。石家庄机场以特殊旅客服务体验为中心，创新管理机制，实现跨行业的特殊旅客服务深度融合，无"碍"才能更有爱。

服务跨界融合能够最大限度消除组织边界和壁垒，机场作为综合交通枢纽通过与包括铁路、公路、物流等行业的深度融合，创新"机场 + 服务"新模式，实现 1+1 大于 2 的效果。

河北机场集团
多措并举提升无障碍服务保障能力

河北机场管理集团有限公司

一、案例策划及执行

（一）策划筹备

在全社会积极推行尊老优老适老服务的大环境下，结合 2022 年张家口机场、石家庄机场作为涉冬奥、冬残奥机场的实际情况，河北机场集团全面评估了所辖 4 地机场的无障碍设施状况和全流程服务链条，认为无障碍服务保障既是落实冬奥会、冬残奥会工作要求的政治任务，也是河北机场集团全面提升无障碍服务水平，为特殊旅客提供安全、顺畅、适用和人性化关爱服务的切实体现。通过现场实地考察和反复论证，决定在适老服务的基础上，从服务管理、服务设施、服务产品、服务生态等四方面构建全流程无障碍服务体系，深化无障碍服务，全面提升河北机场集团全流程、全领域无障碍保障能力。

（二）案例执行

（1）服务管理方面：制定了《无障碍服务管理标准》，针对老幼病残孕军及人体捐献器官运输等 11 类特殊旅客，逐项分析各类特殊旅客特点，列举承运要求，明确职业道德，指明服务关注点和服务技巧，充分考虑机型、安全因素及航司差异化要求，对各类型特殊旅客保障服务要点进行了全面梳理和系统描述。此外，标准中还规范了盲人旅客如何引领，轮椅旅客如何推行，担架旅客如何搬运，自动体外除颤仪 AED 如何使用等操作性较强的内容。该标准既是一组特服标准，更是工作人员特服作业指导书，指导工作人员懂操作、会帮扶，为特殊旅客享受到更专业、更规范、更贴心的机场服务提供支持。通过开展特殊旅客专项调研，全面了解特殊旅客对机场无障碍服务的感受和需求，为有针对性地制定提升举措提供依据。

（2）服务设施方面：开展无障碍设备设施专项整治。逐项对标《民用机场旅客航站区无障碍设施设备配置技术标准》和北京冬奥、冬残奥无障碍指南，实地模仿各类型特殊旅客，亲身体验各环节服务设施、服务保障及流程的适用性、有效性，系统排查"人、机、环、管"等全链条存在的问题，精准自查，精细提升，确保了设施达标、流程及服务的人性化。投入资金 1 056 万余元用于十二大类 48 项无障碍设施设备的配备与优化，完成了全流程无障碍设施的精细改造。制定了《服务设施设备生命周期管理规范》，明确了服务设施设备从规划设计、运行管理、服务表现等方面进行全面控制，指明了针对各类型无障碍设施的巡检重点、管理及责任追究，以实现无障碍设施设备从投用到报废期间持续保持良好的服务表现。

（3）服务产品方面：积极争取社会力量支持，与省残联建立长效合作机制，签订"公益助残服务合作协议"，聘任特殊旅客担任机场"无障碍服务体验官"，指导无障碍设施和服务产品的优化升级；聘请手语专家开展手语培训。完善服务产品，为首乘旅客提供"一眼能看见、一问就受理、一路管到底"的全流程服务；研究建立"机场 + 高铁"服务共享机制，将特殊旅客空铁联运中转时间缩短至 15 分钟以内；完善从家飞老年关爱平台，实现特殊旅客服务线上预约，并记录上传旅客在机场各环节服务体验照片和视频，为旅客留下美好"冀忆"；推出首见负责爱心贴，提高特殊旅客识别度；启用招援电话，值机大厅开辟爱心专区，从"车门到舱门"为特殊旅客提供无断点保姆式服务。在值机、登机环节提供"暖心、耐心、贴心"三心服务；安检提供"专人引导、专人讲解、专用通道"的 3S 服务、红马甲流动服务以及行李门到门服务。持续开展适老、志愿者帮扶、重阳节等主题活动，为特殊旅客航空出行提供更多便利。如图1所示。

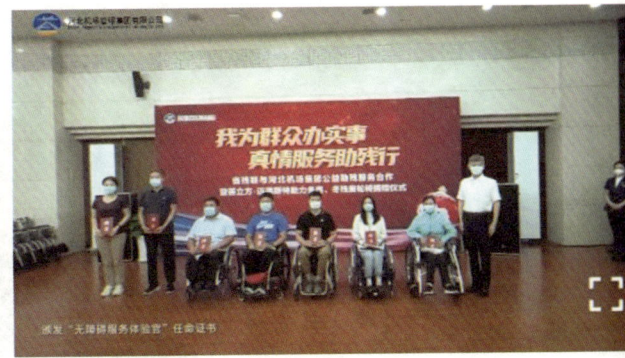

图1　积极争取社会力量支持，完善无障碍设施和专业服务指导

（4）服务生态方面：一是持续深化"首见负责"主动服务文化，编制"首见负责"专项培训课程，对全体驻场单位开展专项培训；通过拍摄"首见负责访谈录"、召开"表扬启示会"、持续开展月度"首见负责践行者"、年度"首见负责服务明星、代言人"等榜样评选活动，宣树先进典型，2022年收到旅客表扬474起，同比提升216%，共建共塑共赢的"大服务"格局日益完善。二是建立服务"三人小组"工作机制，鼓励员工主动发现服务痛点难点问题，员工可自由组队，自主选题，自行研究提出问题解决方案，激发全体员工的创新潜能，以服务创新助力服务品质提升。

一位刚做完手术准备返家的新疆阿姨体验了石家庄机场的无障碍全流程陪伴服务后，竖起大拇指，激动地说："这样的服务应该上中央电视台！"金杯银杯不如旅客的口碑！我们对旅客评价感到欣喜的同时，更感受到这份沉甸甸的社会责任。"心中有爱、心中有责、心中有尺、心中有情"，这是河北机场集团开展服务工作的核心理念，也是我们时刻站在旅客角度考虑问题，提供贴心、精准服务的精髓，更是实现民航服务价值的真切体现！如图2所示。

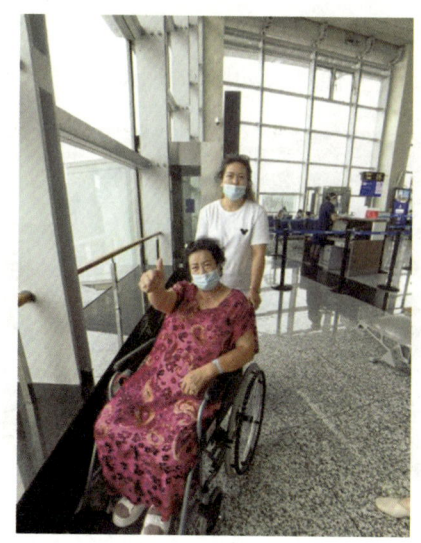

图 2　金杯银杯不如旅客的口碑

二、案例成果

2021 年 12 月 11 日，"石家庄机场持续提升无障碍环境建设水平"入选中央党史学习教育"我为群众办实事"经验做法。石家庄机场《跨界服务融合——空铁联运特殊旅客无缝隙换乘》案例荣获 2021 年度 CAPSE 服务创新提名奖。如图 3 所示。

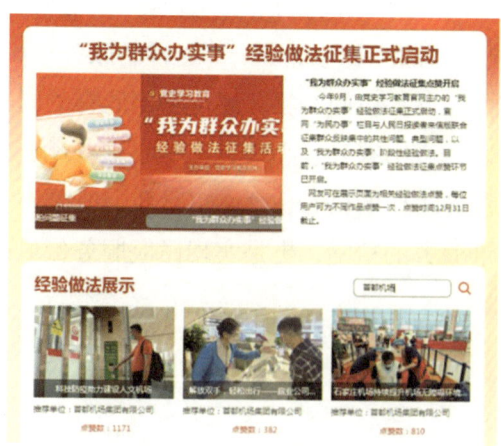

图 3　无障碍环境建设入选中央党史学习教育"我为群众办实事"经验做法

西双版纳机场"候鸟无忧"
打造老年旅客无忧出行服务案例

云南机场集团有限责任公司西双版纳机场

一、案例简介

西双版纳州属于热带雨林气候，冬季温暖适宜，是许多"候鸟老人"过冬度假短居的首选。西双版纳嘎洒国际机场（以下简称西双版纳机场）每年冬季都会迎来大量的老年人旅客，机场关注人口老龄化程度进一步加深的社会现象，践行社会责任担当，大力弘扬敬老养老助老社会风尚，践行"无忧畅行·候鸟无忧"的服务理念，深入研究老年人旅客服务需求和特点，在提升机场服务质量的基础上，延伸服务至航空公司、OTA 平台、出行地面交通、当地文旅企业、跨机场联动，为老年旅客提供乘机、出行、游玩的全链条服务，打造"一站式"暖心、安心、省心的特殊服务，助力老年人旅客无忧畅行，提升老年旅客航空出行和使用的服务体验，吸引更多的老年旅客及其家人朋友选乘版纳航线。

二、服务需求的发现

（一）行业需求

2021 年 11 月 15 日，国务院办公厅印发了《关于切实解决老年人运用智能技术困难的实施方案》，要求进一步提升老年人航空出行服务水平。民航局在关于做好相关落实工作的通知中明确各单位在推进民航智慧服务过程中，要统筹好传统服务与智能服务，充分考虑老年人的出行需求，为老年人航空出行提供更多便利，并在《关于开展 2021 年"民航服务质量标准建设年"主题活动的通知》中，把切实便利老年人航空出行作为重点工作之一。

（二）机场服务提升需求

西双版纳机场积极响应国务院办公厅、云南省政府、集团公司关于切实解决老年人运用智能技术困难的工作要求，践行社会责任担当，创建老年旅客服务案例，通过老年人服务建设，推出特色服务产品，形成便民服务措施和机场服务品牌，不断推动西双版纳机场服务质量的新提升，为机场高质量发展奠定坚实基础。

（三）老年旅客服务需求

西双版纳机场通过进出港旅客年龄层次分析，发现随着社会整体经济收入的增长和生活水平的提高，老年人退休后的物质生活得到了保障，精神上的满足开始变得极为重要，旅居成为老年人提高生活质量的重要方式。西双版纳作为旅游城市，是许多"候鸟老人"过冬度假短居的首选，以 2021 年为例，西双版纳机场的老年人旅客达到了 51.2 万人次，占比全年旅客吞吐量的 12%，在 10 月至次年 4 月暖冬避寒期，老年人旅客占比可增加至 15%以上，随着疫情解控，老年旅客还会持续增加。

三、服务方案设计与落地

西双版纳机场通过旅客画像，细分 5 类老年旅客类型，包括身体健康的常旅客，首次乘机、身体状况不佳、老年人团队的需要帮助旅客，围绕老年旅客需求，从旅客角度检视自身工作，系统查找工作上的短板和弱项，深入研究老年人旅客服务需求和特点，延伸服务外延，并联合在飞航司、通航机场、地方文旅局、旅游公司，科学整合资源，梳理了16个服务保障场景（信息获取、购票、进出交通、疫情防控、问询服务、值机、安检、医疗服务、行李服务、候机、购物、贵宾服务、登机、中转、到达、出游），制定34项服务措施，编写《西双版纳机场老年旅客服务规范》，为老年旅客提供全流程引导、协助和必要的帮扶，制定打造"一站式"暖心、安心、省心的特殊服务。

（一）前置宣传，一步预约

西双版纳机场改变传统预约等待查询模式，主动向全社会告知，一是现选取云南祥鹏航空有限责任公司为试点合作航司，广大旅客在同程网、携程网线上选购祥鹏航空西双版纳航段机票时，页面会自动提示西双版纳机场爱心服务内容及预约信息；二是选取合作酒店投放机场爱心服务宣传；三是组织志愿者到老年人活动广场发放宣传资料；四是在机场出发层、到达区下车点增设爱心服务标识牌；五是拍摄宣传视频在主流多媒体渠道宣传机场服务举措。通过多种方式、多种渠道的前置宣传，使服务跨出机场，旅客少走"弯路"、提前获知，一个电话即可实现老年旅客帮扶服务、轮椅服务、无障碍车位等多项服务需求的预约。预约完成后机场爱心大使将在专用停车区迎接，为行动不便的旅客免费提供轮椅服务，引领协助办理乘机全流程。如图1所示。

图 1　机场爱心服务标识牌

（二）多措并举，贴心服务

一是机场设置老年人专用值机柜台、爱心安检通道、爱心座椅，并铺设地面引导标识连续性指引旅客，实现乘机环节点到点的无缝连接；二是工作人员主动识别需要帮助的老年人旅客并送上"无忧畅行"服务标识贴或爱心口罩，由机场"爱心大使"引导老年人旅客享受优先值机、安检、候机、登机服务；三是值机办理时为老年旅客登机牌增贴服务提示，方便老年旅客寻求服务帮助，为有需要的旅客提供免费爱心收纳袋，并为老年旅客托运行李拴挂"候鸟无忧"行李牌，优先保障行李；四是安检站设置特殊旅客检查室，提供免费液体分装瓶，在严格落实安全检查标准的同时，为老年旅客带来更贴心的服务关怀；五是机场各健康码、行程码检查区设置扫码帮扶点，并配有便民服务箱，里面准备了放大镜、创可贴、消毒棉等物品，方便老年旅客使用，让老年旅客出行查码无忧；六是机场商业设施全部可使用移动支付方式和现金刷卡支付方式，对于运用智能技术有困难的老年人，销售人员主动向前提供帮助服务，对于老年人旅客常购物品，机场联合经营商家开展重阳节老年人尊享优惠购活动；七是为老年人旅客提供乘车、酒店、景点等旅游信息的咨询和预订服务。如图 2 所示。

图 2　主动引领

（三）空地协同，无缝衔接

机场与航空公司紧密联系，选取试点航司共同研究老年旅客服务创新，在全流程保障、服务产品宣传及服务接力等方面加强合作，开展老年乘机旅客联动服务，从航空知识普及、购票、问询、值机、安检、登机、中转等各环节打磨服务细节、优化服务流程，到旅客登机前地面服务人员和机组对老年旅客服务保障进行交接，目前西双版纳机场已实现与丽江机场、首都航空的联动合作，优先保障从西双版纳机场起飞的老年旅客托运行李，打造出一条空地一体化的服务保障绿色通道。如图 3 所示。

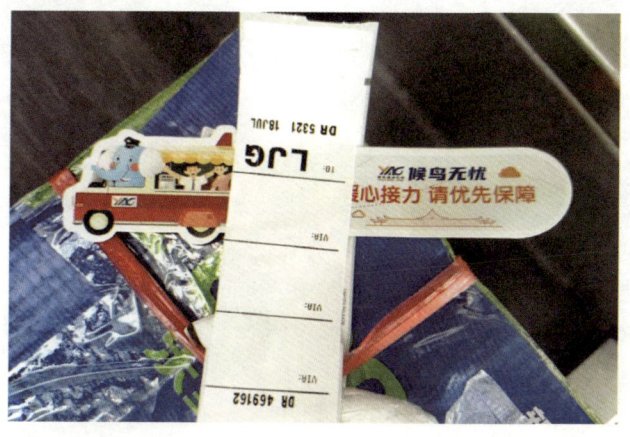

图 3　选取丽江机场为试点开展老年旅客行李优先保障

（四）全员参与，助力"候鸟无忧"

对于老年人出行，最需要的是如家人般的陪伴，西双版纳机场全员参与老年人服务活动，一是为老年人提供志愿者服务，每人每年至少一次作为志愿者参与老年人保障工作，包括：廊桥口等待旅客，引领老年人旅客在休息区等待，帮助提取行李，帮助预约交通工具等，保障顺畅出行；二是与旅居老年人多的社区联动开展志愿者服务活动，弘扬敬老爱老传统美德，同时使机场老年旅客的服务宣传走进社区。如图 4 和图 5 所示。

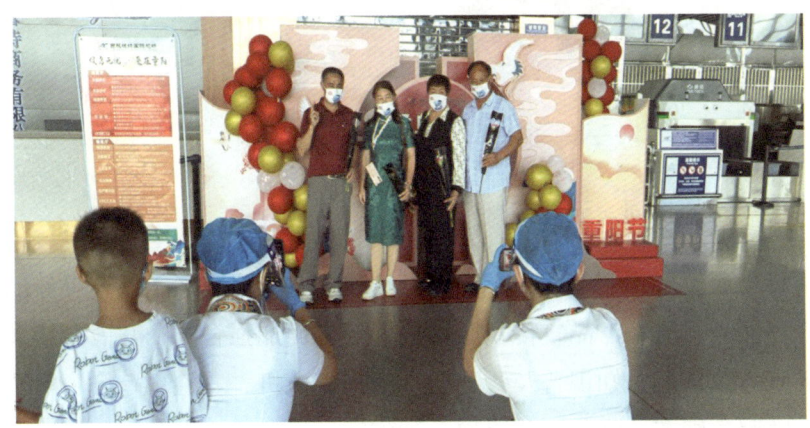

图 4　机场员工为老年旅客合影留念

图 5　志愿者到社区宣传"候鸟无忧"服务

四、服务效果

西双版纳机场自 2021 年启动老年人旅客服务建设，2022 年深入推进实施，不断完善服务流程，推出差异化服务产品，满足旅客的不同出行需求，实现由单一抓服务向以服务促发展的转变，吸引更多的老年旅客及其家人朋友选乘版纳航线，助力地方康养旅游转型升级，打造康养度假旅游城市名片。

在 2022 年机场保障老年旅客 25.2 万余人次，提供"候鸟无忧"预约服务约 1 800 人，收到了旅客现场、电话、留言卡、锦旗等多种形式的表扬与感谢，其中在一份留言卡中，老年旅客为感谢机场员工热情周到的服务，给予了"不是亲人，似亲人"的高度评价。

延吉朝阳川国际机场打造"七彩缘·丝蜜达"老年人及特殊旅客品牌服务案例

吉林机场集团延吉机场分公司

为全力保障老年人及特殊旅客的出行需求，根据民航局下发的《关于做好切实解决老年人运用智能技术困难的实施方案落实工作的通知》文件相关要求，深度践行"真情服务"理念，结合党史学习教育，扎实落实"我为群众办实事"活动，按照"一树五枝"工作脉络，延吉机场分公司聚焦机场人文关怀，推出了"七彩缘·丝蜜达"老年人及特殊旅客服务品牌。

一、引言

随着愈来愈多的老年人旅客选择乘机出行，延吉机场分公司在经过长时间的服务调研和服务沟通后发现，大部分老年人腿脚不便、视力欠佳，眼睛和腿脚的协调性较差，无法独立在值机、安检、登机、地面交通等重要环节自主办理，也无法独立使用智能设施，经常为出行难题所困扰。

二、背景

2020 年 11 月 24 日，国务院印发《关于切实解决老年人运用智能技术困难实施方案》，着重指明机场作为重要服务场景之一，更要协助老年人旅客跨越"数字鸿沟"。2021 年 2 月 20 日，习近平总书记在党史学习教育动员大会上明确指示，要学史力行，认真开展好"我为群众办实事"活动。随后民航局下发的"我为群众办实事"10 项任务清单中，其中重要的一项是便利化老年人旅客出行。

三、精准定位，打造老年人及特殊旅客服务新途径

"跟上旅客意愿、满足旅客需求、超越旅客期待"是延吉机场分公司的一贯追求！为了让老年人旅客在延吉朝阳川国际机场的出行体验中拥有更多获得感、幸福感、满足感，延吉机场分公司优化服务细节，根据"延边朝鲜族民俗七彩文化"推出"七彩缘·丝蜜达"服务品牌，将"智能 + 传统"服务有机结合，丰富"手把手"与"面对面"的服务细节，采取设立七彩缘服务专员，开通老年及特殊旅客专属值机通道，设置配有医药箱、针线包、口罩等便民物品的老年人及特殊旅客专座等便民措施，以"寻、问、帮、搀、提、陪、送"打造七彩真情服务链，为老年人及特殊旅客提供更加舒适、便捷的乘机全流程服务。如图 1 所示。

"七彩缘·丝蜜达"设计理念独树一帜。既体现民俗元素，展现出延边朝鲜族礼仪之乡热情好客的特质，又将与旅客的服务关系定位为一种美好的缘分，从而将服务双方的情感升华，达到情感共育，让旅客对机场有更多的归属感、认同感。

服务理念独树一帜。由被动的"首问负责"，向主动的"首寻负责"转变。

服务管理独树一帜。明确服务标准、职责和内容，融入了七彩服务箴言。确保服务全流程闭环管理，打造了真情服务"七彩链"等。

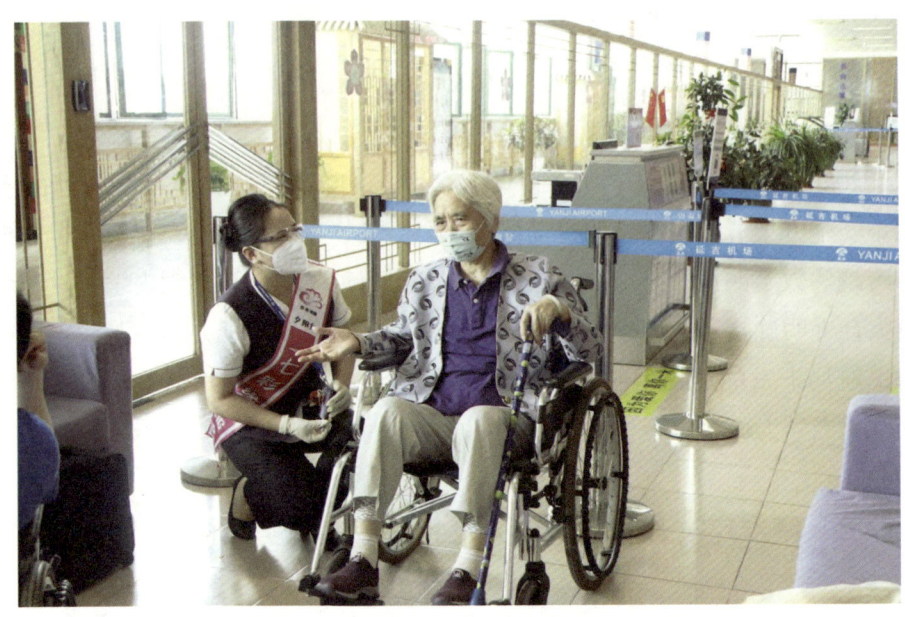

图1 老年人服务

服务落地独树一帜。结合党史学习教育，切实落实了"我为群众办实事"活动，如开设"老年人及特殊旅客服务专属值机柜台"、开设老年旅客独享休息座椅和茶桌专座等措施。

四、瞄准目标，推动特色民俗文化服务跃上新台阶

延边朝鲜族民俗七彩文化中的"七彩"即"红、橙、黄、绿、青、蓝、紫"7种颜色，代表着7种服务方式和标准。

其中，红色代表七彩缘服务专员善于发现"急难愁盼"的旅客，主动走到旅客身边，践行"首寻负责制"。如图2所示。

橙色代表服务专员要以家常式"唠嗑"的方式，嘘寒问暖地拉近与旅客间的距离，在最短时间内了解清楚旅客的意愿和需求。

黄色代表对旅客"急难愁盼"问题高度重视，认真分析研判解决方法和举措。红红脸，出出汗，就是要有躬身入局的态度，身体力行，把方便留给旅客，把麻烦留给自己。

绿色即对行动不便的旅客主动搀扶，提供"一帮到底"的贴心服务。

青色是帮助旅客提拿行李物品，减轻旅客的负担，让旅客轻松出行。

蓝色代表倾情相伴，当面对行动不便或情绪焦虑的老人、轮椅旅客、无陪儿童、首乘旅客等特殊旅客时，全程陪伴旅客办理乘机手续，随时满足旅客的需求。

紫色是缘分的象征，服务专员会亲自送旅客登上飞机，为这份旅程画上一个圆满的句号，让旅客放心，让家人安心。

图2　主动走到旅客身边

五、对准行业，助力旅客满意度和幸福感迈向新层级

真情服务，品牌效应。随着"银发经济"的进一步发展，"七彩缘·丝蜜达"品牌服务可复制、可推广，对全行业乃至涉老服务都有极大的借鉴和推广意义。并且不仅仅局限于老年人和特殊旅客，可以延伸到所有旅客，切实解决旅客"急难愁盼"具体问题，全面提升服务品质。

延伸服务，无缝衔接。"七彩缘·丝蜜达"服务可以推广延伸到同层级行业，实现"七彩服务、接力续缘"，让机场——这个与旅客进行缘分对接的地方带给旅客更多美好的体验，留下更多美好的感受和记忆。如图3所示。

图 3　提升旅客满意度

　　从 2021 年 7 月开始，"七彩缘·丝蜜达"服务品牌在延吉朝阳川国际机场正式推出，持续为老年人及特殊旅客提供了更周全、更贴心、更顺畅、更便利的服务，最大限度地满足老年人及特殊旅客的出行需求，切实提升了老年人及特殊旅客的满意度和幸福感。2021 年，延吉机场分公司接到民航局"12326"服务热线表扬 9 次，ACI 旅客满意度升至 4.81。

和田机场"争分夺秒 为生命护航"

新疆机场（集团）有限责任公司和田机场

　　"我们要坐飞机，我们要去乌鲁木齐救命！"一阵求救声伴随着儿童的哭声打破了夜幕下和田机场候机楼的宁静。2021年4月30日晚，和田昆冈机场（以下简称和田机场）候机楼匆匆到来三位旅客，其中一位7岁维吾尔族小男孩因手臂受外伤断裂，须在6小时内将断臂成功接上，否则细胞坏死后小男孩手臂将保不住，情况十分紧急。此时，和田机场飞往乌鲁木齐的最后一架南航CZ6820航班（原计划23:35从和田起飞）已关闭客舱门滑出停机位，准备起飞。

　　把飞机叫回来，是挽救男孩手臂的唯一希望。得到消息的和田机场当日值班经理田炜高度重视，第一时间赶到现场，了解情况后果断决策，立刻用对讲机与塔台联系，希望机组能够将飞机滑回。"塔台，这里有个小孩儿，胳膊受伤了，如果不做手术，胳膊就保不住了，跟机组说一下，看能不能上飞机……"刚刚向机组发出起飞指令的塔台管制员王丰恺听到机场值班经理田炜的呼叫后，立即通过无线电台向机组说明情况，并征得了机组和南航新疆分公司运行指挥部的同意。与此同时，机场运行监管部、廊桥、机务、机坪运行等部门已做好了飞机滑回的准备。"1号位南方6820，麻烦你滑回来一下。"机场运行监管部下达航空器滑回指令，各部门安全有序保障飞机顺利滑回。候机楼里，小男孩一行人非常担心和着急，此时距小男孩受伤已经过去 4 个小时，除去一个半小时的飞行时间及落地后机场到医院的路程，宝贵的救治时间已经不起半点耽误，万分紧急的情况下，和田机场当日值班经理田炜再次果断决策，下达指令："立刻开通绿色通道，保障小孩上飞机。"听到指令后，各部门紧张有序地为小男孩顺利上飞机做着准备。安全检查站组织人员迅速开通绿色通道，登机口工作人员重新启动登机设备、拉开登机口隔离带，配载员重新高效计算新增人员后的飞行重量并更改舱单保障飞行安全，并与乘务组完成交接……躺在担架上的孩子在各岗位人员的护送下顺利通过了一楼的安全检查。如图 1 所示。

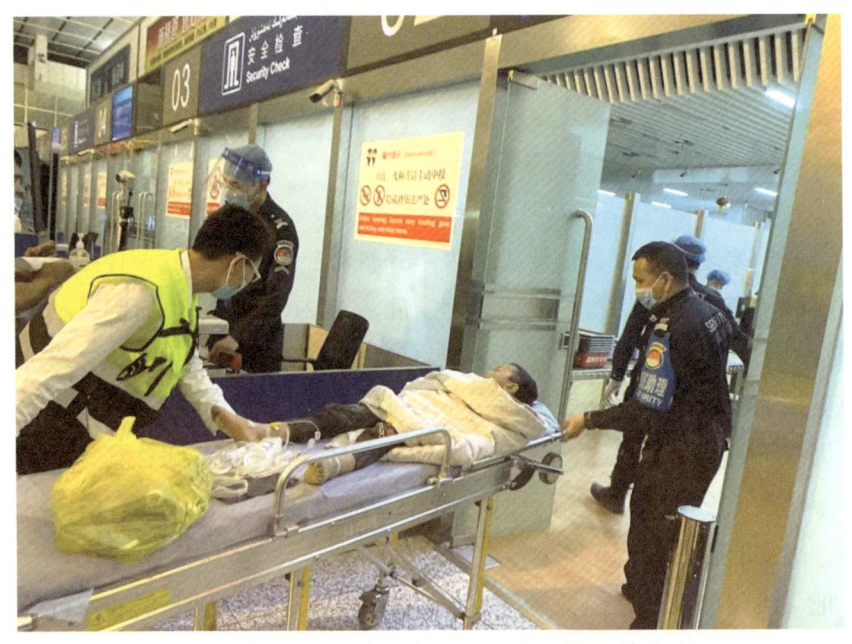

图 1　协助小男孩通过安全检查

就在此时，新的问题又出现了，登机口、廊桥都在二楼，担架无法进入电梯，几乎同时，所有人毫不犹豫，抬起 30 多公斤的担架车和躺在担架上的孩子，一口气从楼梯爬到了二楼，顺利将孩子送到了舱门口。在此期间，和田机场塔台与乌鲁木齐机场运管委沟通联系，本该在凌晨 1 点关闭跑道的乌鲁木齐机场，推迟了关闭跑道时间，并协调好落地后救护车等紧急救治资源，经过各部门紧张有序高效的协作配合，CZ6820 航班承载着一个孩子的健康和未来的希望在凌晨 0:09 分平安起飞。如图 2 和图 3 所示。

图2　众人合力将担架连同男孩抬上二楼

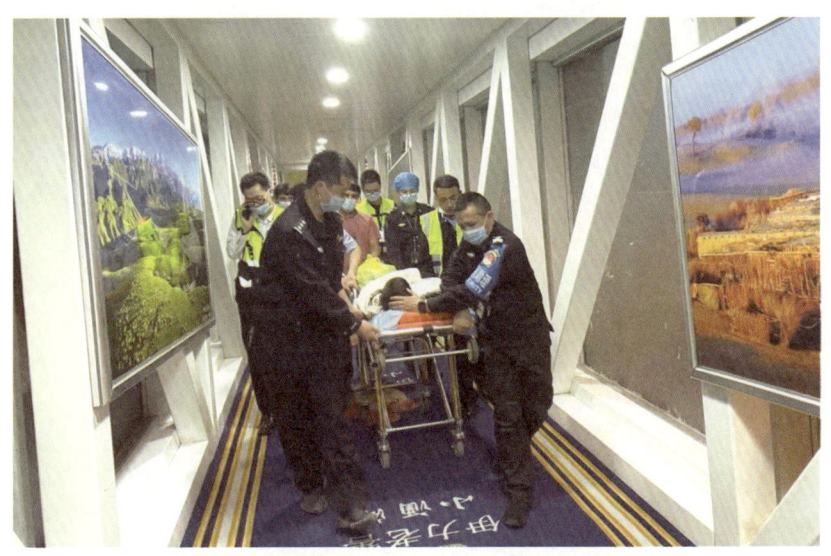

图3　护送男孩顺利进入廊桥准备登机

　　在救助救治断臂男孩这场生命接力中，机场各族干部群众争分夺秒、全力以赴、快速高效、有条不紊，克服航班延误、二次开舱门等因素带来的不利风险，用爱心铺就了救援通道，用汗水争取了宝贵时间，用责任赢得了最后胜利，为小男孩争取到了宝贵的救治时间，充分彰显了新疆机场人敬畏生命、勇于担当、真情服务的职业操守，这是和田机场践行"人民航空为人民"的鲜活体现，更是对人民至上、生命至上的生动诠释。

"4·30"断臂儿童救助救治事件中，和田机场广大职工因普通而平凡的本职工作得到了社会各界广泛关注和赞誉，并先后得到了新疆维吾尔族自治区、民航新疆管理局党组织高规格的表彰奖励。荣誉从不是炫耀的资本，而是一种鼓励和鞭策，和田机场以"4·30"事件为新的起点，持续践行真情服务理念，始终把人民群众生命安全放在第一位，并以"4·30"事件为启发，在和田机场航站楼建立了"蓝天生命通道"快速保障阵地，为突发疾病、重伤、重病的各族旅客打通生命通道最后一公里。